云南省高等学校"十二五"规划教材

成本会计理论与实务教程

唐　坤　郭思智　主　编
宁会珍　孙　霄　副主编

中国财经出版传媒集团
中国财政经济出版社

图书在版编目（CIP）数据

成本会计理论与实务教程/唐坤，郭思智主编．—北京：中国财政经济出版社，2017.4
云南省高等学校"十二五"规划教材
ISBN 978-7-5095-7202-3

Ⅰ．①成…　Ⅱ．①唐…②郭…　Ⅲ．①成本会计－高等学校－教材　Ⅳ．①F234.2

中国版本图书馆 CIP 数据核字（2017）第 011073 号

责任编辑：樊　闽　　　　　　责任校对：胡永立
封面设计：孙俪铭　　　　　　版式设计：兰　波

中国财政经济出版社 出版

URL：http://www.cfeph.cn
E-mail：cfeph@cfeph.cn

（版权所有　翻印必究）

社址：北京市海淀区阜成路甲28号　邮政编码：100142
营销中心电话：010-88191537　北京财经书店电话：64033436　84041336
北京中兴印刷有限公司印刷　各地新华书店经销
787×1092 毫米　16 开　15.25 印张　371 000 字
2017 年 3 月第 1 版　2019 年 7 月北京第 4 次印刷
定价：36.00 元
ISBN 978-7-5095-7202-3/F·5776
（图书出现印装问题，本社负责调换）
本社质量投诉电话：010-88190744
打击盗版举报热线：010-88191661　　QQ：2242791300

序 言

随着社会经济的发展,一方面,生产规模的一步步扩大,市场竞争日趋激烈,竞争者只有向社会提供既优质又廉价的产品才能持续获得竞争的优势。另一方面,经济的扩张使得资源的耗费日益加大,其稀缺性的压力也不断增强。所有这些都促使人们不得不越来越普遍且高度重视经济社会活动中的成本问题。

成本会计是人类社会走向工业化的产物,它是一类专用会计活动,是进行成本核算及提供成本信息的会计学问与方法。它为人们对经济成本实现科学管理和控制提供了重要的技术手段与知识平台。成本会计 19 世纪末起源于英国,后来传入美国及世界其他国家。作为一门科学学问和管理工具,成本会计通过在经济活动中的成本预测、计划、核算、控制、分析与考核的基本路径和方法,对于强化经济管理、降低成本、提高效益具有重要的现实意义。

本书是云南省"十二五"规划教材,由唐坤、郭思智主编,宁会珍、孙霄任副主编,杨伟伟、罗娟、陈德能参与编写。

为了适应应用型人才的培养,本教材的编写在考虑成本会计的理论体系的同时,又不拘泥于此,尽可能依据成本会计的业务流程的逻辑关系,将其按项目、任务、技术对成本会计工作系统课程化,以便于学习者对成本会计的知识与技能的掌握。

在编写上注意到以下几个方面:一是通用性,教材以工业企业的成本核算与分析为重点,同时也对其他典型行业如施工企业、交通运输及商品流通等行业的成本会计核算做了介绍;二是简明实用性,阐述中穿插大量实例,并归纳同步思考与练习题,便于教与学;三是时代性,结合当前企业成本管理实践,反映成本会计的变化发展。

教材之所以称之为"编写"就在于它主要陈述的是相关领域公认的知识

与技能。因而，在巨人肩膀上探索更好的知识与技能传授的介质，必将大量借助前人的成果。由于篇幅就不一一赘述，在这里我们对所有提供高质量养分的学界同仁一并表示衷心的感谢。同时我们要感谢云南经济管理学院对本书编写及出版提供的支持。感谢为本书从立项到编写给予评审、指导的专家们的严谨把关。感谢中国财政经济出版社相关编辑与工作人员的辛勤劳动，才使本书得以顺利出版。

由于我国社会经济发展正处在一个飞速发展的历史时期，各种改革及变化异常迅猛，加之作者的学识水平、实践经验的局限，本书的编写中难免存在不少缺陷与不足，这是我们理应文责自负的，也希望同行及使用者不吝赐教。当然，作为编写者，我们希望通过本教材能够对学习者在专业的成长上有所帮助。

郭思智

2016 年 12 月于昆明安宁职教园区

目 录

项目一 成本会计知识基本认知 ……………………………………………………（ 1 ）
  任务一 成本及成本会计认知 ………………………………………………（ 1 ）
  任务二 成本会计工作的组织 ………………………………………………（ 7 ）
  任务三 成本核算的要求与程序 ……………………………………………（ 11 ）
  任务四 成本核算的账户设置与账务处理 …………………………………（ 18 ）

项目二 产品成本构成要素的核算 ……………………………………………（ 23 ）
  任务一 构成产品成本的要素费用核算概述 ………………………………（ 23 ）
  任务二 材料费用的核算 ……………………………………………………（ 28 ）
  任务三 人工费用的核算 ……………………………………………………（ 39 ）
  任务四 折旧及其他费用的核算 ……………………………………………（ 47 ）
  任务五 辅助生产费用的核算 ………………………………………………（ 51 ）
  任务六 制造费用的核算 ……………………………………………………（ 63 ）
  任务七 生产损失的核算 ……………………………………………………（ 68 ）

项目三 产品成本在完工产品和在产品之间分配的核算 ……………………（ 76 ）
  任务一 在产品数量的核算 …………………………………………………（ 76 ）
  任务二 产品成本在完工产品和在产品之间分配的方法 …………………（ 80 ）
  任务三 完工产品成本的结转 ………………………………………………（ 93 ）

项目四 产品成本计算的基本方法 ……………………………………………（ 98 ）
  任务一 产品成本计算的基本认知 …………………………………………（ 98 ）
  任务二 产品成本计算的品种法 ……………………………………………（103）
  任务三 产品成本计算的分批法 ……………………………………………（113）
  任务四 产品成本计算的分步法 ……………………………………………（123）

项目五　产品成本计算的辅助方法 …………………………………………（138）
　　任务一　分类法 ………………………………………………………（138）
　　任务二　定额法 ………………………………………………………（144）
　　任务三　作业成本法 …………………………………………………（151）
　　任务四　目标成本法 …………………………………………………（157）

项目六　成本报表的编制和分析 …………………………………………（161）
　　任务一　成本报表的编制和分析基本认知 …………………………（161）
　　任务二　产品成本报表的编制和分析 ………………………………（166）
　　任务三　各种费用报表的编制和分析 ………………………………（181）

项目七　成本控制和成本考核 ……………………………………………（193）
　　任务一　成本控制 ……………………………………………………（193）
　　任务二　成本考核 ……………………………………………………（200）

项目八　其他行业成本核算 ………………………………………………（210）
　　任务一　施工企业成本核算 …………………………………………（210）
　　任务二　交通运输企业成本核算 ……………………………………（219）
　　任务三　商品流通企业成本核算 ……………………………………（228）

主要参考文献 …………………………………………………………………（238）

项目一 成本会计知识基本认知

任务一 成本及成本会计认知

学习目标

【知识目标】
- 理解成本的概念、经济实质
- 理解成本会计的对象和职能

【技能目标】
- 能正确分析成本开支范围

 任务导入

小王是 2016 年会计专业的一名毕业生,恰逢嘉欣机械厂招聘财务人员,小王顺利通过考核后被分配到成本核算岗位工作。上班第一天,财务部经理搬出了前半年的成本核算资料,还有本月发生的成本费用支出资料,并让小王尽快熟悉本公司主要产品的生产过程。

问题: 如果你是小王,你觉得通过这些资料,有哪些成本核算的信息是必须掌握的?

 任务分析

为了准确核算嘉欣机械厂的产品成本,小王作为生产企业的成本会计,需要尽快参与或负责完成以下工作:

(1) 熟悉嘉欣机械厂主要产品的生产过程。
(2) 了解成本会计工作的组织方式。
(3) 掌握该厂产品成本核算的要求。

理论知识准备

一、成本的经济实质与作用

(一) 成本的经济实质

成本作为商品经济的产物，属于价值范畴，与商品的价值有着密切关系。马克思在分析资本主义商品价值时指出：按照资本主义生产方式生产的每一个商品的价值W，用公式表示是 W＝C＋V＋m，如果我们从这个产品价值中减去剩余价值m，那么，在商品中剩下的只是一个在生产要素上耗费的资本价值C＋V的等价物或补偿价值。这部分的商品价值，即补偿所消耗的生产资料价格和所使用的劳动力价格部分，只是补偿商品是资本家自身耗费的东西，所以对资本家来说，这就是商品的成本价格。马克思从耗费和补偿两方面对成本进行了论述。成本从耗费的角度看，是商品生产中所消耗的物化劳动和活劳动中必要劳动的价值，即C＋V部分，它是成本的基本经济内涵；成本从补偿的角度看，是补偿商品产品生产中资本消耗的价值尺度，即成本价格，它是成本最直接的表现形式，成本是已耗费而又必须在价值或实物上得以补偿的支出。

因此，C＋V部分就构成了成本的理论经济内涵，是对成本的一种高度理论抽象和概括，也即构成商品的理论成本。

综上所述，可将成本的经济实质概括为：生产经营过程中所耗费的转移价值和劳动者为自己劳动所创造的价值的货币表现，也就是企业在生产经营过程中所耗费的资金总和。

马克思关于商品成本的论述，是对成本经济实质的高度理论概括，这一理论是进行成本核算、研究的指南，也是实际工作中制定成本核算规则、考虑劳动耗费价值补偿尺度的重要理论依据。但是，在现实经济工作中，为了适应经济管理的需要，强化企业经营管理水平，提高企业竞争能力，其理论成本与实际工作中应用到的一些成本概念存在一定差异。

实际成本是理论成本的具体化，它是按照现行制度规定的成本开支范围，以正常生产经营活动为前提，生产过程中实际消耗的物化劳动的转移价值和活劳动所创造价值中应纳入成本范围的那部分价值的货币表现。理论成本不考虑生产经营活动中偶然因素和异常情况的消耗，只对正常的物化劳动和活劳动消耗进行货币计量，而实际成本往往受客观条件包括经济方针政策和各期生产经营条件变化的影响。同时，理论成本在结合实际经济活动中又有不同的表现形式，形成不同的成本概念。

理论成本与实际成本存在的差异，主要表现在以下几个方面：

第一，法规制度规定方面的差异。实际工作中，国家为了满足经济管理需要和加强企业生产经营管理水平，在制定成本开支内容、范围时，将一些不应形成产品价值的损失性支出，计入了成本。如企业在生产中发生的废品损失、季节性和修理期间的停工损失等，制度规定应计入产品成本。这些损失性支出从实质上讲，并不属于生产性耗费，不形成产品价值，但为了加强经济核算，促使企业减少生产损失，强化经济责任意识，按规定要计入成本。

第二，成本对象化方面的差异。理论成本强调的"成本"是企业在生产经营过程中所发生的物化劳动和活劳动的耗费，是"全部成本"的概念。在实际工作中，围绕产品发生的费用是全部对象化，或是部分对象化，取决于成本核算制度的决定。我国现行《企业会计制度》规定，工业企业应采用制造成本法计算产品成本，从而使企业生产经营过程中所发生的全部劳动耗费，相应地分为产品制造（生产）成本和期间费用两部分。制造成本是指为生产产品而发生的各种生产费用总和，包括直接材料费用、直接人工费用和制造费用。期间费用是指企业在生产经营过程中发生的、与产品生产没有直接联系，属于某一时期发生并直接计入当期损益的费用，包括管理费用、销售费用和财务费用。

第三，成本表现形式方面的差异。理论成本所表现的经济内涵是一种高度概括的抽象理论，在与现实经济活动结合时，又有不同的表现形式，形成不同的成本概念，如工程成本、开发成本、资产成本、筹资成本、可控成本、机会成本、边际成本、质量成本等。这些都是以理论成本为重要依据，但又不同于理论成本。

（二）成本的作用

在市场经济条件下，成本的经济实质，决定了成本在经济管理中具有极其重要的作用，主要表现在以下几个方面：

1. 成本是补偿生产耗费的尺度。为了保证企业再生产的不断进行，企业必须通过销售商品获取收入对生产耗费进行补偿，成本则是衡量这一补偿份额大小的尺度。成本的高低，反映了生产耗费的多少，从而决定了补偿份额的大小。只有按照成本数额得到足额的补偿，才能保证再生产的正常进行。同时，成本也是划分生产经营耗费和企业净收入的依据，在一定的销售收入中，成本越低，净收入就越多。因此，成本作为补偿尺度对确定企业经营损益同样具有重要意义。

2. 成本是反映企业工作质量的综合指标。成本是一项综合性经济指标，企业生产经营管理中各方面的工作业绩，都会直接或间接地在成本中反映出来。如产品设计好坏、生产工艺是否先进、合理、劳动生产率的高低、固定资产利用的好坏、原材料的利用程度、费用的节约和浪费、产品质量的好坏、管理工作和生产组织的水平，以及供产销环节是否衔接协调等，也就是说，企业全部工作的好坏，最终都会在成本指标的高低上反映出来。因此，成本是衡量企业生产经营活动质量的综合指标。

3. 成本是制定产品价格的重要因素。产品价格是产品价值的货币表现。产品价格的制定，虽然要考虑价格政策、其他经济政策、市场供求关系、市场竞争态势等，但也必须考虑企业的实际承受能力，即产品成本水平，这是产品价格制定的最低经济界限。如果商品的价格低于其成本，其耗费就不能全部从商品销售收入中得到补偿。所以，成本是制定产品价格的重要因素。

4. 成本是企业进行经营预测、决策的重要依据。企业要在激烈的市场竞争中生存、发展，必须采取科学的管理方法进行正确的生产经营预测、决策，而正确的预测、决策离不开成本信息，包括对新产品开发、产品生产工艺方案改进、生产计划安排等方面的预测、决策，都需要成本信息。所以，成本是企业经营预测、决策的重要数据资料。

二、成本会计的对象、职能和任务

成本会计作为会计学相对独立的分支学科，其理论与方法是随着社会生产力水平的提高和经济管理的客观需要逐步形成和发展的。

（一）成本会计的对象

简单地说，**成本会计的对象**是指成本会计核算和监督的内容。从理论上讲，成本所包括的成本会计学内容，也就是成本会计应该核算和监督的内容。但在实际工作中，由于企业具体的生产经营活动不同，现行会计制度规范的不同，其核算和监督的内容有一定的差异。按照现行《企业会计制度》的有关规定，可以把工业企业的**成本会计对象**概括为：**企业生产经营过程中发生的产品生产成本和期间费用。**

（二）成本会计的职能

成本会计的职能，是指成本会计在经济管理中的功能。成本会计的职能是随着成本会计的产生与发展，而得到不断完善的。由于成本会计的内容不断扩大，成本会计的职能也相应地得到丰富与发展。从成本会计职能的发展来看，最初的成本会计只是进行成本核算，随着企业经营管理水平的提高，成本会计在成本核算的基础上还进行成本分析。以后，随着管理科学的发展，以及成本会计与管理科学相结合，又逐步增加了成本的预测、决策、计划、控制和考核等职能。

1. 成本预测。**成本预测**是指根据成本的有关数据及其与各种技术经济因素的依存关系，结合发展前景及采取的各种措施，利用一定程序、方法和模型，对未来期间成本水平及变化趋势做出科学的估计与推测。

2. 成本决策。**成本决策**是指利用决策理论，在成本预测的基础上，按照既定或要求的目标，根据定性与定量的方法，对有关方案进行正确的计算和判断后，从中选出最优成本方案的过程。

3. 成本计划。**成本计划**是指根据成本决策所确定的目标，依据计划期的生产任务、降低成本的要求及相关资料，通过一定的程序、运用一定方法，以货币计量形式具体规定计划期内产品生产耗费和各种产品的成本水平，提出达到规定成本水平所应采取的措施方案。

4. 成本核算。**成本核算**是指根据确定的成本计算对象，采用适当的成本计算方法，按照选定的成本项目，严格划分各种费用界限，采用一系列归集与分配方法将生产费用计入各受益产品，进而计算出成本计算对象的总成本和单位成本。

5. 成本控制。**成本控制**是指在产品成本形成过程中，通过对产品成本形成的监督，及时纠正发生的偏差，并采取相应措施，使在生产经营过程中发生的各种消耗和费用被限制在成本计划和费用预算标准范围内，以保证达到降低产品成本的目标。

6. 成本分析。**成本分析**是指利用成本核算资料和有关资料，运用一系列专门的方法，将本期实际成本与目标成本、上期实际成本、国内外同类产品的成本进行比较，揭示成本升降变动情况及影响因素，以便采取有效措施，寻找降低成本潜力。

7. 成本考核。**成本考核**是指定期对成本计划及有关指标实际完成情况进行考察和评价以实现各责任者努力完成责任成本的目标。

要充分发挥成本会计在现代企业管理中的重要作用，必须充分利用各种职能的联合作用。成本核算是最基本的职能，离开了成本核算，成本的预测、决策、计划、控制、分析和考核就无法进行，也就不存在成本会计，更谈不上其他职能的发挥；成本核算是对决策目标是否实现的最后检验；成本决策是成本预测的结果，成本预测是成本决策的前提，成本计划是成本决策所确定目标的具体化；成本控制则是对成本计划的实施进行监督，以保证决策目标的实现；决策目标是否如期实现，必须通过成本分析，才能查明原因和责任，才能做出正确的判断和评价。所以上述七项职能是相互联系、互为条件的，放松或削弱任何一项职能，都不利于现代成本会计职能的发挥。

（三）成本会计的任务

成本会计的任务是成本会计职能的具体化，也是人们期望成本会计应达到的目的和对成本会计的要求。根据我国现时经济发展的客观要求，成本会计的根本任务是在保证产品质量的前提下，促进企业尽可能节约产品生产经营过程中物化劳动和活劳动的消耗，不断提高经济效益。成本会计的具体任务包括以下几个方面：

（1）正确计算产品成本，及时提供成本信息；

（2）开展成本预测，进行成本决策；

（3）制定目标成本，加强成本控制；

（4）做好成本分析，严格成本考核。

任务实施

小王在熟悉了嘉欣机械厂产品成本核算程序的基础上，对本月发生的支出进行合理分类，计算出本月的支出总额、费用总额、期间费用、生产费用和产品成本的相关数据。

典型任务示例【1－1】

[资料] 洁丽亚毛巾厂是由26名下岗工人自筹资金成立的一家专门从事毛巾生产和销售的企业。该厂的生产厂房是租来的，每年租金30万元，购买生产设备64万元，可使用8年。

第一年购进生产用原料45万元，支付工人工资25万元，办公费用14万元，用于推销产品发生的费用16万元，全年总收入150万元。

年终，公司召开会议，讨论一年的经营业绩。会议形成两种不同观点：

第一种观点：企业经营状况不好，亏损44万元。

第二种观点：企业经营状况理想，盈利12万元。

双方各不相让，争执的焦点在于今年的成本到底是多少。

[要求] 你能帮助做个评判吗？同时请分析两种不同的观点，会对企业的生产经营决策产生什么样的影响？

[解析]

今年该厂的成本 = 45 + 25 + 30 + 64/8 = 108（万元）

第一种观点：亏损 44 万元（150－64－30－45－25－14－16）。这种观点下把本年发生的成本费用，把可使用 8 年的购买生产设备款 64 万元全部从全年总收入中扣除，显然不符合马克思的劳动耗费的价值补偿理论，也没有遵守国家规定的成本的开支范围。这样的计算结果会使员工积极性丧失，领导层可能会做出错误的经营决策，如停产、转产，甚至把企业卖掉等。

第二种观点：盈利 12 万元（150－108－14－16）。这种观点下把全年总收入 150 万元扣除本年的生产费用 108 万元和期间费用 30 万元，符合马克思的劳动耗费的价值补偿理论，也符合国家规定的成本的开支范围。这样的计算结果表明在该厂经营的第一年企业经营状况理想，企业员工和领导层将信心百倍，再创佳绩。

实践训练【1-1】

（一）名词解释
1. 成本计划
2. 成本控制

（二）单项选择题
1. 在成本会计各个环节中，（　　）是基础。
   A. 成本预测　　　　　　B. 成本计划
   C. 成本核算　　　　　　D. 成本控制
2. 成本考核应在（　　）的基础上，定期地对成本计划的执行结果进行评价和考核。
   A. 成本预测　　　　　　B. 成本决策
   C. 成本核算　　　　　　D. 成本分析

（三）多项选择题
1. 下列费用属于期间费用的有（　　）。
   A. 管理费用　　　　　　B. 财务费用
   C. 销售费用　　　　　　D. 制造费用
2. 理论成本不可理解为商品价值中的（　　）。
   A. $C+V$　　　　　　　B. $C+m$
   C. $V+m$　　　　　　　D. $C+V+m$
3. 成本会计的对象包括（　　）。
   A. 生产经营成本　　　　B. 期间费用
   C. 投资支出　　　　　　D. 利润分配支出

（四）简答题
简述成本会计的职能。

任务二 成本会计工作的组织

学习目标
【知识目标】
□ 了解成本会计工作的组织原则
【技能目标】
□ 了解成本会计机构的设置
□ 了解成本会计人员需要的必备素质
□ 掌握规范成本会计工作所需的制度

 任务导入

小王所供职的嘉欣机械厂成本会计的工作内容较多，程序比较复杂，涉及面较广，业务性较强。为此，该厂建立了成本会计机构，配备了必要的成本会计人员，小王经聘用后担任了一名成本核算岗位的会计人员。嘉欣机械厂在成立成本会计机构时，根据该厂成本核算的特点，选择适合该厂实际情况的成本会计工作组织方式。

问题：了解企业成本会计工作的组织方式，分析嘉欣机械厂的情况适合采用哪种组织方式。

 任务分析

一般情况下，业务量较大的大中型企业应在专设会计部门中，单独设置成本会计机构，配备适当数量的成本会计人员，从事成本会计工作。企业内部各级成本会计机构之间的组织分工（也称为成本会计工作的组织形式），有集中核算和非集中核算（即分散核算）两种不同的组织形式。

 理论知识准备

为了建立正常的成本会计工作秩序，充分发挥成本会计的作用，保证成本会计任务的完成，企业必须科学地组织成本会计工作。成本会计工作的组织主要包括：设置成本会计机构，配备必要的成本会计人员，制定科学、合理的成本会计制度。

一、成本会计工作组织的原则

（一）成本会计工作必须实现经济与技术相结合

成本是一项综合性的经济指标，它受多种因素的影响，其中产品的设计、加工工艺等技术是否先进、在经济上是否合理,对产品成本的高低有着决定性的影响。因为产品成本的高低,在产品设计阶段基本已经确定;在生产过程中要想大幅度地降低产品成本是不现实的,除非重新改进产品设计。但是,在传统的成本会计工作中,会计部门多注重产品加工中的耗费,而对产品的设计、加工工艺、质量、性能等与产品成本之间的联系则考虑较少,甚至有的成本会计人员不懂基本的工艺技术问题;相反,工程技术人员考虑产品技术方面的问题多,对产品的成本则考虑较少。这种成本会计工作与技术工作的脱节,使得企业在降低产品成本方面受到很大限制,成本会计工作也往往仅限于事后算账,只起到提供核算成本资料的作用。因此,为了在提高产品质量的同时不断地降低成本,提高企业经济效益,在成本会计工作的组织上应贯彻与技术相结合的原则。不仅要求工程技术人员要懂得相关的成本知识,树立成本意识,而且成本会计人员也必须改变传统的知识结构,具备与正确进行成本预测、参与经营决策相适应的生产技术方面的知识。只有这样,才能在成本管理上实现经济与技术的结合,才能使成本会计工作真正发挥其应有的作用。

（二）成本会计工作必须与经济责任制相结合

实行成本管理上的经济责任制是降低成本的一条重要途径。由于成本会计工作是一项综合性的价值管理工作,涉及面宽、信息灵,因此,企业应摆脱传统上只注重成本会计事后核算作用的片面性,充分发挥成本会计的优势,将其与成本管理上的经济责任制有机地结合起来,这样可以使成本管理工作收到更好的效果。例如,在实行成本分级归口管理的情况下,应使成本会计工作处于中心地位,具体负责组织成本指标的制定、分解落实,日常的监督检查,成本信息的反馈、调节以及成本责任的考核、分析、奖惩等工作。又如,为了配合成本分级归口管理,不仅要搞好厂一级的成本会计工作,而且应该完善各车间的成本会计工作,使之能进行车间成本的核算和分析,并指导和监督班组的日常成本管理,从而使成本会计工作渗透到企业生产经营过程的各个环节,更好地发挥其在成本管理经济责任制中的作用。

（三）成本会计工作必须建立在广泛的群众基础之上

不断挖掘潜力,努力降低成本,是成本会计的根本性目标。各种耗费是在生产经营的各个环节中发生的,成本的高低取决于各科室、车间、班组和职工的工作质量。同时,各级、各部门的职工群众最熟悉生产经营情况,最了解哪里有浪费现象,哪里有节约的潜力。因此,要加强成本管理,实现降低成本的目标,就不能仅靠几个专业人员,而必须充分调动广大群众在成本管理上的积极性和创造性。为此,成本会计人员还必须做好成本管理方面的宣传工作,经常深入实际,了解生产经营过程中的具体情况,与广大职工群众建立起经常性的联系,吸收广大群众参加成本管理工作,增强广大职工群众的成本知识和参与意识,以便互通信息,掌握第一手资料,从而把成本会计工作建立在广泛的群众基础之上。

二、成本会计机构

成本会计机构是组织和完成成本会计工作的主要职能部门。设置成本会计机构,必须与企业生产经营的特点、生产规模的大小和成本管理的要求相适应,体现精简高效的原则，贯彻落实经济责任制，做到经济与技术相结合、统一与分散管理相结合、专业与群众管理相结合的原则来开展工作。

企业成本会计机构设置，就一般而言，大中型企业通常在专设的会计机构中单独设置成本会计科、组或室，配备具有成本会计专业知识的会计人员，从事成本会计工作。在规模较小、会计人员不多的企业，可以在会计部门中指定专人负责成本会计工作。

成本会计工作在厂部成本职能部门和企业内部各单位之间，可以采取集中核算和非集中核算（即分散核算）两种不同的组织形式。

在集中核算形式下，企业的全部成本会计工作，由厂部成本会计科室或组负责进行处理，车间等其他单位的成本会计机构或人员只负责原始记录和原始凭证的填制，并对它们进行初步的审核、整理和汇总，为厂部成本会计机构进一步工作提供基础资料。这种核算形式的优点是便于厂部成本会计机构及时掌握整个企业与成本有关的全面信息，集中进行成本数据处理，减少核算层次，保证质量，但不利于内部各单位及时掌握和控制成本。

在非集中核算形式下，厂部成本会计机构负责组织、领导、协调企业内部各级成本会计工作，汇总成本资料，进行成本预测、决策；各级成本会计机构或人员则负责本单位（分厂、车间、部门等）成本计划的制定、成本的计算与控制、成本分析等具体事务。这种核算形式有利于企业基层单位及时了解本单位的成本水平与变化情况，强化成本意识和成本控制，但会增加核算层次和核算人员。

三、成本会计人员

成本会计人员，是指在会计机构或专设成本会计机构中所配备的成本工作人员，对企业日常的成本工作进行处理。为了保证成本会计信息质量，企业的成本会计人员应具有较高的素质与能力。首先，应具有良好的职业道德；其次，应有较为精通的专业知识，熟悉成本会计理论和实务，掌握一定的经营管理知识；最后，对企业生产技术、工艺流程等有所了解，熟悉企业生产经营各环节。

成本会计人员应认真履行职责，在企业总会计师和会计主管人员的领导下，行使以下职责：（1）进行成本会计核算。成本会计人员必须根据实际发生的经济业务进行会计核算，认真填制和审核原始凭证、编制记账凭证，登记成本账簿，正确计算各项支出、成本、费用。按期结算、核对账目，定期进行财产清查，在保证账证、账账、账实相符的基础上，按照要求编制成本会计报表，提供有用的成本信息。（2）实行会计监督。通过成本会计工作，对本单位涉及成本的各项经济业务和会计手续的合法性、合理性进行监督。对不真实、不合法的原始凭证不予受理，对账簿记录与实物、款项不符要查明原因，对违反财务制度规定的支出不予受理。（3）编制成本计划及费用预算，考核、分析其执行情况。根据成本预测、决策确定的方案和成本计划执行反馈的信息，及时编制下期成本计划和费用预算，加强企业成本控制，同时督促检查各内部单位成本计划和费用预算的执行情况。（4）拟订本企业成本会计规章、制度和具体办法，参与制订企业生产经营计划和各项定额。

四、成本会计制度

成本会计制度是组织和从事成本会计工作所必须遵循的规范和依据,是会计法规和制度的重要组成部分。成本会计制度要以《企业会计准则》《企业财务通则》《企业会计制度》和《企业内部控制基本规范》的有关规定为依据,体现市场经济的要求;要在适应企业生产经营特点和内部成本管理要求,并与其他法规制度相协调的基础上加以制定。

成本会计制度的内容,应包括对成本进行预测、决策、计划、控制、核算、分析和考核等方面所做出的有关规定,一般应包括以下几方面:

(1) 关于成本岗位责任制。
(2) 关于成本预测、决策的制度。
(3) 关于成本定额、费用预算和成本计划编制的制度。
(4) 关于成本控制的制度。
(5) 关于成本核算的制度。
(6) 关于成本报告和分析的制度。
(7) 关于内部价格制定和结算的办法。
(8) 关于其他有关成本会计的制度。

应当指出的是,成本会计制度一经确定,就应严格执行,保持相对稳定。但客观情况发生变化时,应对成本会计制度进行修订和完善,以保证成本会计制度的科学性和先进性。

 任务实施

小王所供职的嘉欣机械厂成本会计的工作内容较多,程序比较复杂,涉及面较广,业务性较强,成本会计工作由厂部、车间成本会计机构共同完成。为了调动各部门控制成本费用、提高经济效益的积极性,嘉欣机械厂应采用非集中核算(即分散核算)的组织方式。

 典型任务示例【1-2】

[资料] 汇丰机械厂是一家以生产机床为主的制造业,厂部成本会计机构负责制定成本计划和标准,审核和分配费用,控制资源消耗,计算产品成本,编制成本报表,进行成本分析。

[要求] 分析该厂设置成本会计工作组织形式应采用哪种形式?

[解析] 汇丰机械厂的全部成本会计工作由厂部的会计科进行处理,减少核算层次和工作人员,及时提供成本信息。因此,该厂的成本会计工作组织形式属于集中核算形式。

实践训练【1-2】

华益机械厂和华强机械厂都是以生产机床为主的制造业,华益机械厂成本会计的工作内容较多,程序比较复杂,涉及面较广,业务性较强,成本会计工作由厂部、车间成本会计机构共同完成。而华强机械厂业务量较少,厂部成本会计机构负责制定成本计划和标准,审核和分配费用,控制资源消耗,计算产品成本,编制成本报表,进行成本分析。

[要求] 分析华益机械厂和华强机械厂在设置成本会计工作组织形式中各自应采取哪种形式?

任务三 成本核算的要求与程序

学习目标

【知识目标】
- □ 理解产品成本核算的要求
- □ 能正确划分各种费用界限
- □ 熟悉工业企业成本核算的一般程序

【技能目标】
- □ 能对完善企业成本核算和管理制度、健全成本核算基础工作提出有效建议

任务导入

小王作为嘉欣机械厂新入职的成本会计机构中一名会计人员,应尽快完成以下任务:
(1) 了解该厂成本核算的要求。
(2) 正确划分各种费用的界限。
(3) 了解该厂财产物资的计价和价值结转的方法。
(4) 做好成本计算的各项基础工作。
(5) 熟悉嘉欣机械厂成本核算的程序。

任务分析

以上任务为小王今后开展成本核算工作、掌握相关成本信息,打好了核算基础。小王在完成上述任务过程中要注意理解各种费用的含义,正确划分各种费用的界限,以及各项费用要素与成本项目的辨析。

理论知识准备

　　成本核算是指对生产经营管理费用的发生和产品成本的形成所进行的核算。进行成本核算，首先审核生产经营管理费用，看其是否已发生，是否应当发生，已发生的是否应当计入产品成本，实现对生产经营管理费用和产品成本直接的管理和控制。其次对已发生的费用按照用途进行分配和归集，计算各种产品的总成本和单位成本，为成本管理提供真实的成本资料。

一、成本核算的要求

（一）算管结合，算为管用

　　"算管结合，算为管用"就是成本核算应当与加强企业经营管理相结合，所提供的成本信息应当满足企业经营管理和决策的需要。

（二）正确划分各种费用界限

　　1. 正确划分资本性支出与收益性支出的费用界限。在企业支出中，只有与正常生产经营活动有关的支出，才能称为生产经营费用（生产费用和期间费用）。正确划分各种支出的界限，也叫作严格费用成本的开支范围。企业必须严格遵守国家统一的会计制度规定的费用成本开支范围。

　　企业的支出一般可划分为六种：

　　（1）资本性支出。购置固定资产、无形资产等长期资产等方面的支出，在支出时首先资本化，然后在受益期逐期转入成本费用。

　　（2）对外投资支出。购买股票、债券或并购其他企业的支出。

　　（3）生产经营支出。

　　①生产支出——直接材料、直接人工、其他直接费用、制造费用。

　　②期间费用——管理费用、财务费用、销售费用。

　　（4）营业外支出。固定资产处置损失、盘亏损失和罚款、捐赠支出、非常损失等。

　　（5）利润分配性支出。所得税、应付股利等。

　　（6）福利性支出。职工医药费、医疗保险等。

　　以上各项支出中，凡不属于企业日常生产经营方面的支出，均不得计入产品成本或期间费用，即不得乱挤成本；凡属于企业日常生产经营方面的支出，均应全部计入产品成本或期间费用，不得遗漏。乱挤成本，会减少企业利润和国家财政收入；少计成本，则会虚增利润，使企业成本得不到应有的补偿，从而影响企业生产经营活动的顺利进行。

　　2. 正确划分生产费用与期间费用的界限。生产费用和期间费用都属于企业日常的生产经营性支出，但二者的用途和计入损益的时间却有所不同。**生产费用**是指企业生产过程中发生的能计入产品成本的费用，主要包括直接材料、直接人工和制造费用；**期间费用**是指企业在经营管理过程中发生的费用，主要包括管理费用、财务费用和销售费用。

　　用于产品生产的费用形成了产品成本，并在产品销售后作为产品销售成本计入企业损益；由于当月投产的产品不一定当月产成，当月产成的产品也不一定当月销售，因而当月的生产费用往往是不计入当月损益的产品销售成本；而本月发生的期间费用则直接计入当月损益。

应当防止混淆产品生产费用与期间费用的界限，借以调节各月产品成本和各月损益的错误做法。

3. 正确划分各月份费用成本的界限。对于可以计入费用成本的支出，企业应当根据**权责发生制原则**，正确划分各期费用成本的界限。按照权责发生制原则，凡是本期已经发生的费用成本，不论其款项是否已经付出，都应当作为本期费用成本入账；凡是不属于本期费用成本的支出，即使款项已经在本期付出，也不应当作为本期的费用成本处理。

4. 正确划分各种产品成本的界限。应计入本期产品成本的各项生产费用，有两种情况：一是能够直接计入某种产品成本的；一是多种产品共同发生的。

一个企业一定时期若只加工一种产品，则本月归集的生产费用全部由该产品承担，若加工多种产品，则应将本月归集的生产费用采用适当的方法分配计入各种产品的成本中，不能人为地在各种产品之间，特别是在亏损产品和盈利产品、可比产品与不可比产品之间任意转移生产费用。

5. 正确划分本期完工产品成本与期末在产品成本的界限。企业本期发生的生产费用，经过在各种产品之间进行划分，确定了各种产品应负担的生产费用。企业期末计算产品成本时，除了本期已完工产品外，还可能有未完工的产品（期末在产品）。企业期末计算产品成本时，应当注意核实期末在产品的数量和完工程度，采用合理的分配方法，将已经计入该种产品成本的生产费用在本期完工产品和期末在产品之间进行分配，正确计算本期完工产品的实际总成本和单位成本。

上述五个方面费用界限的划分过程，也就是产品成本的计算和各项期间费用的归集过程。在这一过程中，应贯彻收益原则，即何者受益何者负担费用，何时受益何时负担费用；负担费用的多少应与受益程度的大小成正比。

（三）做好各项基础工作

1. 建立健全各项原始记录。原始记录是反映生产经营活动的原始资料，是进行成本预测、编制成本计划、进行成本核算、分析消耗定额和成本计划执行情况的依据。因此，工业企业对生产过程中材料的领用、动力与工时的耗费、费用的开支、废品的发生、在产品及半成品的内部转移、产品质量检验及产成品入库等，都要有真实的原始记录。

2. 建立健全科学的定额管理制度。产品的各项消耗定额，既是编制成本计划、分析和考核成本水平的依据，也是审核和控制成本的标准；而且在计算产品成本时，往往要用产品的原材料和工时的定额消耗量或定额费用作为分配实际费用的标准。

3. 建立健全材料物资的计量、收发、领退和盘点制度。成本核算是以价值形式来核算企业生产经营管理中的各项费用的，但价值形式的核算是以实物计量为基础的。因此，为了进行成本管理，正确地计算成本，必须建立和健全材料物资的计量、收发、领退和盘点制度。

4. 建立企业内部结算价格和结算制度。在计划管理基础较好的企业中，为了分清企业内部各单位的经济责任，便于分析和考核企业内部各单位成本计划的完成情况和管理业绩，以及加速和简化核算工作，应对原材料、半成品、厂内各车间相互提供的劳务（如修理、运输等）制定厂内计划价格，作为企业内部结算和考核的依据。厂内计划价格要尽可能符合实际，保持相对稳定，一般在年度内不变。

（四）根据生产特点和管理要求选择适当的成本计算方法

产品成本的计算，关键是选择适当的产品成本计算方法。目前企业常用的产品成本计算方法有品种法、分批法、分步法、分类法、定额法、标准成本法等。

二、生产费用和期间费用的分类

（一）生产费用的内容

企业在一定时期内发生的、用货币表现的生产耗费，为企业的生产费用。

生产费用可以按不同的标准分类，其中最基本的是按生产费用的经济内容和经济用途进行分类。

1. 生产费用按其经济内容分类（费用要素）。**生产费用的经济内容**，是指构成生产费用的费用项目本身的性质。生产费用按经济内容的分类，也就是生产费用按费用性质的分类。生产费用的构成要素，一般称为费用要素。工业企业的生产费用，可以划分为以下构成要素：

（1）外购材料。是指企业为进行生产经营而耗用的一切从外单位购进的原料及主要材料、半成品、辅助材料、包装物、修理用备件和低值易耗品，如钢材等。

（2）外购燃料。是指企业为进行生产经营而耗用的一切从外单位购进的各种固体、液体和气体燃料，如煤油、燃油等。

（3）外购动力。是指企业为进行生产经营而耗用的一切从外单位购进的各种动力，如电力等。

（4）职工薪酬。是指企业应计入产品成本和期间费用的职工工资以及按一定比例计提的职工福利费。

（5）折旧费。是指企业按照规定的固定资产折旧方法计算提取的折旧费用。

（6）利息费用。是指企业的借款利息支出减去利息收入后的净额。

（7）税金。是指企业应缴纳的应计入管理费用的各种税金，包括房产税、车船税、印花税、土地使用税等。

（8）其他费用。是指不属于以上各要素的费用，如差旅费、租赁费、邮电费、保险费及外部加工费等。

2. 生产费用按其经济用途分类（产品成本项目）。**生产费用的经济用途**，是指生产费用在生产产品、提供劳务等活动中的实际用途。生产费用按经济用途的分类，通常称为成本项目，即构成产品生产成本的项目。

为具体反映计入产品成本的生产费用的各种用途，提供产品成本构成情况的资料，将生产费用划分为若干个成本项目。工业企业一般应设置以下几个成本项目：

（1）直接材料。是指直接用于产品生产、构成产品实体的原料、主要材料以及有助于产品形成的辅助材料费用。

（2）直接人工。是指直接参加产品生产的工人工资及福利。

（3）制造费用。是指间接用于产品生产的各项费用，以及虽然直接用于产品生产，但不便于直接计入产品成本，因而没有专设成本项目的费用（如机器设备的折旧费用）。

（4）其他直接费用。企业可根据生产特点和管理要求对上述成本项目做适当调整。对于管理上需要单独反映、控制和考核的费用，以及产品成本中比重较大的费用，应专设成本项目；反之，为了简化核算，不必专设成本项目。

3. 生产费用按其计入产品成本的方式分类。

（1）直接计入费用。直接为生产某种产品而发生的费用。该类费用可根据原始凭证直接计入该种产品的成本。

（2）间接计入费用。由几种产品共同负担的费用。该类费用应采用适当的方法在各种产品之间分配以后，再分别计入有关产品的成本。

4. 生产费用按其与产品产量的关系分类。

（1）变动费用。是指费用总额随产量的变动而成正比例变动的费用。如：原材料费用、生产工人计件工资。变动费用在产品的单位成本中是固定的。

（2）固定费用。是指在一定业务量内，费用总额相对固定，即不随产量的变动而变动的费用。如：生产单位管理人员的工资、房屋折旧费，单位固定费用则随产品产量的变化而变化。

（二）期间费用的内容

1. 销售费用。**销售费用**是指企业在销售商品和材料、提供劳务的过程中发生的各项费用。主要包括一般销售费用、展览、广告费和专设销售机构经费等。

2. 管理费用。**管理费用**是指企业为组织和管理企业生产经营所发生的各项费用。主要包括行政管理部门职工工资、修理费、办公费、业务招待费和差旅费等。

3. 财务费用。**财务费用**是指企业为筹集生产经营所需资金而发生的各项费用。主要包括利息支出、汇兑损失以及相关的手续费等。

三、支出、费用与产品成本之间的关系

支出是指企业在经济活动中发生的一切开支与耗费。**费用**是指企业在获取收入的过程中，对企业拥有或控制的资产的耗费。

费用与支出的关系：费用是企业支出的构成部分。在企业支出中，凡是同企业的生产经营有关的部分，即可表现或转化为费用；否则，不能列为费用。

生产费用和产品成本是两个既相互联系又相互区别的概念。生产费用按一定产品加以归集和汇总，就是产品成本。所以，**生产费用是产品成本的基础，而产品成本则是对象化的生产费用。**

四、成本核算的一般程序

成本核算的一般程序是指对企业在生产经营过程中发生的各项费用，按照成本核算要求，逐步进行归集和分配，最后计算出各种产品的成本和各项期间费用的基本过程。根据前述的成本核算要求和费用的分类，可将成本核算的一般程序归纳如下：

（一）确定成本计算对象

成本计算对象的确定取决于企业生产工艺特点、生产组织方式和管理要求。

（二）生产经营费用的审核和控制

生产经营费用的审核和控制，是以国家有关法律、法规和财政、财务、会计制度以及企业内部有关制度和管理办法等为依据，审核和控制生产经营费用的开支，以确定应计入本期产品成本的生产费用数额和应计入本期期间费用的费用数额。

（三）生产费用在各个成本核算对象之间进行分配和归集

生产费用在各个成本核算对象之间进行分配和归集，实际上就是前面所述的要正确划分各种产品成本的界限，以正确确定本期应计入各种产品（各成本核算对象）成本的费用。注意以下几点：

1. 分配和归集生产费用必须按成本项目进行。
2. 需要进行分配和归集的，只是本期发生的生产费用。
3. 分配生产费用的方法多种多样，分配生产费用的原则只有一个，就是"受益原则"。

（四）生产费用在月末完工产品与在产品之间的分配

对于月末既有完工产品又有在产品的产品，要将该种产品的生产费用（月初在产品生产费用与本月生产费用之和）在完工产品和月末在产品之间进行分配，计算出该种产品的完工产品成本和月末在产品成本。这是生产费用在同种产品的完工产品和月末在产品之间纵向的分配归集。

 任务实施

小王在熟悉嘉欣机械厂成本核算的工作过程中，要重点掌握以下内容：

（1）正确划分各种费用的界限。包括资本性支出与收益性支出的界限；产品生产费用与期间费用的界限；各月份的费用界限；各种产品的费用界限；期末完工产品和在产品的费用界限。

（2）了解嘉欣机械厂已确定的物资计价和价值结转方法。这些方法一经确定，应保持相对稳定，不能随意改变，以保证成本信息的可比性。

（3）掌握嘉欣机械厂成本核算的程序。包括确定成本计算对象；确定成本项目；确定成本计算期；审核和控制各项生产费用；正确处理费用的跨期摊提工作；归集和分配生产费用；计算完工产品成本和在产品成本。

 典型任务示例【1-3】

[资料] 华益机械厂5月份有关费用资料如下：生产工人工资20 000元，基本生产车间管理人员工资8 000元，车间办公费1 500元；企业管理人员工资5 000元，公司电话费2 000元；生产耗用原材料100 000元，辅助材料1 000元，燃料3 000元，电费6 000元；支付购买车间用设备所借款项500 000元的利息为3 000元，该设备已经建造完毕投入使用；固定资产报废清理损失1 000元。

[要求] 请你确定该企业本月的费用总额、期间费用和产品成本各项目的数额分别是

多少?

[解析]

(1) 该企业本月的费用总额为 149 500 元(不能包括固定资产报废清理损失的 1 000 元)。

(2) 该企业本月的期间费用 = 5 000 + 2 000 + 3 000 = 10 000(元)

(3) 该企业本月的产品成本 = 20 000 + 8 000 + 1 500 + 100 000 + 1 000 + 3 000 + 6 000
= 139 500(元)

实践训练【1-3】

(一) 名词解释

1. 费用要素
2. 成本项目

(二) 单项选择题

1. 下列各项中,属于产品生产成本项目的是(   )。
   A. 外购动力费用　　　　　　B. 制造费用
   C. 工资费用　　　　　　　　D. 折旧费用

2. 为了保证按每个成本计算对象正确地归集应负担的费用,必须将应由本期产品负担的生产费用正确地在(   )。
   A. 各种产品之间进行分配
   B. 完工产品和在产品之间进行分配
   C. 盈利产品与亏损产品之间进行分配
   D. 可比产品与不可比产品之间进行分配

3. 下列各项中,不计入产品成本的费用是(   )。
   A. 直接材料费用　　　　　　B. 辅助车间管理人员工资
   C. 车间厂房折旧费　　　　　D. 厂部办公楼折旧费

4. 下列各项中应计入管理费用的是(   )。
   A. 银行借款的利息支出　　　B. 银行存款的利息收入
   C. 企业的技术开发费　　　　D. 车间管理人员的工资

(三) 多项选择题

1. 为了正确计算产品成本,应做好的基础工作包括(   )。
   A. 定额的制订与修订
   B. 做好原始记录工作
   C. 正确选择各种分配方法
   D. 材料物资的计量、收发、领退和盘点
   E. 成本计划的制订和修订

2. 下列各项中属于销售费用的是(   )。
   A. 广告费　　　　　　　　　B. 委托代销手续费

C. 展览费　　　　　　　　D. 专设销售机构的办公费
3. 工业企业成本核算的一般程序包括（　　）。
　　A. 确定成本计算对象
　　B. 生产经营费用的审核和控制
　　C. 生产费用在各个成本核算对象之间进行分配和归集
　　D. 生产费用在月末完工产品与在产品之间的分配
　　E. 做好定额的制订和修订工作

（四）判断题
1. 为了正确计算产品成本，应该也可能绝对正确地划分完工产品与在产品的费用界限。　　　　　　　　　　　　　　　　　　　　　　　　　　　　　（　　）
2. 生产工人工资和福利费是产品成本项目。　　　　　　　　　　　　　（　　）
3. 产品成本项目就是计入产品成本的费用按经济内容分类核算的项目。（　　）

任务四　成本核算的账户设置与账务处理

学习目标

【知识目标】
□ 熟悉并理解工业企业成本核算的账户设置情况

【技能目标】
□ 掌握工业企业成本核算的主要会计科目，能进行主要的账务处理

任务导入

年末，友益会计师事务所的工作人员对嘉欣机械厂的财务工作进行审计，在审计过程中，审计人员发现有一笔账务处理似乎与该笔经济业务的实质不符，这笔经济业务是核算该企业销售部门人员工资5 000元，嘉欣机械厂会计人员所做的账务处理如下：
　　借：基本生产成本　　　　　　　　　　　　　　　　　　　　　5 000
　　　　贷：应付职工薪酬　　　　　　　　　　　　　　　　　　　　　5 000
　　问题： 会计师事务所工作人员认为该笔账务处理是不正确的，你认为呢？

任务分析

为了正确地计算产品的实际成本和期间损益，应将生产经营管理费用正确地划分为生产费用和期间费用，并进行正确的账务处理。在现实中，有不少企业常常故意或非故意地误划上述界限，导致产品成本的虚增或虚减。

理论知识准备

成本核算的主要会计账户设置与账务处理

为了进行成本核算,企业一般应设置"基本生产成本"、"辅助生产成本"、"制造费用"、"销售费用"、"管理费用"、"财务费用"、"长期待摊费用"等账户。如果需要单独核算废品损失,还应设置"废品损失"账户。

(一)"基本生产成本"账户

基本生产是指为完成企业主要生产目的而进行的商品产品生产。为了归集基本生产所发生的各种生产费用,计算产品生产成本,应设置"基本生产成本"账户。该账户借方登记企业为进行基本生产而发生的各种生产费用;贷方登记转出的完工入库的产品成本;余额在借方,表示基本生产的在产品成本。

"基本生产成本"应按产品品种或产品批别、生产步骤等成本计算对象设置产品成本明细分类账(或称产品成本计算单),账内按产品成本项目分设专栏或专行。其格式举例详见表1-1、表1-2。

表1-1 产品成本明细账

产品名称:111号产品

200×年		摘 要	产量(件)	成本项目				合计
月	日			原材料	燃料及动力	工资及福利费	制造费用	
8	31	本月生产费用		120 000	24 000	16 000	20 000	180 000
8	31	转出完工产品成本	1 000	120 000	24 000	16 000	20 000	180 000
8	31	完工产品单位成本		120	24	16	20	180

表1-1的资料表明,8月31日的本月生产费用为18万元,全部由完工产品来负担,也就是说,本月111号产品全部是完工产品,没有在产品。

表1-2 产品成本明细账

产品名称:112号产品

200×年		摘 要	产量(件)	成本项目				合计
月	日			原材料	燃料及动力	工资及福利费	制造费用	
7	31	在产品费用		30 000	12 000	8 000	10 000	60 000
8	31	本月生产费用		150 000	58 000	28 000	60 000	296 000
8	31	生产费用合计		180 000	70 000	36 000	70 000	356 000
8	31	本月完工产品成本	2 000	144 000	54 600	22 680	60 000	281 280

续表

200×年		摘 要	产量（件）	成本项目				合计
月	日			原材料	燃料及动力	工资及福利费	制造费用	
8	31	完工产品单位成本		72	27.30	11.34	30	140.64
8	31	在产品费用		36 000	15 400	13 320	10 000	74 720

表1–2的资料表明，8月31日的本月生产费用合计356 000元，要在本月完工产品和月末在产品之间进行分配，经过分配计算得出完工产品应负担的生产费用是281 280元，月末在产品应负担的生产费用为74 720元。

如果企业生产的产品品种较多，为了按照产品成本项目（或者既按车间又按成本项目）汇总反映全部产品总成本，还可以设置"基本生产成本"二级账。

（二）"辅助生产成本"账户

辅助生产是指为基本生产服务而进行的产品生产和劳务供应。辅助生产所提供的产品和劳务，有时也对外销售，但这并不是它的主要目的。为了归集辅助生产所发生的各种生产费用，计算辅助生产所提供的产品和劳务的成本，应设置"辅助生产成本"账户。该账户的借方登记为进行辅助生产而发生的各种耗费；贷方登记完工入库产品的成本或分配转出的劳务成本；余额在借方，表示辅助生产在产品的成本。

"辅助生产成本"账户应按辅助生产车间和生产的产品、劳务分设明细分类账，账中按辅助生产的成本项目或费用项目分设专栏或专行，进行明细登记。

（三）"制造费用"账户

为了核算企业为生产产品和提供劳务而发生的各项间接费用，应设置"制造费用"账户。该账户的借方登记实际发生的制造费用；贷方登记分配转出的制造费用；除季节性生产企业外，该账户月末应无余额。

"制造费用"账户应按车间、部门设置明细分类账，账内按费用项目设立专栏进行明细登记。

（四）"废品损失"账户

需要单独核算废品损失的企业，应设置"废品损失"账户。该账户的借方登记不可修复废品的生产成本和可修复废品的修复费用；贷方登记废品残料回收的价值、应收的赔款以及转出的废品净损失；该账户月末应无余额。

"废品损失"账户应按车间设置明细分类账，账内按产品品种分设专户，并按成本项目设置专栏或专行进行明细登记。

（五）"销售费用"账户

为了核算企业在产品销售过程中所发生的各项费用，应设置"销售费用"账户。该账户的借方登记实际发生的各项销售费用；贷方登记期末转入"本年利润"账户的销售费用；期末结转后该账户应无余额。

"销售费用"账户的明细分类账，应按费用项目设置专栏，进行明细登记。

(六)"管理费用"账户

为了核算企业行政管理部门为组织和管理生产经营活动而发生的各项管理费用,应设置"管理费用"账户。该账户的借方登记发生的各项管理费用;贷方登记期末转入"本年利润"账户的管理费用;期末结转后该账户应无余额。

"管理费用"账户的明细分类账,应按费用项目设置专栏,进行明细登记。

(七)"财务费用"账户

为了核算企业为筹集生产经营所需资金而发生的各项费用,应设置"财务费用"账户。该账户的借方登记发生的各项财务费用;贷方登记应冲减财务费用的利息收入、汇兑收益以及期末转入"本年利润"账户的财务费用;期末结转后该账户应无余额。

"财务费用"账户的明细分类账,应按费用项目设置专栏,进行明细登记。

(八)"长期待摊费用"账户

为了核算企业已经支出、但摊销期限在一年以上(不含一年)的各项费用,应设置"长期待摊费用"账户。该账户的借方登记实际支付的各项长期待摊费用;贷方登记分期摊销的长期待摊费用;该账户的余额在借方,表示企业尚未摊销的各项长期待摊费用的摊余价值。

"长期待摊费用"账户应按费用种类设置明细分类账,进行明细核算。

 任务实施

友益会计师事务所在审计嘉欣机械厂账务处理过程中,发现该厂销售部门人员工资5 000元被记入"基本生产成本"账户,属于未正确划分生产费用和期间费用问题,导致了产品成本的虚增。正确的账务处理如下:

借:销售费用　　　　　　　　　　　　　　　　　　　　　5 000
　　贷:应付职工薪酬　　　　　　　　　　　　　　　　　　　5 000

 典型任务示例【1-4】

[资料] 华光制造厂生产甲、乙两种产品。2016年6月份,该公司的有关资料如下:

(1) 甲产品月初在产品成本如下:直接材料22 000元,直接人工10 400元,燃料与动力4 000元,制造费用3 400元。乙产品无期初在产品。

(2) 生产甲产品领用原材料98 000元,生产乙产品领用原材料56 000元,生产车间一般耗用原材料12 000元,在建工程领用原材料30 000元。

(3) 甲产品生产工人工资为70 000元,乙产品生产工人工资为56 000元,车间管理人员工资为32 000元,行政管理人员工资为45 000元,销售机构人员工资为28 000元,在建工程人员工资为30 000元。

(4) 本月计提固定资产折旧费60 000元,其中生产用固定资产折旧费47 000元,管理用固定资产折旧费13 000元。

(5) 用银行存款支付外购动力费用75 000元,其中甲产品耗用33 000元,乙产品耗用25 000元，生产车间照明耗用5 000元，行政管理部门耗用2 000元，在建工程耗用10 000元。

(6) 生产车间领用低值易耗品6 000元（采用分期摊销法，期限为6个月）。

(7) 以银行存款预付下半年度报纸杂志费8 000元，其中生产车间4 600元，行政管理部门3 400元。

(8) 支付第三季度银行短期借款利息5 000元。

[要求] 根据上述资料，分析华光制造厂应设置哪些会计账户进行核算？

[解析] 根据上述业务，华光制造厂应设置"原材料"、"周转材料"、"在建工程"、"应付职工薪酬"、"累计折旧"、"固定资产"、"生产成本——基本生产成本"、"生产成本——辅助生产成本"、"制造费用"、"管理费用"、"财务费用"、"销售费用"、"银行存款"、"本年利润"等会计账户进行核算。

实践训练【1-4】

(一) 单项选择题

1. 制造费用应分配计入（　　）账户。
   A. 基本生产成本和辅助生产成本　　B. 基本生产成本和期间费用
   C. 生产成本和管理费用　　　　　　D. 财务费用和营业费用

2. 下列各项中不应计入产品成本的是（　　）。
   A. 企业行政管理部门固定资产的折旧费
   B. 车间厂房的折旧费
   C. 车间生产设备的折旧费
   D. 车间辅助人员的工资

(二) 判断题

1. "辅助生产成本"账户期末应无余额。　　　　　　　　　　　　　　　（　　）

2. "基本生产成本"账户应该按成本计算对象设置明细分类账，账内按成本项目分设专栏或专行。　　　　　　　　　　　　　　　　　　　　　　　　　（　　）

项目二　产品成本构成要素的核算

任务一　构成产品成本的要素费用核算概述

学习目标

【知识目标】
- □ 了解生产性费用与产品成本的关系
- □ 了解产品成本的列支范围
- □ 掌握生产性费用的划分
- □ 掌握要素费用的分配原则及分配标准

【技能目标】
- □ 能正确归集要素费用
- □ 理解要素费用的分配原则及分配标准

 任务导入

小王供职的嘉欣机械厂是一个以生产通用车床为主的制造企业,该厂设有铸造车间、机加工车间两个基本生产车间,设有供电车间、机修车间两个辅助生产车间。该机械厂生产 No.1、No.2 和 No.3 三种型号车床,其中铸造车间生产 No.1、No.2 两种车床,机加工车间生产 No.3 车床。两个辅助车间为基本生产车间和行政管理等部门提供服务。其生产工艺流程如下:

铸造车间以 A、B、C 三种材料为原材料,生产 No.1、No.2 两种车床,其中生产 No.1 车床用 A 材料,生产 No.2 车床用 B 材料,生产 No.1、No.2 两种车床共同耗用 C 材料,生产完工车床经检验合格后入成品库;机加工车间以 D、E 两种材料生产 No.3 车床。基本生产车间,辅助生产车间和厂部管理部门根据需要领用相应材料。

每月职工工资由厂部财务部门结算汇总,并按一定比例计提职工福利费、工会经费和教育经费。

问题： 通过以上资料，试理解嘉欣机械厂的生产性费用和非生产性费用有什么不同。

任务分析

嘉欣机械厂作为制造企业，费用性支出一般分为生产性费用和非生产性费用（即期间费用）。其中生产性费用又分为直接性费用和间接性费用。以铸造车间材料费用为例，铸造车间生产 No.1、No.2 两种车床，其中生产 No.1 车床用 A 材料，生产 No.2 车床用 B 材料，生产 No.1、No.2 两种车床共同耗用 C 材料。基本生产车间，辅助生产车间和厂部管理部门根据其他需要领用相应材料。由此可见：

（1）A 材料只用于生产 No.1 车床，属于 No.1 车床的直接性费用，期末应将其直接计入 No.1 车床的材料成本；同理，B 材料只用于生产 No.2 车床，属于 No.2 车床的直接性费用，期末应将其直接记入 No.2 车床的材料成本。

（2）生产 No.1、No.2 两种车床共同耗用的 C 材料，不能直接计入 No.1 或 No.2 车床的材料成本，属于间接性费用，需要在期末采用一定的标准和方法将 C 材料分配计入 No.1、No.2 两种车床的材料成本。

（3）基本生产车间、辅助生产车间根据其他需要领用的相应材料，因未直接涉及产品生产，故首先归集到制造费用，期末，再按受益原则分配制造费用，分别计入相应产品的成本中。而厂部管理部门根据需要领用的相应材料，属于非生产性费用，即期间费用，应按权责发生制原则记入当期管理费用。

理论知识准备

一、生产性费用与产品成本的关系

根据综合会计恒等式"资产 + 费用 = 负债 + 所有者权益 + 收入"，左边反映了资金的去向，即一项资金流出不是资本性支出就是费用性支出，对工业企业而言，费用性支出又分为生产性费用和非生产性费用，即期间费用。

产品成本是指企业为了生产或制造一定种类和数量的产品而耗费的物化劳动和部分活劳动的货币总额，一般包括劳动对象（具体表现为物质资料）、劳动工具（具体指机器设备和工具器具、房屋建筑物等劳动条件）和人的活劳动（具体表现为员工支付的工资，以及为职工承担的职工福利费、工会经费、职工教育经费和社会保障费用等）三大要素。

产品成本和计入产品成本的生产性费用在经济内容上是一致的，在金额上是相等的，可以说产品成本就是对象化的生产性费用，产品成本的计算、核算过程就是归集和分配生产性费用的过程。

二、生产性费用的划分

(一) 按经济用途划分

生产性费用按经济用途划分称为成本项目,即构成产品的生产(制造)项目,具体**包括**:直接材料、直接人工、制造费用、燃料和动力、废品损失、停工损失等项目。一般情况下,大多数工业企业均设置直接材料、直接人工、制造费用三个成本项目,有的企业为了加强和提高成本核算的效率,不单独核算燃料和动力、废品损失、停工损失项目,而是将燃料费用并入直接材料项目,将动力费用、废品损失、停工损失并入制造费用项目进行核算。

(二) 按经济内容划分

工业企业生产制造产品的过程既是物化劳动和活劳动的耗费过程,又是劳动对象、劳动工具和人的活劳动这三大要素的价值转移过程,生产性费用按经济内容划分为以下费用要素:

1. 外购材料。
2. 外购动力和燃料。
3. 直接人工,包括工资及"三项经费"(职工福利费、工会经费、职工教育经费)和社会保障费等(按照我国劳动法律制度规定,包括基本养老保险、医疗保险、生育保险、失业保险、工伤保险和住房公积金,简称"五险一金")。
4. 折旧费。
5. 其他直接费用。包括修理维护费、机物料消耗、劳动保护费、水电费、办公费、租赁费、外部加工费、季节性或大修期间的停工损失和废品损失等。

(三) 按照同产品生产工艺的关系划分

1. 直接性费用。包括直接为生产某种产品耗费的各种原料和材料(简称为"直接材料")、直接生产某种产品的生产人员的人工性费用(简称为"直接人工")。直接性费用,期末应将其直接计入所生产的某种产品的成本。

2. 间接性费用。是指为了生产制造而发生的、不能直接计入某种产品成本而专设成本项目的各种费用,包括生产管理人员人工性费用、折旧费、修理费、机物料消耗、劳动保护费、水电费、办公费、租赁费、外部加工费、季节性或大修期间的停工损失和废品损失等。间接性费用,需要在期末采用一定的标准和方法将其分配计入所生产某种产品的成本。

三、产品成本的列支范围

根据《企业会计准则》和《企业财务通则》的规定,我国产品成本的计算范围同国际会计准则接轨,采用制造成本法,即产品成本只包括直接材料、直接人工、制造费用和其他直接支出,而将与产品成本没有直接联系的管理费用、销售费用、财务费用(统称期间费用)计入当期损益。

因此,对工业企业而言,将费用性支出区分为生产性费用和期间费用,生产性费用计入产品成本,期间费用按权责发生制原则计入当期经营成果。下列各项支出不得计入产品成本：

（1）资本性支出，即购置和建造固定资产和其他资产的支出。

（2）对外投资的支出。

（3）无形资产受让、开发支出。

（4）违法经营罚款和被没收财产损失。

（5）税收滞纳金、罚金、罚款。

（6）灾害事故损失赔偿。

（7）各种捐赠支出。

（8）各种赞助支出。

（9）分配给投资者的利润或股利。

（10）国家规定不得列入成本的其他支出，如非生产性费用按《企业会计准则》的规定分别计入管理费用、销售费用、财务费用，职工学校幼儿园各项费用计入应付福利费，基础设施建设部门各项费用计入在建工程。

四、产品成本构成要素分配原则和分配标准

（一）产品成本构成要素分配原则

产品生产过程中发生的各项生产要素费用，应采用一定的方法进行归集并分配计入各种产品成本中。要素费用的归集与分配的基本原则如下：

1. 按照要素费用的用途和发生的地点，将各种要素费用区分为应计入产品成本的要素费用和不应计入产品成本的要素费用。

2. 对于应计入产品成本的各种要素费用，还应按其与产品的关系进行分配。凡是专为生产某种产品所耗用，并能确认其负担数额的直接费用，应直接计入该产品的成本；凡是几种产品共同耗用，不能确认为哪种产品耗用的间接费用，应先归集，然后采用一定的方法分配计入各种产品的成本中。

只生产一种产品的企业，发生的应计入产品成本的全部费用，都是直接费用，全部计入该产品的成本。

总之，**要素费用分配的基本原则**是根据受益部门耗用的多少来进行分配。简而言之，即**谁受益谁承担**。

（二）产品成本构成要素分配标准

对于应计入产品成本的各种要素费用，凡是几种产品共同耗用、不能确认为哪种产品耗用的间接费用，应先归集，然后采用合理的分配标准在有关的产品之间进行分配后再计入相关产品的成本中。分配间接计入费用的计算公式可概括为：

某种要素费用分配率 = 待分配的该种要素费用总额 ÷ 各产品分配标准合计

某种产品应承担的该种要素费用 = 该种产品的分配标准 × 某种要素费用分配率

为了正确分配间接计入产品成本的要素费用，就必须合理确定其分配标准。企业在核算产品成本时，需要分配计入产品成本的生产性费用，常见的分配标准有以下三类：

1. 成果类，如产品的产量、重量、体积等。

2. 消耗类，如机器工时、人工工时、原材料消耗量等。

3. 定额类，如单位定额消耗量、单位定额费用等。

单位定额消耗量是指由建设行政主管部门根据合理的施工组织设计，按照正常施工条件制定的，生产一个规定计量单位工程合格产品所需的人工、材料、机械台班的社会平均消耗量标准。**单位定额费用**是指公司在一定的生产技术和组织结构中，生产产品、提供服务或执行预算所完成单位合格产品对人力、财力、物力的利用和消耗应当遵守的标准。

任务实施

根据任务导入，对嘉欣机械厂的生产性费用和非生产性费用做如下理解：

1. 铸造车间 A 材料只用于生产 No.1 车床，属于 No.1 车床的直接性费用，期末应将其直接计入"生产成本——基本生产成本——No.1 车床"账户；同理，B 材料只用于生产 No.2 车床，属于 No.2 车床的直接性费用，期末应将其直接计入"生产成本——基本生产成本——No.2 车床"账户。同理，直接生产 No.1 和 No.2 车床工人工资也做以上账务处理。

2. 生产 No.1、No.2 两种车床共同耗用的 C 材料，不能直接计入 No.1 或 No.2 车床的材料成本，属于间接性费用，需要在期末采用一定的标准和方法将 C 材料分配给 No.1、No.2 两种车床，将分配后的材料费用分别计入"生产成本——基本生产成本——No.1 车床"账户和"生产成本——基本生产成本——No.2 车床"账户。同理，车间内既生产 No.1 又生产 No.2 车床工人工资也做以上账务处理。

3. 基本生产车间、辅助生产车间根据其他需要领用的相应材料及车间管理人员的工资，因未直接涉及产品生产，故首先归集到"制造费用"账户下相应项目，期末，再按受益原则分配制造费用，分别计入相应产品的成本中。

4. 而厂部管理部门根据需要领用的相应材料及厂部管理人员工资等，属于非生产性费用，即期间费用，应按权责发生制原则计入当期"管理费用"账户。

实践训练【2-1】

（一）名词解释

1. 产品成本
2. 生产性费用

（二）单项选择题

1. 构成产品成本的支出主要是（　　）。
   A. 资本性支出　　　　　　B. 收益性支出
   C. 生产性支出　　　　　　D. 营业外支出
2. 我国产品成本的计算，采用（　　）。
   A. 全部成本法　　　　　　B. 制造成本法

C. 理论成本法 D. 现实成本法

(三) 多项选择题

1. 生产性费用按经济用途划分称为成本项目，即构成产品的生产（制造）项目，具体包括：（ ）。
 A. 直接材料 B. 直接人工
 C. 固定费用 D. 制造费用

2. 计入产品成本的生产性费用，其分配应遵循（ ）。
 A. 重要性原则 B. 相关性原则
 C. 一贯性原则 D. 客观性原则

(四) 简答题

简述我国产品成本的列支范围。

任务二 材料费用的核算

学习目标

【知识目标】
- □ 了解材料费用取得和发出的会计核算方法
- □ 了解材料费用的归集
- □ 掌握材料费用定额消耗量分配法的核算
- □ 掌握材料费用定额费用比例法的核算

【技能目标】
- □ 能正确归集材料费用
- □ 能熟练运用材料费用定额消耗量分配法和材料费用定额费用比例法分配材料费用
- □ 能正确编制材料费用分配表并进行账务处理

 任务导入

2016年6月初，嘉欣机械厂产品成本情况：

No.1车床月初在产品成本为直接材料2 050元，燃料动力100元，直接人工350元，废品损失20元，制造费用380元。No.2车床无月初在产品。No.3车床无月初在产品。

2016年6月，嘉欣机械厂为生产产品发生以下有关经济业务：

1. 嘉欣机械厂采用计划成本计价进行材料收发的日常核算，各车间及部门领用材料和燃料的有关资料，如表2-1所示。

2. 本月材料成本差异率为-2%，燃料成本差异率为5%。

项目二 产品成本构成要素的核算

表2-1　　　　　　　　　　材料及燃料领用汇总表　　　　　　　　　　单位：元

领用部门	用途	原材料（计划成本）	燃料（计划成本）
铸造车间	生产 No.1 领用 A 材料	40 000	
	生产 No.2 领用 B 材料	20 000	
	生产 No.1、No.2 共同领用 C 材料	80 000	
	车间修理机器等领用材料	300	2 000
	修复 No.1 废品领用 A 材料	400	
机加工车间	生产 No.3 领用 D 材料	10 000	
	生产 No.3 领用 E 材料	20 000	
	车间修理机器等领用材料	1 500	1 500
	修复 No.3 废品领用 E 材料	600	
辅助生产车间	供电车间领用材料	1 200	13 000
	机修车间领用材料	1 700	300
厂部管理部门	一般性消耗领用材料	3 000	400

3. 生产 No.1、No.2 共同耗用的材料按定额耗用量比例法进行分配，No.1 本月投产 2 240 件，单位产品 C 材料消耗定额为 10 千克，No.2 本月投产 880 件，单位产品 C 材料消耗定额为 20 千克。

[要求] 根据表 2-1，编制材料费用分配表（参见表 2-2）及燃料费用分配表（参见表 2-3），并编制相应的记账凭证，登记有关成本费用明细账。

任务分析

（1）铸造车间生产 No.1 车床用的 A 材料 40 000 元，属于 No.1 车床的直接性费用，期末应将其直接计入 No.1 车床的材料成本；同理，生产 No.2 车床用的 B 材料 20 000 元，属于 No.2 车床的直接性费用，期末应将其直接计入 No.2 车床的材料成本。机加工车间生产 No.3 车床用的 D、E 材料，也属于直接性费用，期末应将其直接计入 No.3 车床的材料成本。

（2）生产 No.1、No.2 两种车床共同耗用的 C 材料 80 000 元，不能直接计入 No.1 或 No.2 车床的材料成本，属于间接性费用，需要在期末按定额耗用量比例法将 C 材料分配计入 No.1、No.2 两种车床的材料成本。

（3）铸造车间和机加工车间、辅助生产车间根据其他需要领用的相应材料，因未直接涉及产品生产，故首先归集到各车间设置的"制造费用"账户，期末，再按受益原则分配制造费用，分别计入相应产品的成本中。而厂部管理部门根据需要领用的相应材料，属于非生产性费用，即期间费用，应按权责发生制原则计入当期管理费用。

 理论知识准备

本任务所述材料包括企业为生产产品所消耗的、直接用于产品生产、构成产品实体的各种材料及主要材料、外购半成品和包装物以及有助于产品形成的辅助材料等生产性费用。

一、材料取得的核算

企业的各种材料及主要材料、包装物以及有助于产品形成的辅助材料，取得的方式有外购、自制、接受投资和捐赠、非货币性交换、债务重组等，本任务以外购作为主要方式进行阐述。

（一）外购材料成本

（1）买价，指购货发票上所列的价款。

（2）外购运杂费，包括装卸费、包装费、保险费和运输费等。根据现行增值税法律制度规定，一般纳税人外购材料所支付的运输费用，按增值税税率11%进行抵扣；而小规模纳税人所支付的运输费用不能抵扣，故全部构成了外购材料的成本。

（3）途中的合理损耗，指采购过程中不可避免的定额内损耗。

（4）入库前的挑选整理费用。

（5）购入材料过程中负担的税金，是指关税、消费税等。

> ▲注意：一般纳税人外购材料承担的增值税可以抵扣，而不计入外购材料成本；小规模纳税人外购材料承担的增值税不可以抵扣，所以计入外购材料成本。材料验收入库以后的仓储保管费用直接记入"管理费用"。

（二）外购材料的核算

1. 企业采用实际成本法核算存货。如果所购材料尚未验收入库的，先借记"材料采购"，待以后验收入库时再将金额转入"原材料"；如果所购材料已经验收入库的，借记"原材料"或"周转材料——包装物"，同时借记"应交税费——应交增值税（进项税额）"；根据支付结算方式的不同，贷记"银行存款"、"应付账款"、"应付票据"等。

2. 企业采用计划成本法核算存货。外购材料核算还需确认采购环节的材料成本差异，将采购环节产生的超支差异和节约差异分别情况记入"材料成本差异"的借方或贷方。

二、材料发出的计价

日常工作中，企业发出的存货，可以按实际成本核算，也可以按计划成本核算。如采用计划成本核算，会计期末应调整为实际成本。在实际成本核算方式下，企业可以采用的发出存货成本的计价方法包括个别计价法、先进先出法、月末一次加权平均法、移动加权平均法等。

（一）发出材料按实际成本计价的方法

1. 个别计价法。本期发出存货和期末结存存货的成本，完全按照该存货所购进批次或生产批次入账时的实际成本进行确定的一种方法。需要对每一存货的品种规格、入账时间、单位成本、存放地点等做详细记录。适用于不能替代使用的存货或为特定项目专门购入或者制造的存货的计价，以及品种数量不多、单价较高或体积较大、容易辨认的存货的计价。如房产、船舶、飞机、重型设备及珠宝字画等名贵物品。

2. 加权平均法。

（1）月末一次加权平均法。

$$加权平均单位成本 = \frac{月初结存存货成本 + 本月购进存货成本}{月初结存存货数量 + 本月购进存货数量}$$

由于加权平均单位成本往往不能除尽，为了保证期末结存商品的数量、单位成本与总成本的一致，应先按加权平均单位成本计算期末结存商品的成本，然后倒减出本月发出商品成本。

此方法方便易行，适用于存货收发比较频繁的企业。但是由于存货的计价在月末进行，平时无法提供发出存货和结存存货的单价和金额，不利于管理。

（2）移动加权平均法。

$$移动加权平均单位成本 = \frac{原有存货成本 + 本批入库存货成本}{原有存货数量 + 本批入库存货数量}$$

此方法可以随时掌握发出存货的成本和结存存货的成本，为管理存货提供所需信息，故不宜在收发货比较频繁的企业使用。对于收发货较频繁的企业，会增加核算的工作量。

比较而言，由于移动加权平均法只要存货发生增加或减少就要加权一次，加大了计算的工作量，在实务中为了提高工作效率一般使用全月一次加权平均法。

3. 先进先出法。以先入库的存货先发出这一存货实物流转假设为前提，对于先发出的存货按先入库的存货单位成本计价，后发出的存货按后入库的存货单位成本计价，据以确定本期发出存货和期末结存存货成本的一种方法。

此方法计算比较烦琐。在物价上涨期间，会高估当期的利润和存货的价值；在物价下跌期间，会低估当期利润和存货。

（二）发出材料按计划成本计价的方法

采用计划成本对存货发出进行核算时，材料的取得和发出，平时都按照计划成本计价，同时将材料的计划成本与实际成本之间的差异单独核算，月末计算材料成本差异率，计算并分摊发出材料应承担的材料成本差异，将发出材料的成本调整为实际成本。

计划成本法下，除了需要设置"原材料"、"材料采购"等科目外，还需要设置"材料成本差异"科目。该科目为双重性质的资产类科目，借方登记取得材料时确认的超支差异和发出材料应分摊的节约差异，贷方登记取得材料时确认的节约差异和发出材料应分摊的超支差异；科目余额如果在借方表示节约，则备加；科目余额如果在贷方表示节约，则备抵。期末材料实际成本同材料成本差异的关系：

材料实际成本 = $\dfrac{\text{材料计划成本}}{\text{(即账面成本)}}$ + $\dfrac{\text{期末超支差异}}{\text{(即"材料成本差异"期末借方余额)}}$

材料实际成本 = $\dfrac{\text{材料计划成本}}{\text{(即账面成本)}}$ − $\dfrac{\text{期末节约差异}}{\text{(即"材料成本差异"期末贷方余额)}}$

编制资产负债表"存货"项目的时候，按此方法进行列示。计划成本法步骤和要领如下：

1. 购入材料时，按实际支付的金额入账。

2. 材料验收入库时，确认材料成本差异，将实际成本大于计划成本的金额（即超支金额）计入"材料成本差异"的借方；将实际成本小于计划成本的金额（即节约金额）计入"材料成本差异"的贷方。

3. 发出材料按计划成本计价。

4. 计算本月材料成本差异率，分配发出材料应承担的材料成本差异，将计划成本调整为实际成本。

材料成本差异率 = $\dfrac{\text{月初材料成本差异} + \text{本月购入材料成本差异}}{\text{月初材料计划成本} + \text{本月购入材料计划成本}} \times 100\%$

本月发出材料应承担的材料成本差异 = 发出材料的计划成本 × 材料成本差异率

在成本会计实务中，如果材料成本差异率为负值表示节约，常常编制红字分录将发出材料的计划成本调整为实际成本。

三、费用的分配方法和会计核算

一般情况下，工业企业的各种材料及原料是按照产品品种分别领用，可以根据领料单或发出材料汇总表等凭证直接记入所生产的产品成本；如果是几种产品共同耗用的材料费用，应采用合理的分配方法在各种产品之间分配，然后计入相应产品的产品成本。

（一）材料费用的常见分配方法

1. 按产品产量（重量）比例分配。这种方法以产品的产量（重量）为标准进行分配，适用于耗用材料的多少与产品的产量（重量）存在一定比例关系的产品。

原材料分配率 = 共同耗用的原材料费用总额 ÷ 各个产品产量（重量）之和

某产品分配的原材料费用 = 该产品产量（重量）× 原材料分配率

2. 按定额消耗量比例分配。定额消耗量是指一定产量产品消耗原材料的数量或金额，该方法适用于各种材料费用定额容易取得而且比较准确的企业。

某产品材料定额耗用量 = 该种产品实际产量 × 单位产品材料消耗定额

材料费用分配率 = 材料消耗总费用 ÷ 各个产品定额消耗量之和

某产品分配的原材料费用 = 该产品材料定额耗用量 × 材料费用分配率

3. 按材料定额费用比例分配。该方法以产品定额费用作为分配标准，适用于单位产品材料定额费用比较准确的企业，而且原材料的物价相对稳定。相比较而言，在市场经济条件下，由于物价变动相对频繁，单位产品定额费用自然发生变动，不提倡使用该标准和方法。

某种产品材料定额费用＝该种产品实际产量×单位产品材料消耗定额×该材料单价

材料费用分配率＝$\dfrac{材料实际总费用}{各产品材料定额费用总额}$

某产品应分配的材料费用＝该产品材料定额费用×材料费用分配率

材料费用分配率＝待分配材料费用总额÷各个产品材料定额消耗量之和

某产品材料定额费用＝该产品产量×材料消耗量分配率×单位产品材料定额费用

（二）材料费用分配的账务处理

在工业企业的生产过程中，企业一般在月末根据审核无误的发（领）料单据，编制发出材料汇总表和材料费用分配汇总表，然后按以下要领编制记账凭证（见图2-1）。

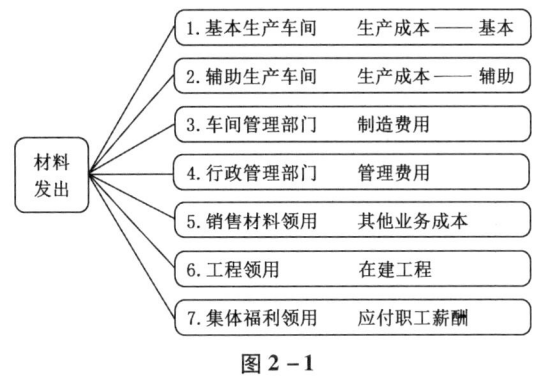

图2-1

四、周转材料的核算

周转材料是指不能作为固定资产核算的各种劳动材料，从性质上属于劳动资料，具有一定实物形态、单项价值低、不一定一次性消耗的特点，包括各种工具用具、器皿仪器和不随同产品出售单独计价的各种包装材料（注：构成产品实体随同产品出售的各种包装材料，按材料费用进行归集、分配和核算）。

为了便于识别和准确计算产品成本，工业企业一般在"周转材料"总分类账簿下设置"低值易耗品"和"包装物"两个明细科目进行核算。周转材料的日常核算和管理既可以采用实际成本法进行，也可以采用计划成本法进行，其发出的计价参照本任务前面所述。

周转材料的摊销金额应根据企业的生产、经营具体情况，分别使用以下方法进行摊销：

（一）一次摊销法

又称**一次转销法**，是指低值易耗品或包装物在领用时，就将其价值一次性计入当月的各种费用，适用于单位价值比较低、使用期限短或者容易损坏的周转材料。

（二）五五摊销法

五五摊销法是指低值易耗品或包装物在领用时，就将其价值的一半计入当月的各种费用，在其报废时再摊销剩余的一半价值。适用于每月领用、报废周转材料比较均匀的企业。

(三) 分次摊销法

分次摊销法是指将低值易耗品或包装物的价值根据使用期限或次数平均计入各种费用的方法。适用于单位价值较大、能够区分使用期限或次数的周转材料。

周转材料耗用后,其摊销金额在产品成本中比重小,属于间接性生产费用,故一般不单独在生产成本明细账专设成本项目进行核算,而是根据其用途进行账务处理。用于生产产品的先计入"制造费用",待期末分配计入产品成本,用于组织和管理生产经营活动的计入"管理费用",用于销售活动的计入"销售费用",用于基础设施建设的计入"在建工程"。

五、燃料费用的归集、分配与核算

燃料也是材料消耗,按照重要性原则,如果燃料费用比重较大或需要单独进行核算和管理的,可在"生产成本"中专设"燃料和动力"项目进行计算、核算。直接用于产品生产,在领用时能够分清产品归属的,直接计入"生产成本"下的对应成本项目;分不清产品归属的,应采用适当合理的方法分配计入"生产成本"的对应成本项目,其分配的方法与程序类似于材料费用归集与分配;用于辅助生产或生产车间一般消耗的燃料费用先计入"制造费用",待期末分配计入产品成本,用于组织和管理生产经营活动的计入"管理费用",用于销售活动的计入"销售费用",用于基础设施建设的计入"在建工程"。

按照重要性原则,如果燃料费用比重较小或者不划算单独管理和核算的,再加上燃料费用不容易分清产品归属,很多企业将用于生产产品的燃料费用先计入"制造费用",待期末采用一定的标准和方法再分配计入产品成本。

 任务实施

根据"任务导入"中表2-1,分别计算、填写表2-2和表2-3,编制相应记账凭证并登记明细账簿(用空白凭证及明细账页填写)。

表2-2　　　　　　　　　　　　材料费用分配表　　　　　　　　　　　　货币单位:元

领用部门	计划成本					材料成本差异 (-2%)	实际成本
	共同耗用C材料			直接耗用	合计		
	定额耗用	分配率	金额				
No. 1	22 400	2	44 800	40 000	84 800	-1 696	83 104
No. 2	176 00		35 200	20 000	55 200	-1 104	54 096
No. 3				30 000	30 000	-600	29 400
铸造车间				300	300	-6	294
机加工车间				1 500	1 500	-30	1 470

续表

领用部门	计划成本			材料成本差异（-2%）	实际成本
	共同耗用 C 材料		直接耗用	合计		
	定额耗用	分配率	金额				

领用部门	定额耗用	分配率	金额	直接耗用	合计	材料成本差异（-2%）	实际成本
机修车间				1 700	1 700	-34	1 666
供电车间				1 200	1 200	-24	1 176
No.1 废品				400	400	-8	392
No.3 废品				600	600	-12	588
管理部门				3 000	3 000	-60	2 940
合计			80 000	98 700	178 700	-3 574	175 126

注：No.1 废品和 No.3 废品的材料成本在本项目任务七中处理，此处不涉及。

会计分录：

借：生产成本——基本生产成本——No.1　　　　　　83 104
　　生产成本——基本生产成本——No.2　　　　　　54 096
　　生产成本——基本生产成本——No.3　　　　　　29 400
　　制造费用——铸造车间　　　　　　　　　　　　294
　　制造费用——机加工车间　　　　　　　　　　　1 470
　　生产成本——辅助生产成本——机修车间　　　　1 666
　　生产成本——辅助生产成本——供电车间　　　　1 176
　　管理费用　　　　　　　　　　　　　　　　　　2 940
　　贷：原材料　　　　　　　　　　　　　　　　　　　174 146

表2-3　　　　　　　　　　　燃料费用分配表　　　　　　　　　　　　货币单位：元

领用部门	计划成本	成本差异率（5%）	材料成本差异	实际成本
铸造车间	2 000	5%	100	2 100
机加工车间	1 500		75	1 575
机修车间	300		15	315
供电车间	13 000		650	13 650
管理部门	400		20	420
合计	17 200		860	18 060

会计分录：

借：制造费用——铸造车间　　　　　　　　　　　2 100
　　制造费用——机加工车间　　　　　　　　　　　1 575
　　生产成本——辅助生产成本——机修车间　　　　315

生产成本——辅助生产成本——供电车间	13 650
管理费用	420
贷：燃料	18 060

典型任务示例【2-1】

[资料] 某工业企业2016年6月甲材料明细账见表2-4，请采用全月一次加权平均法计算当月甲材料的发出成本和月末结存成本。

表2-4　　　　　　　　　　甲材料明细账

2016年6月　　　　　　　　　　　　　　　　　计量单位：千克

2016年		凭证	摘要	收入		发出		结存	
月	日			数量	金额（元）	数量	金额（元）	数量	金额（元）
6	1	略	月初结存					1 000	5 000
6	9	略	购入	500	2 600				
6	15	略	发出			1 200			
6	18	略	购入	500	2 800				
6	10	略	发出			300			
			本月合计	1 000	5 400	1 500	7 800	500	2 600

甲材料加权平均单价＝（5 000＋5 400）÷（1 000＋1 000）＝5.2（元/千克）

甲材料发出成本＝本月发出数量×加权平均单价＝1 500×5.2＝7 800（元）

甲材料结存成本＝本月期初材料成本＋本月购入材料成本－本月发出材料成本
　　　　　　　＝5 000＋5 400－7 800＝2 600（元）

典型任务示例【2-2】

[资料] 某工业企业2016年6月甲材料明细账见表2-5，请采用先进先出法计算当月甲材料的发出成本和月末结存成本。

表2-5　　　　　　　　　　甲材料明细账

2016年6月　　　　　　　　　　　　　　　　　单位：千克、元

2016年		凭证	摘要	收入		发出		结存	
月	日			数量	金额	数量	金额	数量	金额
6	1	略	月初结存					1 000	5 000
6	9	略	购入	500	2 600				

续表

2016年		凭证	摘要	收入		发出		结存	
月	日			数量	金额	数量	金额	数量	金额
6	15	略	发出			1 200	6 040	300	1 560
6	18	略	购入	500	2 800				
6	20	略	发出			300	1 560		
			本月合计	1 000	5 400	1 500	7 600	500	2 800

甲材料6月15日发出成本 = 1 000×5 + 2 600÷500×200
　　　　　　　　　　　= 5 000 + 1 040 = 6 040（元）
甲材料6月20日发出成本 = 300×2 600÷500 = 1 560（元）
甲材料6月发出材料成本 = 6 040 + 1 560 = 7 600（元）
甲材料结存成本 = 本月期初材料成本 + 本月购入材料成本 - 本月发出材料成本
　　　　　　　= 5 000 + 5 400 - 7 600 = 2 800（元）

 典型任务示例【2-3】

[资料] 某工业企业2016年6月发出甲材料50 000元，生产A产品300千克，生产B产品200千克。采用重量比例法分配原材料，根据以上资料编制甲材料分配表2-6，并编制会计分录。

表2-6　　　　　　　　　　　　甲材料分配表
　　　　　　　　　　　　　　　2016年6月　　　　　　　　　　　　单位：元

产品名称	计量单位	产品产量	分配率	分配金额（元）
A	千克	300		30 000
B	千克	200		20 000
合计		500	100	50 000

借：生产成本——基本生产成本——A产品　　　　　　　　　　30 000
　　生产成本——基本生产成本——A产品　　　　　　　　　　20 000
　　贷：原材料——甲材料　　　　　　　　　　　　　　　　　50 000

 典型任务示例【2-4】

[资料] 某工业企业2016年6月发出甲材料1 000千克，每千克50元，生产A产品30件，生产B产品20件，每件定额消耗量为10千克。采用定额消耗量比例法分配原材料，根据以上资料编制甲材料分配表2-7，并编制会计分录。

表 2-7　　　　　　　　　　　甲材料分配表

2016年6月　　　　　　　　　　　　　　　　　单位：元

产品名称	计量单位	定额消耗量（千克）	分配率	分配金额（元）
A	件	300		30 000
B	件	200		20 000
合计		500	100	50 000

借：生产成本——基本生产成本——A产品　　　　　　30 000
　　生产成本——基本生产成本——A产品　　　　　　20 000
　　贷：原材料——甲材料　　　　　　　　　　　　　50 000

实践训练【2-2】

（一）名词解释

周转材料

（二）单项选择题

1. 下列支出中，（　　）是外购材料的成本。
   A. 超额损耗　　　　　　　　B. 定额损耗
   C. 非正常损耗　　　　　　　D. 自然损耗
2. 生产车间一般性耗用的材料费用，应计入（　　）科目。
   A. "生产成本"　　　　　　　B. "管理费用"
   C. "制造费用"　　　　　　　D. "销售费用"
3. 基础设施建设耗用的材料费用，应计入（　　）科目。
   A. "生产成本"　　　　　　　B. "管理费用"
   C. "制造费用"　　　　　　　D. "在建工程"
4. 燃料费用较小或者不单独管理和核算的，将其计入（　　）科目。
   A. "生产成本"　　　　　　　B. "管理费用"
   C. "制造费用"　　　　　　　D. "销售费用"

（三）多项选择题

1. 外购材料成本包括（　　）。
   A. 买价　　　　　　　　　　B. 增值税
   C. 消费税　　　　　　　　　D. 运杂费
2. "材料成本差异"借方登记（　　）。
   A. 超支差异　　　　　　　　B. 节约差异
   C. 分摊的节约差异　　　　　D. 分摊的超支差异
3. "材料成本差异"贷方登记（　　）。
   A. 超支差异　　　　　　　　B. 节约差异

C. 分摊的节约差异　　　　D. 分摊的超支差异
4. 周转材料的摊销方法有（　　）。
   A. 五五摊销法　　　　　B. 分次摊销法
   C. 一次摊销法　　　　　D. 分批摊销法

（四）简答题
简述计划成本法的步骤。

（五）计算及会计分录题
[资料] 某工业企业基本生产车间生产甲、乙、丙三种产品，2016年6月共同耗用A材料1 000千克，每千克50元，甲产品的本月产量为5 000件、乙产品的产量为2 000件、丙产品的产量3 000件。

[要求] 按产量分配A材料费用并编制会计分录（书写到最末一级）。

任务三　人工费用的核算

学习目标
【知识目标】
- □ 了解人工费用的构成内容
- □ 掌握人工费用的归集
- □ 掌握人工费用的分配核算

【技能目标】
- □ 能正确归集人工费用
- □ 能熟练运用生产工时比例法分配人工费用
- □ 能正确编制人工费用分配表并进行账务处理

任务导入

1. 2016年6月，嘉欣机械厂工资结算汇总表中应付工资部分，如表2-8所示。
2. 嘉欣机械厂按工资总额的14%计提福利费。
3. 铸造车间和机加工车间的生产工人的工资及计提的福利费按生产工时进行分配。本月的生产工时情况，如表2-9所示。

[要求] 根据表2-8、表2-9，编制人工费用分配表2-10，并编制记账凭证，登记有关成本费用明细账。

表 2-8　　　　　　　　　　　应付工资汇总表　　　　　　　　　　货币单位：元

部门	生产工人工资	管理人员工资
铸造车间	24 000	1 200
机加工车间	19 600	1 200
供电车间	1 550	280
机修车间	1 900	200
厂部管理部门		1 000

表 2-9　　　　　　　　　　　生产工时记录表　　　　　　　　　　　单位：小时

部门	No.1	No.2	No.3	修复 No.1 废品	修复 No.3 废品
铸造车间	24 000	15 600		400	
机加工车间			27 500		500

任务分析

（1）铸造车间生产 No.1、No.2 车床，铸造车间工人工资 24 000 元，应按生产工时比例法分配后计入 No.1 和 No.2 车床的"生产成本"账户。

（2）机加工车间只生产 No.3 车床，生产 No.3 车床的工人工资，属于直接性费用，直接计入 No.3 车床的"生产成本"账户。

（3）车间管理人员工资应先计入按车间设置的"制造费用"账户，期末再对制造费用进行分配后，计入相关生产成本账户。

（4）厂部管理部门人员工资计入期间费用类"管理费用"账户。

理论知识准备

一、人工费用的构成内容

人工费用是指企业为生产产品支付给职工以及为职工支付的各种报酬，根据《企业会计准则第九号——职工薪酬》和我国劳动法律保障制度的规定，人工费用包括工资，以及按工资一定比率计提的职工福利费、工会经费、职工教育经费、养老保险费、医疗保险费、失业保险费、生育保险费、工伤保险费、住房公积金和非货币性福利、因解除劳动关系给予的补偿等。

按照国家统计局现行规定，工资总额由以下内容构成：

（一）标准工资（又称基本工资）

标准工资是指企业使用职工的知识、技能、业务和时间而给予职工的报酬，包括计时工资和计件工资以及实行结构工资制的单位支付给职工的基础工资和职务（岗位）工资。

1. 计时工资，是指按计时工资标准和工作时间支付给职工的劳动报酬。

2. 计件工资，是指按规定的计件单价和职工完成的合格品数量计算并支付给职工的劳动报酬。

（二）津贴与补贴

津贴是指根据国家规定，为了补偿职工特殊或额外的劳动消耗而支付给职工的报酬，如高空津贴、井下津贴、高温津贴、海岛津贴、夜班津贴、班主任津贴、工龄津贴、职称津贴、医疗卫生津贴等；**补贴**是指为了保证职工工资水平不受物价、住房、交通等影响而支付给职工的报酬，如副食品补贴、住房补贴、交通补贴、取暖补贴等。

（三）奖金

奖金是指为了鼓励职工的生产、劳动、经营的积极性，更好地完成工作任务而给予职工的一种物质奖励，其实质是支付给职工的超额劳动报酬，可分为综合奖（年终奖、月或季度奖等）和单项奖（如节约奖、劳动竞赛奖等）。

（四）加班加点工资

（五）特殊情况下支付的工资

特殊情况下支付的工资是指在职工因病、工伤、产假、婚丧假等国家规定支付给职工的工资。

二、工资费用的归集与分配

企业的工资费用按发生的地点和用途进行归集和分配，生产工人的工资计入"生产成本"下的"基本生产成本"或"辅助生产成本"；车间或分厂的技术人员和管理人员的工资，计入"制造费用"；销售机构人员的工资计入"销售费用"；行政后勤管理人员的工资，计入"管理费用"；自行制造固定资产人员的工资，计入"在建工程"；自行研究开发人员的工资，计入"研发支出"。

如果车间或分厂只生产一种产品，其生产工人的工资可直接归集到产品的"生产成本"账户。

如果车间或分厂生产多种产品，其生产工人的工资一般按照产品实际生产工时分配计入各个产品的成本，其计算公式如下：

$$生产工人工资分配率 = \frac{各产品共同负担的生产工人工资总额}{各产品实际生产工时总和}$$

某产品应分配的工资 = 该产品的实际生产工时 × 生产工人工资分配率

如果辅助生产车间有多个或提供多种服务，也比照上述选择适当合理标准分配计入相应的辅助生产成本。

实务中，我们把计算出来的工资总额称为应发工资，具体发放到每个职工的工资总额称为实发工资。

在企业的经营实践中，应发工资大于实发工资，其原因是单位在发放工资过程中，将一些款项由单位代职工扣除，具体是：

1. 应由个人承担，企业代扣代缴的个人所得税。

2. 按照我国劳动保障制度，由个人承担部分的养老保险费、医疗保险费、失业保险费、生育保险费、工伤保险费和住房公积金。企业发放工资时，将个人承担部分扣下，加上由单位承担的部分，缴纳到相应的社会保障机构，如医保中心、住房公积金中心等。

3. 企业代垫代收款项，如水电费、煤气费等。

4. 职工个人预支预借款和个人赔偿款。

在工资发放方式上，随着金融机构信息化水平的推进，绝大多数单位已经不直接发放现金，而是事先为职工在金融机构开具个人储蓄账户，根据工资明细表签发转账支票委托金融机构发放。当然，对于零星工资，如临时工工资、新入职尚未开具个人储蓄账户的工资，仍然会以现金在国家规定范围内发放。

三、工资三项经费的归集与分配

（一）工资三项经费的内容

工资三项经费是指职工福利费、工会经费和职工教育经费。

按照我国目前的规定，企业的职工福利费、工会经费和职工教育经费分别按应发工资总额的14%、2%、2.5%提取，其分配要领完全类同于工资费用的分配。

生产工人的工资三项费用计入"生产成本"下的"基本生产成本"或"辅助生产成本"；车间或分厂的技术人员和管理人员的工资三项费用，计入"制造费用"；销售机构人员的工资三项费用，计入"销售费用"；行政后勤管理人员的工资三项费用，计入"管理费用"；自行制造固定资产人员的工资三项费用，计入"在建工程"；自行研究开发人员的工资三项费用，计入"研发支出"。

（二）工资三项经费的使用

企业提取的职工福利费主要用于职工生活困难补助、职工因公负伤医疗费，尚未进行主辅分离改制企业内设幼儿园、托儿所、医务室、理发室、洗澡堂等集体福利机构人员的工资和经费，以及国家规定的其他职工集体福利开支。

企业提取的工会经费主要用于企业缴纳上级工会组织和本企业开展工会活动的各项开支。

企业提取的职工教育经费是为了鼓励职工学习提高专设的一项费用，主要用于企业教育培训职工而发生的开支。

在实际工作中，通常是在"应付职工薪酬"下分别设置"职工福利费"、"工会经费"、"职工教育经费"进行明细核算。使用时，借记上述明细科目，贷记"银行存款"或"库存现金"。

四、"五险一金"的归集与分配

"五险一金"是指养老保险费、医疗保险费、失业保险费、生育保险费、工伤保险费和住房公积金。

按照我国目前的劳动保障法律制度，"五险一金"由企业按国家规定基准和比率计算，分别由个人和单位共同承担，职工个人承担部分在发放工资时已经代扣；按照企业会计准则的规定，单位承担部分可以分配计入相关的成本、费用。然后，向社会保险经办机构,如住房公积金中心、医疗保险中心等缴纳,待职工个人达到国家规定的条件时享有。比如,企业职工平时按规定缴纳了养老保险费,待符合国家《劳动法》规定的退休条件并办理相关手续后,由当地社会保障机构按月发放养老保险金。

企业"五险一金"的计提(单位承担部分),其分配要领完全类同于工资费用的分配:

生产工人的"五险一金"计入"生产成本"下的"基本生产成本"或"辅助生产成本";车间或分厂的技术人员和管理人员的"五险一金",计入"制造费用";销售机构人员的"五险一金",计入"销售费用";行政后勤管理人员的"五险一金",计入"管理费用";自行制造固定资产人员的"五险一金",计入"在建工程";自行研究开发人员的"五险一金",计入"研发支出"。

在实际工作中,通常是在"应付职工薪酬"下分别设置"养老保险费"、"医疗保险费"、"失业保险费"、"生育保险费"、"工伤保险费"、"住房公积金"进行明细核算。

企业向社会保险经办机构缴纳的"五险一金",由两部分构成,其中职工个人承担部分在发放工资时计入"其他应付款"总账下的对应明细科目;其中单位承担部分上述分配计入"应付职工薪酬"下的对应明细科目。人工费用分配表见表2-10。

 任务实施

表2-10　　　　　　　　　人工费用分配表　　　　工时单位:小时　　货币单位:元

部门	生产工时	分配率	应付工资	应付福利费(14%)	合计
No.1	24 000	0.6	14 400	2 016	16 416
No.2	15 600	0.6	9 360	1 310.4	10 670.4
废品 No.1	400	0.6	240	33.6	273.6
小计	40 000		24 000	3 360	27 360
No.3	27 500	0.7	19 250	2 695	21 945
废品 No.3	500	0.7	350	49	399
小计	28 000		19 600	2 744	22 344
铸造车间			1 200	168	1 368
机加工车间			1 200	168	1 368
机修车间			2 100	294	2 394
供电车间			1 830	256.2	2 086.2
管理部门			1 000	140	1 140
合计			50 930	7 130.2	58 060.2

注:No.1废品和No.3废品的人工成本在本项目任务七中处理,此处不涉及。

铸造车间工资分配率 = 24 000 ÷ (24 000 + 15 600 + 400) = 0.6 (元/小时)
生产 No.1 车床工人应付工资 = 0.6 × 24 000 = 14 400 (元)
生产 No.2 车床工人应付工资 = 0.6 × 15 600 = 9 360 (元)
修复 No.1 车床工人应付工资 = 0.6 × 400 = 240 (元)
机加工车间工资分配率 = 19 600 ÷ (27 500 + 500) = 0.7 (元/小时)
生产 No.3 车床工人应付工资 = 0.7 × 27 500 = 19 250 (元)
修复 No.3 车床工人应付工资 = 0.7 × 500 = 350 (元)

会计分录：

借：生产成本——基本生产成本——No.1	16 416.00
生产成本——基本生产成本——No.2	10 670.40
生产成本——基本生产成本——No.3	21 945.00
制造费用——铸造车间	1 368.00
制造费用——机加工车间	1 368.00
生产成本——辅助生产成本——机修车间	2 394.00
生产成本——辅助生产成本——供电车间	2 086.20
管理费用	1 140.00
贷：应付职工薪酬——应付工资	50 340.00
应付职工薪酬——应付福利费	7 047.60

 典型任务示例【2-5】

[资料] 某工业企业2016年6月工资费用汇总分配见表2-11，据此编制会计分录。

表2-11　　　　　　　　　　工资费用汇总分配表
2016年6月　　　　　　　　　　　　　　　　　　单位：元

部门汇总	汇总金额
基本生产车间	60 000
辅助生产车间	30 000
车间管理人员	12 000
管理部门	28 000
销售部门	40 000
基建部门	10 000
合　　计	180 000

借：生产成本——基本生产成本	60 000
生产成本——辅助生产成本	30 000

制造费用 12 000
管理费用 28 000
销售费用 40 000
在建工程 10 000
　　贷：应付职工薪酬——工资 180 000

 典型任务示例【2-6】

[资料] 假设任务示例【2-5】中，基本生产车间生产 A、B 两种产品，A 产品耗用工时 8 000 小时，B 产品耗用工时 2 000 小时，生产工人工资为 60 000 元，则按生产工时进行分配分别计入两种产品的成本，会计分录如下：

工资分配率 = 60 000 ÷ (8 000 + 2 000) = 6 (元/小时)
A 产品应分配的工资费用 = 6 × 8 000 = 48 000 (元)
B 产品应分配的工资费用 = 6 × 2 000 = 12 000 (元)

借：生产成本——基本生产成本——A 产品 48 000
　　　　　　　　　　　　　　——B 产品 12 000
　　贷：应付职工薪酬——工资 60 000

 典型任务示例【2-7】

[资料] 某工业企业 2016 年 6 月应发工资总额为 180 000 元，7 月 10 日发工资，代扣代缴个人所得税为 6 233 元，代扣养老保险 27 000 元，代扣医疗保险为 12 000 元，代扣失业保险为 5 600 元，代扣工伤保险为 3 500 元，代扣生育保险 3 200 元，代扣住房公积金 19 700 元，代垫代收水电费 2 767 元，实发工资 100 000 元；该企业已经为职工在开户银行开具了个人储蓄账户，故签发转账支票一张发放工资。据此编制会计分录：

借：应付职工薪酬——工资 180 000
　　贷：银行存款 100 000
　　　　应交税费——代扣个人所得税 6 233
　　　　其他应付款——代扣养老保险费 27 000
　　　　　　　　　——代扣医疗保险费 12 000
　　　　　　　　　——代扣失业保险费 5 600
　　　　　　　　　——代扣工伤保险费 3 500
　　　　　　　　　——代扣生育保险费 3 200
　　　　　　　　　——代扣住房公积金 19 700
　　　　其他应收款——代垫水电费 2 767

实践训练【2-3】

(一) 单项选择题

1. 车间或分厂管理人员工资应分配计入（　　）账户。
   A. "生产成本"　　　　　　　　B. "制造费用"
   C. "管理费用"　　　　　　　　D. "销售费用"

2. 基础设施建设人员的职工福利费应分配计入（　　）账户。
   A. "生产成本"　　　　　　　　B. "制造费用"
   C. "管理费用"　　　　　　　　D. "在建工程"

3. 生产工人的工会经费应分配计入（　　）账户。
   A. "生产成本"　　　　　　　　B. "制造费用"
   C. "管理费用"　　　　　　　　D. "在建工程"

4. 销售人员的养老保险费应分配计入（　　）账户。
   A. "生产成本"　　　　　　　　B. "制造费用"
   C. "管理费用"　　　　　　　　D. "销售费用"

5. 管理人员的住房公积金应分配计入（　　）账户。
   A. "生产成本"　　　　　　　　B. "制造费用"
   C. "管理费用"　　　　　　　　D. "销售费用"

6. 研究开发人员的医疗保险费应分配计入（　　）账户。
   A. "研发支出"　　　　　　　　B. "制造费用"
   C. "管理费用"　　　　　　　　D. "在建工程"

(二) 判断题

1. 实发工资大于应发工资。（　　）
2. 工资三项经费应按实发工资提取。（　　）
3. 企业可以根据实际需要在"应付职工薪酬"下设置工资、职工福利费、工会经费、职工教育经费、住房公积金等进行明细核算。（　　）
4. 如果车间或分厂只生产一种产品，其生产工人的工资可直接归集，直接计入该产品的生产成本。（　　）
5. 生产车间分基本生产和辅助生产的，生产人员的各项费用应分别计入"生产成本——基本生产成本"和"生产成本——辅助生产成本"。（　　）

(三) 计算及会计分录题

[资料] 某工业企业基本生产车间生产甲乙丙三种产品，只有一个辅助生产车间为机修车间。2016年应发工资总额为371 000元，基本生产车间工人工资160 000元，辅助生产车间工人工资为48 000元，车间管理人员工资为56 000元，管理人员工资为62 000元，销售人员工资为37 000元，基础设施建设人员工资为8 000元。甲产品的本月产量为5 000件、乙产品的产量为2 000件、丙产品的产量300件。

[要求]

(1) 以产量作为分配标准分配三种产品应承担的工人工资。
(2) 编制分配工资会计分录（书写到最末一级）。
(3) 编制按应发工资总额的 14% 分配职工福利费的会计分录（书写到最末一级）。

任务四　折旧及其他费用的核算

学习目标

【知识目标】
□ 了解折旧费用的核算
□ 了解其他费用的核算

【技能目标】
□ 能正确核算折旧费用
□ 能正确核算其他费用

 任务导入

2016 年 6 月，嘉欣机械厂发生折旧费和其他费用，根据相应分配表汇总，如表 2-12 所示。

表 2-12　　　　　　　　其他费用汇总表　　　　　　　　单位：元

部门	折旧费	修理费 （以存款支付）	低值易耗品摊销	摊销的待摊费用	计提的预提费用	其他费用 （以存款支付）
铸造车间	1 500	900	360	100		1 274
机加工车间	1 800	980	400	200		670
供电车间	1 500	879	250.8	180		2 067
机修车间	600	200	350	260		2 180
管理部门	1 100	420	200	150	2 500	6 636

［要求］通过表 2-12，编制其他费用分配的记账凭证，登记有关成本费用明细账（以空白凭证编制记账凭证和登记相关明细账簿）。

 任务分析

(1) 铸造车间和机加工车间作为基本生产车间，发生的折旧费和其他费用不能直接记入 No.1、No.2 和 No.3 车床的生产成本，应先归集到"制造费用"账户，期末再对制造费用进行分配后计入相应产品生产成本。

(2) 供电车间和机修车间作为辅助生产车间，发生的折旧费和其他费用应归集到"生产成本——辅助生产成本"账户，若辅助车间设置了"制造费用"账户，应先归集到"制造费用"账户，待期末分配后计入"生产成本——辅助生产成本"账户。

(3) 厂部管理部门发生的折旧费和其他费用计入期间费用中"管理费用"账户。

 理论知识准备

一、折旧费用的核算

（一）计提折旧的固定资产范围

按照我国有关制度规定，除了以下情况外，企业所有的固定资产应计提折旧：

1. 已经提足折旧的固定资产。
2. 提前报废的固定资产。
3. 过去单独估价入账的土地。

（二）固定资产计提折旧的时间范围

固定资产应按月计提折旧。当月增加的固定资产，当月不计提折旧，从下月起开始计提折旧；当月减少的固定资产，当月照提折旧，从下月起不计提折旧。

（三）固定资产计提折旧的方法

1. 年限平均法，又称为直线法，特点是每月计提折旧的金额是相等的，大多数企业使用该方法，其计算公式为：

年折旧额 =（固定资产原价 – 预计净残值）÷ 预计使用年限

预计净残值 = 预计残值 – 预计清理费用

月折旧额 = 年折旧额 ÷ 12

上述公式还可以用比率表示：

年折旧率 =（1 – 预计净残值率）÷ 预计使用年限 × 100%

预计净残值率 = 预计净残值 ÷ 固定资产原价

月折旧率 = 年折旧率 ÷ 12

月折旧额 = 固定资产原价 × 月折旧率

2. 工作量法，是按照固定资产的工作量来计提折旧的方法，特点是单位工作量应计提的折旧金额相等，适用于在各个会计期间使用不均衡的固定资产，其计算公式为：

单位工作量折旧额 =（固定资产原价 – 预计净残值）÷ 预计总工作量

某月应计提折旧额 = 某月工作量 × 单位工作量折旧额

3. 年数总和法，又称为年限合计法，特点是随固定资产使用年限的增加，折旧金额逐渐减少，是一种加速折旧方法，其计算公式为：

年折旧率 = 尚可使用年限 ÷ 预计使用年数合计 × 100%

尚可使用年限 = 预计使用年限 – 已经使用年限

月折旧率 = 年折旧率 ÷ 12

月折旧额 = （固定资产原价 – 预计净残值）× 月折旧率

4. 双倍余额递减法，特点是固定资产随着使用年折旧金额逐渐减少，是一种加速折旧方法，其计算公式为：

年折旧率 = 2 ÷ 预计使用年限 × 100%

月折旧率 = 年折旧率 ÷ 12

月折旧额 = 每月初固定资产账面净值 × 月折旧率

> ▲**注意**：如果使用该方法计提折旧，一般应在固定资产使用寿命到期的最后两年内，将固定资产账面净值扣除预计净残值后金额平均摊销。

（四）固定资产计提折旧的会计核算

应设置"累计折旧"科目，是固定资产的备抵科目，其记账特点是借减贷增，余额在贷方。借方根据固定资产的用途来记账，即基本生产车间使用的固定资产，借记"制造费用"；如果单独核算辅助生产的，辅助生产车间使用的固定资产，借记"生产成本——辅助生产成本"；销售部门使用的固定资产，借记"销售费用"；管理部门使用的固定资产，借记"管理费用"；经营租出的固定资产，借记"其他业务成本"，同时，贷记"累计折旧"。

二、其他费用的核算

为保证固定资产保持正常良性运转，满足经营的需要，有必要对固定资产进行修理和维护，这项支出是企业产品生产成本及期间费用的重要组成内容。按照企业会计准则的规定，上述支出称为固定资产后续支出，会计核算的具体要求：不满足固定资产确认条件的修理、维护费用等后续支出，如果支出的用途在一年及以上的，先计入"长期待摊费用"，以后再平均分摊到各月的产品成本、期间费用中去；如果支出的用途在一年以下的，应在发生当月一次性计入产品成本、期间费用。

满足固定资产确认条件的更新改造等后续支出，应当计入固定资产成本。首先，将固定资产原值、已经计提的累计折旧和减值准备转销，将固定资产的净值转入"在建工程"；发生的后续支出，借记"在建工程"；待改造的固定资产达到预定可使用状态时，将"在建工程"的金额转入"固定资产"。

> ▲**注意**：对于其他费用，如经营租赁费、保险费等零星费用支出，为了防止人为调剂产品成本或经营成果，现行《企业会计准则》取消了"预提费用"和"待摊费用"两个科目，采用上述第一个处理原则。即如果支出的用途在一年及以上的，先计入"长期待摊费用"，以后平均分摊到各月的产品成本、期间费用中去；如果如果支出的用途在一年以下的，应在发生当月一次性计入产品成本、期间费用。

任务实施

会计分录：

借：制造费用——铸造车间	4 134.00
——机加工车间	4 050.00
生产成本——辅助生产成本——供电车间	4 876.80
生产成本——辅助生产成本——机修车间	3 590.00
管理费用	8 506.00
财务费用	2 500.00
贷：累计折旧	6 500.00
银行存款	16 206.00
周转材料——低值易耗品摊销	1 560.80
其他应收款	890.00
应付利息	2 500.00

 实践训练【2-4】

（一）单项选择题

1. 出租固定资产的折旧费应计入（　　）科目。
   A. "其他业务成本"　　　　　　B. "制造费用"
   C. "管理费用"　　　　　　　　D. "销售费用"
2. 下列应计提折旧的固定资产是（　　）。
   A. 提前报废的固定资产　　　　B. 已提足折旧的固定资产
   C. 经营租入的固定资产　　　　D. 经营租出的固定资产
3. 生产车间使用的固定资产，不满足固定资产确认条件的修理维护费用应计入（　　）科目。
   A. "生产成本"　　　　　　　　B. "制造费用"
   C. "管理费用"　　　　　　　　D. "在建工程"
4. 管理部门使用的固定资产，满足固定资产确认条件的修理维护费用应计入（　　）科目。
   A. "生产成本"　　　　　　　　B. "制造费用"
   C. "管理费用"　　　　　　　　D. "在建工程"
5. 委托其他单位代销商品的手续费应计入（　　）科目。
   A. "制造费用"　　　　　　　　B. "财务费用"
   C. "管理费用"　　　　　　　　D. "销售费用"
6. 企业发生的业务招待费应计入（　　）科目。
   A. "制造费用"　　　　　　　　B. "财务费用"
   C. "管理费用"　　　　　　　　D. "销售费用"

7. 不满足固定资产确认条件的修理、维护费用等后续支出，如果支出的用途在一年及以上的，先计入（　　）科目。
   A. "长期待摊费用"　　　　　B. "财务费用"
   C. "管理费用"　　　　　　　D. "销售费用"
8. 短期借款的利息费用应借记（　　）科目。
   A. "制造费用"　　　　　　　B. "财务费用"
   C. "管理费用"　　　　　　　D. "销售费用"

（二）多项选择题

1. 在管理费用中核算的税金有（　　）。
   A. 城镇土地使用税　　　　　B. 房产税
   C. 车船税　　　　　　　　　D. 印花税
2. 固定资产计提折旧有可能借记的科目有（　　）。
   A. "其他业务成本"　　　　　B. "制造费用"
   C. "在建工程"　　　　　　　D. "销售费用"
3. 下列应计提折旧的固定资产是（　　）。
   A. 停止使用的固定资产　　　B. 报废的固定资产
   C. 融资租入的固定资产　　　D. 经营租出的固定资产
4. 固定资产计提折旧的方法有（　　）。
   A. 年限平均法　　　　　　　B. 工作量法
   C. 年数总和法　　　　　　　D. 双倍余额递减法
5. 影响固定资产计提折旧的因素有（　　）。
   A. 原值　　　　　　　　　　B. 预计使用年限
   C. 预计残值　　　　　　　　D. 预计清理费用

任务五　辅助生产费用的核算

学习目标

【知识目标】
- 了解辅助生产费用的归集
- 掌握辅助生产费用的分配方法，重点掌握直接分配法和交互分配法

【技能目标】
- 能正确运用直接分配法和交互分配法对辅助生产费用进行分配
- 能正确编制辅助生产费用分配表并进行相应账务处理

任务导入

2016年6月,嘉欣机械厂"生产成本——辅助生产成本——供电车间"账户累计借方发生额为21 789元,"生产成本——辅助生产成本——机修车间"账户累计借方发生额为7 965元,如表2-13、表2-14所示。辅助生产车间提供的劳务量汇总,如表2-15所示。

表2-13 辅助生产成本明细账

单位:供电车间　　　　　　　　　　　　　　　　　　　　　　　　　　货币单位:元

2016年		凭证号数（略）	摘　要	借方发生额	成本项目			
月	日				材料费	人工费	制造费用	燃料动力
6			分配原材料	1 176	1 176			
6			分配燃料	13 650				13 650
6			分配工资及福利	2 086.2		2 086.2		
6			分配其他费用	4 876.8			4 876.8	
6			小计	21 789	1 176	2 086.2	4 876.8	13 650

表2-14 辅助生产成本明细账

单位:机修车间　　　　　　　　　　　　　　　　　　　　　　　　　　货币单位:元

2016年		凭证号数（略）	摘　要	借方发生额	成本项目			
月	日				材料费	人工费	制造费用	燃料动力
6			分配原材料	1 666	1 666			
6			分配燃料	315				315
6			分配工资及福利	2 394		2 394		
6			分配其他费用	3 590			3 590	
6			小计	7 965	1 666	2 394	3 590	315

表2-15 辅助生产车间的劳务量汇总表

供应部门＼受益部门	供电车间（千瓦小时）	机修车间（机修工时）
供电车间		593
机修车间	4 210	
铸造车间（均为间接费用）	10 000	400

续表

供应部门 \ 受益部门	供电车间 (千瓦小时)	机修车间 (机修工时)
机加工车间（均为间接费用）	8 000	500
企业管理部门	2 000	100
合计	24 210	1 593

[要求] 根据表2-15和辅助生产费用明细账归集的辅助生产成本（见表2-13、表2-14），采用一次交互分配法分配辅助生产费用，编制辅助生产费用分配表2-16，并编制记账凭证，登记有关成本费用明细账。

任务分析

（1）根据本项目任务二至任务五中相关辅助生产费用的分配归集后，供电车间累计借方发生额为21 789元，机修车间累计借方发生额为7 965元。6月末，应将累计发生的借方发生额按受益部门进行分配，计入相关账户中。

（2）在辅助生产费用的分配中，采用一次交互分配法，先把辅助生产费用按受益原则在供电车间和机修车间两个辅助车间之间进行分配（内部分配），再将内部分配后得到的辅助生产费用按受益对象进行对外分配。

理论知识准备

辅助生产是指为基本生产车间（或分厂）、企业各部门服务而进行的产品生产或劳务供应。有的辅助生产只生产或提供一种产品或劳务，例如供电、供水、运输等；有的辅助生产生产或提供多种产品或劳务，例如模具备件的制造、机器设备的修理等。辅助生产提供的产品或劳务主要为本企业服务，有时也会对外销售。辅助生产成本的高低，直接影响企业产品成本和当期经营成果，故而企业应准确、及时地组织辅助生产费用的归集与分配，提高经营管理水平，从而降低企业的成本费用，提升企业的盈利能力。

一、辅助生产费用的归集

对于需要单独核算辅助生产的大中型工业企业，一般在"生产成本"下设置"辅助生产成本"二级明细科目；该账户既可以按车间、产品或劳务设置三级明细账，也可以按照成本项目（如直接人工、直接材料、制造费用）设立专栏或专行进行三级明细核算。对于大规模、多步骤的复杂生产，亦可视其重要程度，进行四级甚至是五级明细核算。大多数情况下，辅助生产费用的归集，按成本项目进行，对于辅助生产车间（或分厂）发生的直接材料、直接人工费用，应直接借记"生产成本——辅助生产成本"所属明细科目,例子参照本项目的任务二和任务四;对于车间(分厂)管理人员人工费用、固定资产折旧等间接性费用,发生时先计入"制造费用——辅助生产成本",期末再采用科学合理的标准分配计入"生产成本——辅助生产成本"所属明细科目。如果辅助生产车间(分厂)规模小、费用少,而且不对外提供产品或劳务,发生的车间(分厂)管理人员人工费用、固定资产折旧等间接性费用,发生时直接借记"生产成本——辅助生产成本"所属明细科目。

二、辅助生产费用的分配

(一)辅助生产费用分配概述

如前所述,辅助生产车间(分厂)既可能生产产品,也可能提供劳务。对于生产产品的,例如模具、备件、工具,应在产品完工时,将已经归集的辅助生产成本金额,通过"生产成本——辅助生产成本"的贷方转入"原材料"、"周转材料——低值易耗品或包装物"的借方;待基本生产车间或其他各部门领用这些材料或低值易耗品、包装物时,再记入"生产成本——基本生产成本"、"制造费用"、"管理费用"、"销售费用"等科目。对于提供劳务的,例如供水、供电、运输等,发生的辅助生产费用,通常在月末采用一定的标准和方法在各收益单位之间进行分配;遵循谁受益,谁承担的原则进行。需要指出的是,辅助生产提供的产品或劳务,主要是为了基本生产车间(分厂)和企业各部门服务的,但在某些辅助生产车间(分厂)之间,会存在相互提供产品或劳务的情况,例如供电车间为修理车间提供电力,而修理车间为供电车间修理机器设备。故而,为了正确计算辅助生产产品或劳务的成本,在分配辅助生产费用时,同样按照受益原则,需要在各辅助生产车间(分厂)之间进行交互分配。实务中,辅助生产费用的分配通过编制辅助生产费用分配表进行,然后再据此编制会计分录。

(二)辅助生产费用分配的方法

1. **直接分配法**,是指不考虑辅助生产车间(分厂)之间相互提供的劳务,而是将辅助生产费用分配给辅助生产车间(分厂)以外的其他受益部门的一种分配方法,其计算公式为:

$$辅助生产产品或劳务的单位成本 = \frac{归集的辅助生产部门费用总额}{辅助生产部门对外提供的产品或劳务数量之和}$$

$$某受益部门应分配的辅助生产费用 = 受益部门耗用产品或劳务的数量 \times 辅助生产产品或劳务的单位成本$$

特点:"亲兄弟,对内不算账,对外才算账",即辅助生产费用只分配给对外的其他受益单位,辅助生产车间(分厂)之间互相提供的产品或劳务不分配。

2. **交互分配法**,是将各辅助生产发生的费用,先在辅助生产(分厂)之间进行分配,再将对内分配后实际费用分配给其他受益部门的分配方法。

特点:"亲兄弟,明算账,攘外必先安内"。即先将辅助生产费用在辅助生产车间(分厂)之间分配后,再分配给其他受益单位。具体步骤和计算公式为:

第一步:对内分配。

$$某辅助生产车间分配率 = \frac{归集的辅助生产部门费用总额}{辅助生产部门对内对外提供的产品或劳务数量之和}$$

$$\text{某辅助生产部门应负担的其他辅助生产费用} = \text{该辅助生产车间受益数量} \times \text{某辅助生产车间分配率}$$

第二步：对外分配。

$$\text{某辅助生产车间对内分配后的实际费用} = \text{归集的辅助生产部门费用总额} + \text{交互分配转入的费用} - \text{交互分配转出的费用}$$

$$\text{某辅助生产部门对外分配率} = \frac{\text{某辅助生产车间对内分配后的实际费用}}{\text{对外提供的产品或劳务总量}}$$

某受益单位应负担的辅助生产费用＝该受益单位耗用量×某辅助生产部门对外分配率

3. **代数分配法**，是指在辅助生产车间（分厂）相互提供产品或劳务的情况下，运用代数中多元一次方程的原理计算辅助生产产品或劳务的单位成本，从而计算出各受益单位分担的辅助生产费用的分配方法。

特点：分配结果最为准确，但如果辅助生产车间（分厂）较多的话，涉及多元方程，计算比较复杂。具体步骤和计算公式如下：

第一步：列出方程式计算产品或劳务的单位成本。

第二步：用代数分配法编制辅助生产费用分配表。

4. **顺序分配法**，是指按事先确定的顺序分配辅助生产费用的一种方法，具体做法是根据各辅助生产车间（分厂）相互受益和提供产品或劳务多少确定分配顺序，受益最少排在前面，排在前面的辅助生产车间（分厂）不承担排在后面的辅助生产车间（分厂）的费用。

特点：由于该方法排列在前面的辅助生产车间不承担排列在后面的辅助生产车间的费用，所以分配结果不是太准确，不推荐使用。

5. **计划成本分配法**，又称为内部结算价格法，即事先根据以往的经验制订计划单位成本，各受益单位按计划单位成本进行分配，辅助生产车间的实际费用同按计划单位成本分配的费用金额之间的差异，其一是追加分配给除了辅助生产车间以外的受益单位，其二是将差额全部转入"管理费用"。采用此方法必须有过去的历史记录，才能简化和加速成本计算工作；而且在市场经济条件下，物价变动频繁，计划单位成本需要及时调整，故具有一定的局限性，特别是新办企业不宜使用。

 任务实施

1. 交互分配。

供电车间费用分配率＝21 789÷24 210＝0.9（元/千瓦小时）

供电车间为机修车间提供的劳务费用＝0.9×4 210＝3 789（元）

机修车间费用分配率＝7 965÷1 593＝5（元/小时）

机修车间为供电车间提供的劳务费用＝5×593＝2 965（元）

2. 对外分配。

供电车间对外分配的实际费用＝21 789－3 789＋2 965＝20 965（元）

机修车间对外分配的实际费用＝7 965－2 965＋3 789＝8 789（元）

(1) 供电车间对外分配率 = 20 965 ÷ 20 000 = 1.04825
铸造车间应负担的供电车间费用 = 10 000 × 1.04825 = 10 482.5（元）
机加工车间应负担的供电车间费用 = 8 000 × 1.04825 = 8 386（元）
企业管理部门应负担的供电车间费用 = 2 000 × 1.04825 = 2 096.5（元）

表 2 – 16　　　　　　辅助生产费用分配表（一次交互分配法）　　　　　　单位：元

项　目		交互分配			对外分配		
辅助生产车间名称		供电车间	机修车间	合计	供电车间	机修车间	合计
待分配费用		21 789	7 915	29 754	20 965	8 789	29 754
劳务供应数量总额		24 210	1 593		20 000	1 000	21 000
费用分配率		0.9	5		1.04825	8.789	
供电车间	数量		593				
	金额		2965				
机修车间	数量	4 210					
	金额	3 789					
铸造车间	数量				10 000	400	
	金额				10 482.50	3 515.60	13 998.10
机加工车间	数量				8 000	500	
	金额				8 386	4 394.50	12 780.50
企业管理部门	数量				2 000	100	
	金额				2 096.50	878.90	2975.40

(2) 机修车间对外分配率 = 8 789 ÷ 1 000 = 8.789
铸造车间应负担的机修车间费用 = 400 × 8.789 = 3 515.6（元）
机加工车间应负担的机修车间费用 = 500 × 8.789 = 4 394.5（元）
企业管理部门应负担的机修车间费用 = 100 × 8.789 = 878.9（元）

3. 交互分配的会计分录。

借：生产成本——辅助生产成本——供电车间　　　　　　　2 965
　　生产成本——辅助生产成本——机修车间　　　　　　　3 789
　　贷：生产成本——辅助生产成本——供电车间　　　　　　3 789
　　　　生产成本——辅助生产成本——机修车间　　　　　　2 965

4. 对外分配的会计分录：

借：制造费用——铸造车间　　　　　　　　　　　　　　13 998.10
　　制造费用——机加工车间　　　　　　　　　　　　　12 780.50

管理费用　　　　　　　　　　　　　　　　　　　　　　　　2 975.40
　　贷：生产成本——辅助生产成本——供电车间　　　　　　　20 965.00
　　　　生产成本——辅助生产成本——机修车间　　　　　　　 8 789.00

 典型任务示例【2-8】

[资料] 某工业企业有供电、供气两个辅助生产车间，2016年6月各部门耗电、耗气见表2-17，供电车间发生的生产费用为 25 000 元，供气车间发生生产费用为 12 000 元，辅助生产费用分配表见表2-18，据此编制会计分录。

表2-17　　　　　　　　　供电、供气明细表

2016年6月

受益部门		耗电度数	耗气立方
基本生产车间	甲产品	18 000	720
	乙产品	14 000	560
	一般耗用	8 000	320
辅助生产车间	供电车间	—	100
	供气车间	2 000	—
行政后勤部门		7 000	280
专设销售机构		3 000	120
合　　计		52 000	2 100

表2-18　　　　　　　　辅助生产费用分配表（直接分配法）

2016年6月

分配项目			供电车间	供气车间	合计
待分配的辅助生产费用（元）			25 000	12 000	—
辅助生产劳务单位成本（分配率）			0.50	6.00	
基本生产车间	甲产品	耗用	18 000 度	720 立方	
		分配金额（元）	9 000	4 320	13 320
	乙产品	耗用	14 000 度	560 立方	
		分配金额（元）	7 000	3 360	10 360
	一般耗用	耗用	8 000 度	320 立方	—
		分配金额（元）	4 000	1 920	5 920

续表

分配项目		供电车间	供气车间	合计
行政后勤部门	耗用	7 000 度	280 立方	—
	分配金额（元）	3 500	1 680	5 180
专设销售机构	耗用	3 000 度	120 立方	—
	分配金额（元）	1 500	720	2 220
合　计		25 000	12 000	37 000

```
借：生产成本——基本生产成本——甲产品              13 320
                              ——乙产品              10 360
    制造费用                                         5 920
    管理费用                                         5 180
    销售费用                                         2 220
  贷：生产成本——辅助生产成本——供电车间            25 000
                              ——供气车间            12 000
```

典型任务示例【2-9】

［资料］某工业企业 2016 年 6 月供电车间、供气车间资料见表 2-17，供电车间发生的生产费用为 25 000 元，供气车间发生的生产费用为 12 000 元，对内交互分配计算如下：

供电车间分配率 = 25 000 ÷ 52 000 = 0.4808（元/度）
供气车间分配率 = 12 000 ÷ 2 100 = 5.7143（元/立方）
供电车间耗用的供气费用 = 100 × 5.7143 = 571.43（元）
供气车间耗用的供电费用 = 2 000 × 0.4808 = 961.54（元）

```
借：生产成本——辅助生产成本——供电车间                571.43
                            ——供气车间                961.54
  贷：生产成本——辅助生产成本——供气车间              571.43
                            ——供电车间              961.54
```

典型任务示例【2-10】

［资料］某工业企业 2016 年 6 月供电车间、供气车间资料见表 2-17，供电车间发生的生产费用为 25 000 元，供气车间发生的生产费用为 12 000 元，分配计算见表 2-19，据此编制会计分录。

表 2-19   辅助生产费用分配表（交互分配法）

2016 年 6 月   单位：元

分配项目			供电车间			供气车间			分配金额合计
			供应度	分配率	分配金额	供应立方	分配率	分配金额	
待分配费用			52 000	0.4808	25 000	2 100	5.7143	12 000	37 000
交互分配	辅助生产车间	供电车间	—	—	—	100	5.7143	571.43	
		供气车间	2 000	0.4808	961.54	—	—	—	
对外分配费用合计			50 000	0.4922	24 609.89	2 000	6.1951	12 390.11	37 000
对外分配	基本生产车间	甲产品	18 000		8 859.56	720		4 460.44	13 320
		乙产品	14 000		6 890.78	560		3 469.23	10 360.01
	一般耗用		8 000		3 937.58	320		1 982.42	5 920
	行政后勤部门		7 000		3 445.38	280		1 734.62	5 180
	专设销售机构		3 000		1 476.59	120		743.40	2 219.99
合计			50 000	—	24 609.89	2 000	—	12 390.11	—

借：生产成本——基本生产成本——甲产品　　　　　　　　13 320.00
　　　　　　　　　　　　　　　——乙产品　　　　　　　　10 360.01
　　制造费用　　　　　　　　　　　　　　　　　　　　　　5 920.00
　　管理费用　　　　　　　　　　　　　　　　　　　　　　5 180.00
　　销售费用　　　　　　　　　　　　　　　　　　　　　　2 219.99
　贷：生产成本——辅助生产成本——供电车间　　　　　　24 609.89
　　　　　　　　　　　　　　　——供气车间　　　　　　12 390.11

典型任务示例【2-11】

[资料] 某工业企业 2016 年 6 月供电车间、供气车间资料见表 2-17，供电车间发生的生产费用为 25 000 元，供气车间发生的生产费用为 12 000 元，运用代数分配法分配辅助生产费用。

假设每度电的单位成本为 X，每立方气的单位成本为 Y，则立方程式如下：

$$\begin{cases} 52\,000X = 25\,000 + 100Y \\ 2\,100Y = 12\,000 + 2\,000X \end{cases}$$

解：X = 0.492 661　　　　　　Y = 6.183 7

用代数分配法编制辅助生产费用分配表，见表 2-20，据此编制会计分录。

表 2-20　　　　　　　　　　**辅助生产费用分配表**（代数分配法）

2016 年 6 月

分配项目		供电车间 电费：25 000 元 0.49266 元/度		供气车间 汽费：12 000 元 6.1837 元/立方		金额合计
供电车间		—	—	100 立方	618.37	618.37
供气车间		2 000 度	985.32	—	—	985.32
基本生产车间	甲产品	18 000 度	8 867.88	720 立方	4 452.26	13 320.14
	乙产品	14 000 度	6 897.24	560 立方	3 462.87	10 360.11
	一般耗用	8 000 度	3 941.28	320 立方	1 978.78	5 920.06
行政后勤部门		7 000 度	3 448.62	280 立方	1 731.44	5 180.06
专设销售机构		3 000 度	1 477.98	120 立方	742.04	2 220.02
合　计		52 000 度	25 618.32	2 000 立方	12 985.76	38 604.08

　　借：生产成本——辅助生产成本——供电车间　　　　　　618.37
　　　　生产成本——辅助生产成本——供气车间　　　　　　985.32
　　　　生产成本——基本生产成本——甲产品　　　　　　13 320.14
　　　　生产成本——基本生产成本——乙产品　　　　　　10 360.11
　　　　制造费用　　　　　　　　　　　　　　　　　　　5 920.06
　　　　管理费用　　　　　　　　　　　　　　　　　　　5 180.06
　　　　销售费用　　　　　　　　　　　　　　　　　　　2 220.02
　　　贷：生产成本——辅助生产成本——供电车间　　　　25 618.32
　　　　　　　　　　　　　　　　　——供气车间　　　　12 985.76

典型任务示例【2-12】

　　[资料] 某工业企业 2016 年 6 月供电车间、供气车间资料见表 2-17，供电车间发生的生产费用为 25 000 元，供气车间发生的生产费用为 12 000 元，运用顺序分配法分配辅助生产费用。

　　[解析] 每度电的单位成本 = 25 000 ÷ 52 000 = 0.4808 元，供气车间耗用电费 = 2 000 × 0.4808 = 961.60 元，每立方汽的单位成本 = 12 000 ÷ 2 100 = 5.7143 元，供电车间耗用供气费 = 100 × 5.7143 = 571.43 元。

　　由此可判断供气车间受益多，所以供电车间排在前面，不承担供气车间的费用。具体分配计算见表 2-21，据此编制会计分录。

表 2-21　　　　　　　　　　辅助生产费用分配表（顺序分配法）

2016 年 6 月

分配项目		供电车间		供气车间		金额合计
		电费：25 000 元		汽费：12 000 元		
		0.50 元/度		6.00 元/立方		
供气车间		2 000 度	961.53 元	分配率 0.680765		961.53
基本生产车间	甲产品	18 000 度	9 000	720 立方	4 320	13 320
	乙产品	14 000 度	7 000	560 立方	3 360	10 360
	一般耗用	8 000 度	4 000	320 立方	1 920	5 920
行政后勤部门		7 000 度	3 500	280 立方	1 680	5 180
专设销售机构		3 000 度	1 500	120 立方	720	2 220
合　计		52 000 度	25 000	2 000 立方	12 000	37 961.53

借：生产成本——辅助生产成本——供气车间　　　　　　961.53
　　生产成本——基本生产成本——甲产品　　　　　　13 320.00
　　生产成本——基本生产成本——乙产品　　　　　　10 360.00
　　制造费用　　　　　　　　　　　　　　　　　　　5 920.00
　　管理费用　　　　　　　　　　　　　　　　　　　5 180.00
　　销售费用　　　　　　　　　　　　　　　　　　　2 220.00
　　贷：生产成本——辅助生产成本——供电车间　　25 000.00
　　　　生产成本——辅助生产成本——供气车间　　12 961.53

实践训练【2-5】

（一）单项选择题

1. 辅助生产费用分配方法中，计算结果最准确的是（　　）。
　　A. 直接分配法　　　　　　　　B. 交互分配法
　　C. 代数分配法　　　　　　　　D. 顺序分配法

2. 辅助生产费用只分配给其他受益单位，辅助生产车间（分厂）之间互相提供的产品或劳务不分配的方法是（　　）。
　　A. 直接分配法　　　　　　　　B. 交互分配法
　　C. 代数分配法　　　　　　　　D. 顺序分配法

3. "攘外必先安内"指的是哪种辅助生产费用分配方法？（　　）。
　　A. 直接分配法　　　　　　　　B. 交互分配法
　　C. 代数分配法　　　　　　　　D. 顺序分配法

4. 辅助生产车间领用原材料,应借记( )。
   A. "生产成本——基本生产成本"   B. "制造费用"
   C. "生产成本——辅助生产成本"   D. "管理费用"

(二) 多项选择题

1. 下列费用性支出属于生产性支出的是( )。
   A. 辅助生产车间的工资及三项费用
   B. 基本生产车间工人的工资及三项费用
   C. 车间管理人员的工资及三项费用
   D. 企业管理人员的工资及三项费用

2. 下列生产性费用,可以直接计入产品成本的是( )。
   A. 直接材料费   B. 直接人工费
   C. 车间水电费   D. 车间固定资产折旧

3. 下列费用支出中,不构成产品成本的是( )。
   A. 财务费用   B. 制造费用
   C. 管理费用   D. 销售费用

4. 应发工资不等于实发工资的原因有( )。
   A. 单位代扣代缴应由个人承担的个人所得税
   B. 单位代扣代缴应由个人承担的"五险一金"
   C. 单位代垫应由个人承担的水电费
   D. 扣下应由个人承担的各种赔偿款

5. "生产成本——辅助生产成本"贷方登记( )。
   A. 完工入库的自制材料成本
   B. 向各受益单位分配的费用
   C. 辅助生产车间的材料费用
   D. 辅助生产车间的人工费用

(三) 计算及会计分录题

某工业企业设置运输和修理两个辅助生产车间(部门)。2016年8月,运输部门发生运输费用 99 000 元,提供运输总计 10 000 公里,其中为基本生产车间运输材料物资 4 000 公里,为销售部门提供运输 4 000 公里,为管理部门提供运输 1 000 公里,为修理车间提供 1 000 公里;修理车间本月发生费用 60 000 元,提供修理总劳务量为 3 000 小时,其中向基本生产车间提供修理 1 200 小时,向销售部门提供修理 400 小时,向管理部门提供修理 400 小时,向运输部门提供 1 000 小时。

[要求]

1. 采用直接分配法分配辅助生产费用,并编制会计分录。
2. 采用交互分配法分配辅助生产费用,并编制会计分录。

任务六　制造费用的核算

学习目标

【知识目标】
- 了解制造费用的归集
- 掌握制造费用的分配方法，重点掌握生产工时比例法和工人工资比例法

【技能目标】
- 能正确运用生产工时比例法和工人工资比例法对制造费用进行分配
- 能正确编制制造费用分配表，并进行相应账务处理

任务导入

2016年6月月末，嘉欣机械厂"制造费用——铸造车间"账户累计借方发生额为21 894.10元，"制造费用——机加工车间"账户累计借方发生额为21 243.50元，见表2-22、表2-23所示。

表2-22　　　　　　　　　　制造费用明细账

部门：铸造车间　　　　　　　　　　　　　　　　　　　　　　　　单位：元

2016年		凭证号数（略）	摘要	借方发生额	成本项目					
月	日				材料费	燃料费	人工费	折旧费	辅助生产费	其他
6			原材料分配表	294	294					
6			燃料分配表	2 100		2 100				
6			工资及福利分配表	1 368			1 368			
6			其他费用分配表	4 134				1 500	1 360	1 274
6			辅助生产费用分配表	13 998.1					13 998.1	
6	30		小计	21 894.1	294	2 100	1 368	1 500	15 358.1	1 274

表 2-23　　　　　　　　制造费用明细账

部门：机加工车间　　　　　　　　　　　　　　　　　　　　　　　　　　　单位：元

2016年		凭证号数（略）	摘要	借方发生额	成本项目					
月	日				材料费	燃料费	人工费	折旧费	辅助生产费	其他
6			原材料分配表	1 470	1 470					
6			燃料分配表	1 575		1 575				
6			工资及福利分配表	1 368			1 368			
6			其他费用分配表	4 050				1 800	1 580	670
6			辅助生产费用分配表	12 780.5					12 780.5	
6	30		小计	21 243.5	1 470	1 575	1 368	1 800	14 360.5	670

[**要求**] 根据制造费用明细账（表 2-22 和表 2-23），以生产工时作为分配标准（见表 2-9）分配制造费用，编制基本生产车间制造费用分配（见表 2-24），并编制记账凭证，登记有关成本费用明细账（实务操作）。

任务分析

1. 根据本项目任务二至任务五中相关制造费用的分配归集后，铸造车间累计借方发生额为 21 894.10 元，机加工车间累计借方发生额为 21 243.50 元。6月月末，应将累计发生的借方发生额按受益产品进行分配，计入相关"生产成本"或"废品损失"账户中。

2. 在制造费用的分配中，嘉欣机械厂采用以生产工时作为分配标准（见表 2-9）分配制造费用。

理论知识准备

一、制造费用的概述

制造费用是指工业企业为了生产产品而发生的、发生时无法确定成本归属对象，但构成产品成本的、除了直接材料和直接人工以外的各项间接费用。核算的内容包括：车间（分厂）管理人员的工资；车间（分厂）管理人员的工资三项经费，即职工福利费、工会经费、职工教育经费；单位为车间（分厂）管理人员承担的"五险一金"；生产用固定资产折旧费；各种修理维护费用；劳动保护费；机物料消耗；水电费；试验检验费；低值易耗品摊销；生产人员的差旅费；车间（分厂）的办公经费；警卫消防费；基本生产车间（分厂）的一般性消耗；季节性生产或固定资产大修期间发生的直接停工损失。

> ▲注意：
> （1）对于不单独核算辅助生产的企业，辅助生产车间发生的各项生产性费用，应在"制造费用"中进行核算。
> （2）对于不单独核算外购燃料和动力的企业，购买燃料时先记入"原材料"，领用燃料时借记"制造费用"；外购动力，则在费用发生时直接借记"制造费用"。

二、制造费用的归集

制造费用在本质上是一种间接性的生产费用，主要在基本生产车间（分厂）范围内间接发生，由于发生时无法确定成本归属对象，所以需要对其进行归集。

制造费用的归集是通过"制造费用"明细账来进行的，各企业可以根据所处行业的生产工艺特点和经营管理需要，或按生产步骤、或按地点、或按用途设置若干专栏进行明细核算；如有必要，甚至进行三级或四级明细核算。

三、制造费用的分配

如果工业企业只生产一种产品，期末应将发生的全部制造费用转记入该种产品的成本，不存在分配问题。如果工业企业生产多种产品，为了总括反映工业企业一定期间（通常是月）发生的制造费用及其分配，应设置"制造费用"总分类账簿，月末采用一定的标准和方法将发生金额分配计入所生产产品的成本，故期末一般无余额。制造费用的分配应根据受益原则进行。

常见的分配标准有生产工人工时、生产工人工资、机器工时、计划成本、直接材料费用等，各企业应根据自己的生产实践和经营管理需要选定分配标准。

▲注意：按照《企业会计准则》的规定，分配标准一经确定，至少在一个会计年度中应保持稳定，不得随意变更。制造费用常用的分配方法和核算如下：

1. 机器工时分配法，是以各种产品生产所用的机器设备运转时间作为分配标准的一种分配方法，适用于机械自动化程度比较高的企业，分配计算公式为：

制造费用分配率 = 制造费用总额 ÷ 机器工时总和

某产品应分配的制造费用 = 该产品的机器工时 × 制造费用分配率

2. 生产工人工时分配法，是以生产各种产品所用的生产工人工时作为分配标准的一种分配方法，适用于机械自动化程度比较低、各产品机械化程度大致相同的企业，分配计算公式为：

制造费用分配率 = 制造费用总额 ÷ 各种产品生产工人工时总和

某产品应分配的制造费用 = 该产品的生产工人的工时 × 制造费用分配率

3. 生产工人工资分配法，是以生产各种产品所用的生产工人工资金额作为分配标准的一种分配方法，适用于机械自动化程度比较低、各产品机械化程度大致相同的企业，分配计算公式为：

制造费用分配率 = 制造费用总额 ÷ 各种产品生产工人工资总和

某产品应分配的制造费用＝该产品生产工人的工资×制造费用分配率

4. 产品产量分配法，是以所生产各种产品的产量作为分配标准的一种分配方法，适用于生产的各种产品计量标准统一的企业，分配计算公式为：

制造费用分配率＝制造费用总额÷各种产品产量总和

某产品应分配的制造费用＝该产品产量×制造费用分配率

任务实施

表2－24　　　　　　　　　基本生产车间制造费用分配表　　　　　　　　单位：元

项目		生产工时	分配率（保留四位小数）	分配金额
铸造车间	No.1	24 000	0.5474	13 137.60
	No.2	15 600	0.5474	8 539.44
	废品 No.1	400	0.5474	217.06
	小计	40 000		21 894.10
机加工车间	No.3	27 500	0.7587	20 864.25
	废品 No.3	500	0.7587	379.25
	小计	28 000		21 243.50

说明：（1）表2－24中，废品 No.1和废品 No.3分配金额倒轧推出。

（2）表2－24中，No.1废品和 No.3废品的制造费用在本项目任务七中处理，此处不涉及。

会计分录：

借：生产成本——基本生产成本——No.1　　　　　　　　　　13 137.60

　　生产成本——基本生产成本——No.2　　　　　　　　　　8 539.44

　　生产成本——基本生产成本——No.3　　　　　　　　　　20 864.25

　　贷：制造费用——铸造车间　　　　　　　　　　　　　　21 677.04

　　　　制造费用——机加工车间　　　　　　　　　　　　　20 864.25

典型任务示例【2－13】

［资料］某工业企业2016年6月制造费用为69 000元，生产甲产品机器工时为1 800小时，生产乙产品机器工时为1 200小时，分配该月制造费用并编制会计分录。

制造费用分配率＝69 000÷3 000＝23（元/小时）

甲产品应分配的制造费用＝1 800×23＝41 400（元）

乙产品应分配的制造费用＝1 200×23＝27 600（元）

借：生产成本——基本生产成本——甲产品　　　　　　　　　　41 400

　　生产成本——基本生产成本——乙产品　　　　　　　　　　27 600

贷：制造费用　　　　　　　　　　　　　　　　　　　　　　　69 000

 实践训练【2-6】

（一）单项选择题

1. 车间（分厂）管理人员的人工医疗保险费，应借记（　　）。
   A. "制造费用"　　　　　　　B. "管理费用"
   C. "生产成本"　　　　　　　D. "销售费用"
2. 按生产工时比率分配制造费用，适合于（　　）的企业。
   A. 各种产品的机械化程度较低
   B. 各种产品的机械化程度较高
   C. 不考虑各种产品的机械化程度
   D. 考虑各种产品的机械化差异程度
3. 因机器设备大修、季节性生产发生的停工损失，应计入（　　）账户。
   A. "生产成本"　　　　　　　B. "营业外支出"
   C. "其他业务成本"　　　　　D. "制造费用"
4. 下列（　　）项目应计入"制造费用"账户。
   A. 生产工人的工资　　　　　B. 车间管理人员的失业保险
   C. 生产人员的职工福利费　　D. 生产人员的职工教育经费
5. 企业为车间管理人员承担的住房公积金，应计入（　　）账户。
   A. "管理费用"　　　　　　　B. "生产成本——基本生产成本"
   C. "制造费用"　　　　　　　D. "生产成本——辅助生产成本"

（二）多项选择题

1. 下列费用性支出属于生产性的是（　　）。
   A. 辅助生产车间的工资及三项费用
   B. 基本生产车间工人的工资及三项费用
   C. 车间管理人员的工资及三项费用
   D. 企业管理人员的工资及三项费用
2. 下列费用支出中，不构成产品成本的是（　　）。
   A. 财务费用　　　　　　　　B. 制造费用
   C. 管理费用　　　　　　　　D. 销售费用
3. 人工费用包括（　　）。
   A. 工资奖金　　　　　　　　B. 工资三项经费
   C. "五险一金"　　　　　　　D. 职工分红
4. 企业计提（分配）工资，可能借记的账户有（　　）。
   A. "管理费用"　　　　　　　B. "销售费用"
   C. "制造费用"　　　　　　　D. "生产成本"
5. 制造费用分配，可能借记的账户有（　　）。

A. "生产成本——基本生产成本"　　B. "生产成本——辅助生产成本"
C. "销售费用"　　D. "管理费用"

6. 下列属于制造费用核算范围的是（　　）。
A. 机物料消耗　　B. 大修停工损失
C. 劳动保护费　　D. 季节性生产停工损失

（三）计算及会计分录题

[资料] 某工业企业基本生产车间生产甲乙丙三种产品，2016年9月发生制造费用总额为486 000元，甲产品的本月产量为5 000件、乙产品的产量为2 000件、丙产品的产量3 000件。

[要求]
（1）以产量作为分配标准分配三种产品应承担的制造费用。
（2）编制会计分录（书写到最末一级）。

任务七　生产损失的核算

学习目标

【知识目标】
□ 了解生产损失的含义及核算意义
□ 掌握可修复废品和不可修复废品的损失计算及账务处理

【技能目标】
□ 能正确计算可修复废品和不可修复废品的损失
□ 能正确对生产损失进行账务处理

 任务导入

2016年6月，嘉欣机械厂本月完工产品入库时发现不可修复No.1废品12件，其中4件由责任人的过失造成，令其赔偿100元，回收残料估价99.72元；不可修复No.3废品2件，回收残料估价120元。不可修复废品的成本按定额成本计算，定额成本资料如表2-25所示。

表2-25　　不可修复废品的定额成本资料　　单位：元

产品名称	直接材料	直接人工	制造费用	合计
No.1	40	7	7	54
No.3	85	60	60	205

说明：废品净损失全部由产成品负担。

[要求]

1. 根据"材料费用分配表"（表2-2）、"人工费用分配表"（表2-10）和"制造费用分配表"（表2-24）中可修复废品 No.1 和 No.3 成本资料，编制可修复废品记账凭证，并登记有关成本费用明细表。

2. 根据表2-25，编制废品损失计算表2-26，表2-27，并编制不可修复废品记账凭证，登记有关成本费用明细表。

 任务分析

1. 可修复废品的核算，可修复废品在返修以前发生的生产性费用已经在"生产成本——基本生产成本"中进行了核算，不是废品损失，主要核算发生的修复费用和责任人赔偿，遵循以下步骤：

（1）将修复废品发生的耗费归集到"废品损失"的借方。

（2）应收的赔偿款冲减"废品损失"。

（3）将可修复废品的净损失记入同种合格品的成本。

2. 不可修复废品的核算，遵循以下步骤：

（1）将不可修复废品的生产成本从"生产成本——基本生产成本"中转出，归集到"废品损失"的借方。

（2）废品残料价值和应收的赔偿款冲减"废品损失"。

（3）将不可修复废品的净损失计入同种合格品的成本。

 理论知识准备

一、生产损失含义及核算意义

生产损失，是指由于生产组织管理不科学、不合理或未执行技术操作规程等而造成的各种生产性损失，包括因工人技术不熟练或操作不慎造成废品损失，由于机器故障、季节性、大修期间的停工损失，因材料、工时大于正常消耗所造成的损失，因材料物料短缺、毁损而造成的损失等。

生产损失会降低企业的经济效益，首先浪费企业的人力、物力和财力，加大企业的运营成本；其次，生产损失妨碍了企业的正常生产秩序，影响各项生产计划和任务的顺利完成；最后，生产损失还影响产品质量，削弱了企业的竞争力。故而，加强产品质量控制和健全生产责任制度，降低和减少生产性损失是现代企业管理的重要内容。会计本质上作为一项经济管理活动，自然将生产损失纳入核算的内容。理论上，生产性损失不形成价值，不应该记入"产品成本"；但在成本核算实践中，为了促进企业加强会计核算和监督，有些损失也记入"产品成本"，例如停工损失和废品损失。

二、停工损失及核算

停工损失，是指生产车间因为停工而发生的各种损失，包括停工期间发生的材料、燃料动力费、生产工人的人工性费用（工资、福利费、工会经费、职工教育经费和"五险一金"）和应承担的制造费用。

停工的原因主要有：

（1）意外事故停工。

（2）自然灾害停工。

（3）季节性生产停工。

（4）机器设备大修停工。

（5）原材料、半成品、燃料及动力供应不及时，以及生产任务下达不及时、生产计划不合理、不科学导致的停工。

▲**注意**：并不是所有的停工损失都计入产品成本，企业应根据具体情况进行处理。由于意外事故、自然灾害而发生的停工损失，应积极进行索赔，获得赔偿的部分计入"其他应收款"；不能获得赔偿的停工损失计入"营业外支出"；季节性生产停工和机器设备大修停工的损失，以及基本生产车间或班组不满一个工作日的停工损失，先计入"制造费用"，期末再分配计入各种产品的成本。对于辅助生产车间发生的停工损失，直接计入"制造费用"。只有基本生产车间，因为原材料、半成品、燃料及动力供应不及时，以及生产任务下达不及时、生产计划不合理不科学导致的停工损失，才将停工损失作为产品成本计算项目。

按照重要性原则，需要单独核算停工损失的企业，应设置"停工损失"账户，按车间进行明细核算，同时在"生产成本——基本生产成本"下设置项目或专栏进行对应核算。"停工损失"账户借方归集停工期间发生的各种费用，企业应根据停工报告表和各种费用汇总、分配表，借记"停工损失"，贷记"原材料"、"周转材料"、"应付职工薪酬"、"制造费用"等。"停工损失"账户贷方登记责任人（有可能是单位，如保险公司；也有可能是内部或外部某个具体的个人）的赔偿款，计入"其他应收款"；自然灾害、意外事故等非正常损失，计入"营业外支出"；以及应计入产品成本的停工性损失，计入"生产成本——基本生产成本"。

不单独核算停工损失的企业，不设置"停工损失"账户和相对应的成本计算项目或专栏；停工期间发生的损失视情况分别计入"制造费用"或"营业外支出"。

三、废品损失的核算

废品，是指不符合规定的质量、技术标准，不能预定用途加以利用和使用，或者需要加工修复后才能达到预定用途的在产品、半成品、在制品和零部件等。废品按修复的技术可能性和修复费用的经济合理性分为可修复废品和不可修复废品。可修复废品是指在技术上可以修复，而且修复费用在经济上是可以接受的废品。不可修复废品是指技术上不可以修复，或者修复费用在经济上不合算的废品。

废品损失，是指因生产原因造成废品而产生的损失，包括可修复废品的修复费用和不可修复废品的净损失。企业对产品实行"三包"（包修、包换、包退）而发生的损失，理论上属于废品损失，但在企业经营实践中，为了提高核算的效率，而是在"三包"损失实际发生时，直接记入"销售费用"。

按照重要性原则，需要单独核算废品损失的企业，应设置"废品损失"账户，同时在"生产成本——基本生产成本"下设置项目或专栏进行对应核算。"废品损失"账户借方归集不可修复废品的生产成本和可修复废品的修复费用，企业应根据质量检验部门提供的报告或通知，借记"废品损失"，贷记"原材料"、"周转材料"、"应付职工薪酬"、"制造费用"、"生产成本——基本生产成本"等。"废品损失"账户贷方登记废品残料回收的价值、应收责任人（有可能是单位，如保险公司；也有可能是内部或外部某个具体的个人）的赔偿款，以及应由同种合格产品成本承担的废品损失。

（一）不可修复废品的核算

第一步，将不可修复废品的生产成本从"生产成本——基本生产成本"中转出，归集到"废品损失"的借方。

借：废品损失——×产品
　　贷：生产成本——基本生产成本

第二步，废品残料价值和应收的赔偿款冲减"废品损失"。

借：原材料
　　其他应收款
　　贷：废品损失——×产品

第三步，将不可修复废品的净损失记入同种合格品的成本。

借：生产成本——基本生产成本——×产品
　　贷：废品损失——×产品

对于验收入库以后发现的不可修复废品，一般是将其价值从"库存商品"转入"废品损失"后，再按以上步骤进行处理。

（二）可修复废品的核算

可修复废品在返修以前发生的生产性费用已经在"生产成本——基本生产成本"中进行了核算，不属于废品损失，可修复废品的损失主要核算发生的修复费用和责任人赔偿，遵循以下步骤：

第一步，将修复废品发生的耗费归集到"废品损失"的借方。

借：废品损失——×产品
　　贷：原材料——某材料
　　　　应付职工薪酬
　　　　制造费用

第二步，应收的赔偿款冲减"废品损失"。

借：其他应收款
　　贷：废品损失——×产品

第三步，将可修复废品的净损失记入同种合格品的成本。

借：生产成本——基本生产成本——×产品
　　　　贷：废品损失——×产品
　　按照重要性原则，不单独核算废品损失的企业，可修复废品的损失，在发生时直接记入相关的成本项目；不可修复废品的损失，扣除残料价值和责任人赔偿外，其余金额计入"生产成本——基本生产成本"。

 任务实施

1. 可修复废品做如下账务处理。

根据材料费用分配表（表2-2）、人工费用分配表（表2-10）和制造分配表（表2-24）中可修复废品No.1和No.3成本资料归集，可修复废品No.1耗用的修复费用为882.66元，可修复废品No.3耗用的修复费用为1 366.25元。

（1）将修复废品发生的耗费归集到"废品损失"的借方。

```
借：废品损失——No.1                          882.66
    废品损失——No.3                        1 366.25
    贷：原材料                                980.00
        应付职工薪酬                          672.60
        制造费用——No.1                       217.06
        制造费用——No.3                       379.25
```

（2）将可修复废品的净损失记入同种合格品的成本。

```
借：生产成本——基本生产成本——No.1              882.66
    生产成本——基本生产成本——No.3            1 366.25
    贷：废品损失——No.1                       882.66
        废品损失——No.3                     1 366.25
```

2. 废品损失计算表如表2-26、表2-27所示。

表2-26　　　　　　　　废品损失计算表
产品名称：No.1　　　　　2016年6月　　　　　　　　　　单位：元

摘　　要	直接材料	直接人工	制造费用	合　计
转入不可修复废品的生产成本	480	84	84	648
回收残料价值	-99.72			-99.72
应收赔偿款		-100		-100
转出废品净损失	380.28	-16	84	448.28

表 2-27　　　　　　　　　　　废品损失计算表

产品名称：No.3　　　　　　　　　　2016 年 6 月　　　　　　　　　　单位：元

摘　要	直接材料	直接人工	制造费用	合　计
转入不可修复废品的生产成本	170	120	120	410
回收残料价值	-120			-120
应收赔偿款				
转出废品净损失	50	120	120	290

3. 不可修复废品做如下账务处理：

（1）将不可修复废品的生产成本从"生产成本——基本生产成本"中转出，归集到"废品损失"的借方。

借：废品损失——No.1　　　　　　　　　　　　　　　　　648
　　废品损失——No.3　　　　　　　　　　　　　　　　　410
　　　贷：生产成本——基本生产成本——No.1　　　　　　648
　　　　　生产成本——基本生产成本——No.3　　　　　　410

（2）废品残料价值和应收的赔偿款冲减"废品损失"。

借：原材料　　　　　　　　　　　　　　　　　　　　　219.72
　　其他应收款　　　　　　　　　　　　　　　　　　　100.00
　　　贷：废品损失——No.1　　　　　　　　　　　　　199.72
　　　　　废品损失——No.3　　　　　　　　　　　　　120.00

（3）将不可修复废品的净损失记入同种合格品的成本。

借：生产成本——基本生产成本——No.1　　　　　　　　448.28
　　生产成本——基本生产成本——No.3　　　　　　　　290.00
　　　贷：废品损失——No.1　　　　　　　　　　　　　448.28
　　　　　废品损失——No.3　　　　　　　　　　　　　290.00

 典型任务示例【2-14】

[资料] 某工业企业 2016 年 6 月生产完工发现有 10 件甲产品不可修复，耗费的人工费用为 300 元，直接材料为 500 元，制造费用为 200 元；回收残料价值为 400 元，生产操作人员高某应赔偿 200 元，请对上述废品损失进行核算。

第一步，将不可修复废品的生产成本从"生产成本——基本生产成本"中转出，归集到"废品损失"的借方。

借：废品损失——甲产品　　　　　　　　　　　　　　　1 000
　　　贷：生产成本——基本生产成本——甲产品　　　　1 000

第二步，废品残料价值和应收的赔偿款冲减"废品损失"。

借：原材料	400	
其他应收款——高某	200	
贷：废品损失——甲产品		600

第三步，将不可修复废品的净损失记入同种合格品的成本。

| 借：生产成本——基本生产成本——甲产品 | 400 | |
| 　　　贷：废品损失——甲产品 | | 400 |

典型任务示例【2-15】

[资料] 某工业企业 2016 年 6 月生产完工发现有 5 件乙产品需要返修后才能达到产品质量标准，修复以上乙产品耗费人工费用为 150 元，直接材料为 250 元，制造费用为 100 元；生产操作人员王某应赔偿 200 元。请对上述经济业务进行核算。

第一步，将修复废品发生的耗费归集到"废品损失"的借方。

借：废品损失——乙产品	500	
贷：原材料——某材料		250
应付职工薪酬		150
制造费用		100

第二步，应收的赔偿款冲减"废品损失"。

| 借：其他应收款——王某 | 200 | |
| 　　　贷：废品损失——乙产品 | | 200 |

第三步，将可修复废品的净损失记入同种合格品的成本。

| 借：生产成本——基本生产成本——乙产品 | 300 | |
| 　　　贷：废品损失——乙产品 | | 300 |

实践训练【2-7】

（一）单项选择题

1. 不可修复废品的净损失，应借记（　　）账户，贷记"废品损失"。
   A. "生产成本"　　　　　　　　B. "库存商品"
   C. "制造费用"　　　　　　　　D. "原材料"

2. 可修复废品发生的修复费用应借记（　　）账户。
   A. "生产成本"　　　　　　　　B. "库存商品"
   C. "制造费用"　　　　　　　　D. "废品损失"

3. 因机器设备大修、季节性生产发生的停工损失，应计入（　　）账户。
   A. "生产成本"　　　　　　　　B. "营业外支出"
   C. "其他业务成本"　　　　　　D. "制造费用"

4. 可修复废品在返修过程中发生的材料、人工费用和承担的制造费用，扣除过失人赔偿后应计入（　　）账户。

A. "生产成本——基本生产成本" B. "制造费用"
C. "生产成本——辅助生产成本" D. "废品损失"

（二）多项选择题

1. 从"停工损失"贷方转出，可能记入的账户有（　　）。
   A. "营业外支出" B. "生产成本——基本生产成本"
   C. "其他应收款" D. "制造费用"
2. "废品损失"借方登记（　　）。
   A. 不可修复废品的成本 B. 可修复废品的成本
   C. 不可修复废品的修复费用 D. 可修复废品的修复费用
3. 可修复废品必须同时具备的条件是（　　）。
   A. 在技术上可以修复 B. 只要修复以后可以使用
   C. 无论修复费用多少 D. 在经济上修复费用是合算的

（三）判断题

1. 根据综合会计恒等式，一项支出不是资本性支出就是费用性支出。（　　）
2. 费用性支出分为生产性费用和非生产性费用。（　　）
3. 非生产性费用就是期间费用，可以计入"产品成本"。（　　）
4. 人工费用全部计入"产品成本"。（　　）
5. 不单独核算燃料和动力时，外购的动力费用全部计入"制造费用"。（　　）
6. 辅助生产车间的人工费用应计入"生产成本——辅助生产成本"。（　　）
7. 辅助生产费用的交互分配法，其特点可以描述为"亲兄弟，明算账"。（　　）
8. 季节性生产企业的"制造费用"账户，期末一定没有余额。（　　）
9. 企业对产品实行"三包"（包修、包换、包退）而发生的损失，应计入"废品损失"账户。（　　）
10. 辅助生产车间发生的停工损失，直接计入"停工损失"。（　　）
11. 在生产多种产品的企业中，"制造费用"应采用适当的分配方法计入各种产品的生产成本。（　　）
12. 辅助生产费用的直接分配法，计算最为简单，计算结果也最准确。（　　）
13. 辅助生产车间提供的产品或劳务主要用于对外销售。（　　）
14. 采用直接分配法分配辅助生产费用时，不考虑辅助生产车间之间相互提供的产品或劳务；而采用交互分配法分配辅助生产费用时，需要考虑辅助生产车间之间相互提供的产品或劳务，要求先对内分配，然后再分配给辅助生产车间以外的受益单位。（　　）
15. 季节性生产或机器设备大修发生的停工损失计入"制造费用"，除此以外的停工损失一律计入"营业外支出"。（　　）

项目三
产品成本在完工产品和在产品之间分配的核算

任务一　在产品数量的核算

学习目标

【知识目标】
- 理解在产品的含义及特点
- 掌握在产品和产成品成本计算原理
- 掌握在产品数量的核算

【技能目标】
- 正确运用在产品和产成品成本计算模式
- 培养归集产品成本费用的思维方式

 任务导入

2016年6月末，嘉欣机械厂产量情况如下：No.1 车床完工 2 210 件，月末在产品 80 件，月初在产品成本为直接材料 2 050 元，燃料动力 100 元，直接人工 350 元，废品损失 20 元，制造费用 380 元，材料在生产开始时一次投入，在产品完工程度为 80%。No.2 车床无月初在产品，本月投产的 880 件全部完工。No.3 车床无月初在产品，本月投产的 350 件全部完工。

[要求] 分析在 2016 年 6 月末，No.1、No.2 和 No.3 车床各自的产品成本应如何核算。

 任务分析

到 2016 年 6 月末，No.1 车床共投产 2 290 件，其中完工 2 210 件，月末在产品 80 件，本月 No.1 车床的生产性费用（月初＋本月投入）就需要按一定的方法在完工产品和在产品之间进行分配，完工产品承担的部分月末要从"生产成本——基本生产成本"账户中转入"库存商品"账户中。No.2 和 No.3 车床本月投产的产品全部完工，则 6 月末，只需要将各自发生的生产性费用全部从"生产成本——基本生产成本"账户中转出，转入"库存商品"账户中。

理论知识准备

一、在产品的含义和特点

工业企业的**在产品**是指正在制造尚未完成全部生产过程的生产物，在产品有广义和狭义之分。从广义上讲，在产品不仅包括正在车间加工中的在产品，还包括本车间已完工转入半成品库和以后各车间继续加工但尚未最后完工制成产成品的半成品，以及尚未验收入库的完工产品和待返修的废品。从狭义上讲，在产品仅指在某车间或某生产步骤正在加工中的那部分在产品和尚未验收入库的半成品。在产品属于企业存货的范畴，一般具有以下特点：

（1）流动性大。在制造业中，产品生产从购买原材料投入，到产成品产出，中间一般要经过若干道生产工序。减少在产品在各道工序间的停留时间与损耗，是减少在产品资金占用、降低生产损耗的重要环节。

（2）完工程度不同。期末，各道工序的在产品生产往往处于不同的加工程度，因而每道工序的在产品体现出了不同的完工程度。

（3）种类繁多。一般情况下，在产品的品种规格繁多，装配式生产的企业尤为突出。

（4）成本计算复杂。由于在产品品种规格繁多、流动性大、在各个加工车间的完工程度不同，导致其成本计算复杂。

二、在产品和产成品成本计算模式

企业产成品成本核算的最终目的，就是为了归集生产费用，计算出完工产品的总成本和单位成本。企业在生产过程中发生的生产费用，经过要素费用的归集和分配、辅助生产费用的归集和分配以及其他各项费用的归集和分配后，都已全部集中在按产品开设的生产成本明细账中。当月初和月末没有在产品时，生产成本明细账中归集的生产费用就是本月完工产品的总成本；当月初或月末有在产品时，若本月没有完工产品，则生产成本明细账中归集的生产费用就是月末在产品的生产成本，若本月既有完工产品又有月末在产品，则生产成本明细账中归集的生产费用就需要按照一定的方法在完工产品和月末在产品之间进行分配，以计算出完工产品成本。月初在产品成本、本月发生的生产费用、完工产品成本和月末在产品成本之间的关系可用公式表示如下：

月初在产品成本 ＋ 本月发生的生产费用 ＝ 本月完工产品成本 ＋ 月末在产品成本

式 3－1

本月完工产品成本 = 月初在产品成本 + 本月发生的生产费用 - 月末在产品成本

式 3-2

月末在产品成本 = 月初在产品成本 + 本月发生的生产费用 - 本月完工产品成本

式 3-3

式 3-1 中，左边表示费用的来源，右边表示费用的归属。月初在产品成本与本月发生的生产费用之和，是待分配的生产费用，应在完工产品和月末在产品之间进行分配。完工产品与在产品成本计算模式一般有以下三种：

（1）先计算完工产品成本，再将生产费用合计减去完工产品成本，其余额就是月末在产品成本。

（2）先计算月末在产品成本，再将生产费用合计减去月末在产品成本，其余额就是本月完工产品成本。

（3）采用适当的方法，将月初在产品成本与本月发生的生产费用之和，在完工产品和月末在产品之间进行分配，同时计算出完工产品成本和月末在产品成本。

企业无论采用哪种计算模式，都必须正确组织在产品的数量核算，取得在产品收入、发出和结存的资料，这是正确计算完工产品成本的前提。

三、在产品数量的核算

在产品数量是核算在产品成本的基础，要准确核算在产品成本，必须准确确定在产品数量。在产品数量的确定方式一般有两种：

（一）通过账面核算资料确定

在实务中，车间对在产品收发结存的日常核算，通常通过"在产品收发结存账"来进行。这种账又叫作"在产品台账"，应分别按车间、生产步骤、生产工序、产品品种或在产品名称予以设立，反映车间各种在产品的收入、发出和结存情况。其基本格式如表 3-1 所示。在产品在各车间或车间的转移，应认真做好计量验收工作。在此基础上，根据领料凭证、在产品内部转移凭证及产品交库凭证，及时登记在产品收发数量。在产品收发结存账可由车间核算人员登记，也可由生产调度部门专人登记。

表 3-1　　　　　　　　　　在产品收发结存账

生产单位：一车间　　生产工序：第一道　　产品名称：A 零件　　　　　　计量单位：件

年		摘要	收入		发出			结存			备注
月	日		凭证号数	数量	凭证号数	合格品	废品	已完工	未完工	废品	
6	1	结存							200		
6	5	购入		500					700		
6	30	发出				310	5	20	365		
6	30	合计		500		310	5	20	365		

（二）通过实际盘点资料确定

在产品数量的核算，同其他物资数量的核算一样，应同时具备账面核算资料和实际盘点资料。这就要求企业既要做好在产品收发存的日常核算工作，又要做好在产品的实际盘点清查工作。实际盘点的结果应编制"在产品盘点表"，并用实存数与在产品收发结存账相核对，如果发现账实不符，应查明盈亏原因并及时处理。

四、在产品清查的核算

清查时，应根据实际盘点结果和在产品收发存账面资料编制"在产品盘存表"，填制在产品的账面数、实存数和盘盈盘亏数，以及盈亏的原因和处理意见等。对于报废和毁损的在产品，还应登记其残值。成本核算人员应对在产品的清查结果进行审核，如果发现账实不符，应查明盈亏原因进行账务处理。

1. 在产品盘盈时：
借：生产成本——基本生产成本
　　贷：待处理财产损溢——待处理流动资产损溢
经过批准进行处理时：
借：待处理财产损溢——待处理流动资产损溢
　　贷：制造费用

2. 发现盘亏和毁损时：
借：待处理财产损溢——待处理流动资产损溢
　　贷：生产成本——基本生产成本
经批准后，按不同原因进行处理：
借：原材料（收回残值）
　　其他应收款（保险公司、责任人赔偿部分）
　　营业外支出（意外灾害净损失部分）
　　制造费用（准予核销计入产品成本的损失部分）
　　贷：待处理财产损溢——待处理流动资产损溢

为了正确归集和分配制造费用，在产品盘盈、盘亏的账务处理应在制造费用分配前进行。

任务实施

1. No.1 车床共投产 2 290 件，其中完工 2 210 件，月末在产品 80 件，本月 No.1 车床的生产性费用（月初＋本月投入）就需要按一定的方法在完工产品和在产品之间进行分配。

2. No.2 和 No.3 车床 6 月初均无在产品，No.2 本月投产的 880 件和 No.3 车床本月投产的 350 件产品全部完工，则 6 月末，只需要将各自发生的生产性费用全部从"生产成本——基本生产成本"账户中转出，转入"库存商品"账户中。

典型任务示例【3-1】

[资料] 星语服装厂生产一批校服，月初在产品100件，其生产成本为5 000元，本月投产500件，原材料一次投入，分两道工序加工，该产品归集的生产成本为25 000元，其中加工成本5 000元，材料成本20 000元。月末该产品的完工情况假设有以下三种：(1) 产品全部完工；(2) 产品全部未完工；(3) 有400件完工产品，200件在产品。

[要求] 请说出三种情况下月末对产品生产成本应如何处理。

[结论] (1) 如果产品本月全部生产完工，则这30 000元（25 000 + 5 000）的生产费用全部为完工产品成本。

(2) 如果产品本月全部未生产完工，则这30 000元（25 000 + 5 000）的生产费用全部为月末在产品成本。

(3) 如果产品本月既有完工产品，又有月末在产品，那么这30 000元（25 000 + 5 000）的生产费用就需要在完工产品400件和在产品200件之间进行分配。

实践训练【3-1】

华硕公司2016年4月30日进行了在产品盘点。盘点结果如下：A在产品账面数1 100件，实存数1 080件，单位成本为50元/件；B在产品账面数1 506件，实存数1 507件，单位成本为780元/件。经查，账实不符原因如下：短缺的A在产品中有12件是由于某工人违规操作而造成毁损，收回残料价值120元，5件是由于意外事故造成毁损，另外3件是车间管理不善而造成丢失；盘盈的B在产品是由于统计有误所致。

[要求] 根据资料编制会计分录。

任务二 产品成本在完工产品和在产品之间分配的方法

学习目标

【知识目标】
- □ 了解产品成本在完工产品和在产品之间分配方法的种类
- □ 重点掌握约当产量法的具体运用
- □ 掌握定额成本法和定额比例法的运用

【技能目标】
- □ 正确分析并选择生产成本在完工产品与在产品之间分配的适用方法

项目三 产品成本在完工产品和在产品之间分配的核算

□ 熟练运用约当产量法、定额成本法和定额比例法

 任务导入

2016年6月末，嘉欣机械厂产量情况：No.1车床完工2 210件，月末在产品80件，月初在产品成本为直接材料2 050元，燃料动力100元，直接人工350元，废品损失20元，制造费用380元，材料在生产开始时一次投入，在产品完工程度为80%。No.2车床无月初在产品，本月投产的880件全部完工。No.3车床无月初在产品，本月投产的350件全部完工。

[要求] 根据项目二中任务二至任务七经济业务的账务处理结果，及铸造车间、机加工车间No.1、No.2、No.3车床的基本生产成本明细账（表3-2至表3-4），采用约当产量比例法将生产费用在完工产品与在产品之间分配，编制No.1在产品的约当产量计算表3-5和产品成本计算单（表3-6至表3-8）。

表3-2   基本生产成本明细账
车间名称：铸造车间   产品名称：No.1   货币单位：元

2016年		凭证号数	摘要	借方发生额	成本项目				
月	日	（略）			材料费	人工费	制造费用	燃料动力	废品损失
6	1		上月结转	2 900	2 050	350	380	100	20
6			分配原材料	83 104	83 104				
6			分配工资及福利	16 416		16 416			
6			分配制造费用	13 137.60			13 137.60		
			不可修复废品	-648	-480	-84	-84		
			结转废品净损失	1 330.94					1 330.94
6			小计	116 240.54	84 674	16 682	13 433.60	100	1 350.94

表3-3   基本生产成本明细账
车间名称：铸造车间   产品名称：No.2   货币单位：元

2016年		凭证号数	摘要	借方发生额	成本项目				
月	日	（略）			材料费	人工费	制造费用	燃料动力	废品损失
6			分配原材料	54 096	54 096				
6			分配工资及福利	10 670.40		10 670.40			
6			分配制造费用	8 539.44			8 539.44		
6			小计	73 305.84	54 096	10 670.40	8 539.44		

表 3-4　　　　　　　　　　　　　基本生产成本明细账

车间名称：机加工车间　　　　　　产品名称：No.3　　　　　　　　　　　货币单位：元

2016年		凭证号数	摘　要	借方	成本项目				
月	日	（略）		发生额	材料费	人工费	制造费用	燃料动力	废品损失
6			分配原材料	29 400	29 400				
6			分配工资及福利	21 945		21 945			
6			分配制造费用	20 864.25			20 864.25		
6			不可修复废品	-410	-170	-120	-120		
6			结转废品净损失	1 656.25					1 656.25
6			小计	73 455.50	29 230	21 825	20 744.25		1 656.25

任务分析

因 No.1 车床 6 月末，有完工产品和在产品，要采用约当产量比例法将生产费用在完工产品与在产品之间分配。

理论知识准备

通过各项费用的归集和分配，生产过程中发生的各种生产费用已全部归集在"生产成本——基本生产成本"账户的各个产品成本计算对象中，将这些生产费用加上月初在产品费用，即为生产费用累计数。若本月既有完工产品又有月末在产品，则生产成本明细账中归集的生产费用就需要按照一定的方法在完工产品和月末在产品之间进行分配，以计算出完工产品成本。这是成本核算的最后一个步骤。企业应根据在产品数量的多少、各月月末在产品数量变化的大小、产品成本中各项费用比重的大小，以及定额管理基础的好坏等具体条件，选择合理的分配方法。常用的分配方法有：不计算在产品成本法、在产品按固定成本计算法、在产品按所耗原材料费用分配法、约当产量比例法、在产品按完工产品计算法、在产品按定额成本计算法、定额比例法等。

一、不计算在产品成本法

不计算在产品成本法，是指企业虽然月末有结存在产品，但月末在产品数量很少，价值很低，并且各月份在产品数量比较稳定，为简化产品成本计算工作，根据重要性原则，可以不计算月末在产品成本，当月归集的生产费用全部由完工产品负担，即每月发生的生产费用就是本月完工产品成本。这种方法适用于各月末在产品数量很少，不计算在产品的成本对完工产品成本影响很小，管理上不要求计算在产品成本的企业。

二、在产品按固定成本计算法

在产品按固定成本计算法，是指各月末在产品成本固定不变，都按一个固定成本数计算。在这种方法下，每期发生的生产费用就是完工产品的总成本。因而可以大大简化成本计算工作。但需要注意的是，采用这一方法，要控制好在产品固定成本数，避免在产品成本数长期固定不变，与实际情况产生较大偏差。通常情况下，每年年末，应该根据实际盘点的在产品，具体计算在产品成本，并将实际计算的在产品成本，作为下一年度各月在产品的固定成本数。这种方法适用于在产品数量较少，或者在产品数量虽然较大但在各月之间变化不大的企业。钢铁冶炼企业和化工企业，由于其生产装置的容积固定不变，其生产费用在完工产品和在产品之间分配就可以采用这种方法。

三、在产品按所耗原材料费用分配法

在产品按所耗原材料费用分配法，是指月末在产品只计算其所耗直接材料成本，不计算直接人工、制造费用等加工成本，本月发生的直接人工、制造费用等加工成本全部由完工产品负担的一种成本计算方法。将一定时期发生的全部生产费用，减去月末在产品的直接材料成本，即可计算出完工产品总成本。月末，应将本月总的材料费用按照一定的分配标准在完工产品和在产品之间进行分配，在产品分配得到的材料成本就是月末在产品的成本。即：

完工产品成本 = 月初在产品材料成本 + 本月发生的总成本 − 月末在产品材料成本

这种方法适用于各月末在产品数量较多、各月间在产品数量变化也较大、直接材料成本在生产成本总额中所占比重较大，且材料在生产开始时一次就全部投入生产的企业。

四、约当产量比例法

（一）约当产量比例法的含义

约当产量比例法，是指根据本月完工产品数量和在产品的约当产量的比例来分配各项生产费用，以确定本月完工产品成本和月末在产品成本的方法。**在产品的约当产量**，是指月末把在产品的实际数量按其完工程度折算为相当于完工产品的数量。约当产量一般用实物量表示，也可以用定额工时表示。采用这种方法，要分别分配完工产品和在产品的"直接材料费用"、"人工费用"和"制造费用"等。其计算公式如下：

$$某项费用分配率 = \frac{某项费用月初和本月投入的总额}{完工产品产量 + 月末在产品约当产量}$$

完工产品分配的该项费用 = 本月完工产品产量 × 某项费用分配率

在产品分配的该项费用 = 月末在产品约当产量 × 某项费用分配率

月末，把完工产品分配得到的各项费用相加，即为本月完工产品的总成本；把在产品分配得到的各项费用相加，即为月末在产品的总成本。

采用约当产量比例法分配生产费用，关键在于月末在产品约当产量的计算。其计算公式如下：

月末在产品约当产量 = 月末在产品实际产量 × 在产品完工程度（或投料程度）

这种方法适用于月末在产品数量较多、各月末在产品数量变化也较大，且产品成本结构中各成本项目的比重相差不大的企业。

（二）约当产量法下生产费用在完工产品和在产品之间的分配步骤

1. 计算在产品约当产量。月末，企业应根据产品入库单确定完工产品产量，根据在产品实地盘点结果或在产品收发结存账确定在产品实际产量，并根据完工程度（或投料程度），计算在产品约当产量。

月末在产品约当产量 = 月末在产品实际产量 × 在产品完工程度（或投料程度）

通常情况下，材料费用的分配按投料程度计算约当产量，人工费用和制造费用等的分配按完工程度计算约当产量。下面就各成本项目分别加以说明。

（1）用以分配"直接材料费用"的在产品约当产量计算。用于分配直接材料费用的在产品约当产量一般按投料程度计算。在生产过程中，材料投入方式通常有三种，即在生产开始时一次投入、在生产过程中陆续投入、在生产过程中分工序批量投入。由于投料方式不同，在产品的投料程度也不一样。

①如原材料在生产开始时一次投入，则在产品和完工产品所耗用的材料数量相同，因而在产品的投料程度为100%，无论在产品的完工程度如何，在分配材料费用时，直接按完工产品数量和在产品实际数量比例分配。

②如原材料在生产过程中陆续投入，则材料的投料程度与生产工时的投入进度基本一致，分配材料费用的投料程度相当于完工程度，可按完工程度计算在产品的约当产量。

③如原材料分工序投入，并在每道工序开始时一次投入，则月末在产品的投料程度要按每道工序分别计算，公式如下：

$$某工序投料程度 = \frac{在产品上道工序累计投入材料费用或数量 + 在产品在本工序投入材料费用或数量}{该产品投入材料费用总额或总数量} \times 100\%$$

上述公式中的材料费用或数量可以用实际数也可以用定额数。每道工序在产品的约当产量之和，就是分配材料费用所用的在产品约当产量。

（2）用以分配"直接材料费用"以外的其他成本项目在产品约当产量的计算。对于材料费用以外的其他成本项目，如人工费用和制造费用等，则按照完工程度计算在产品约当产量。因为这些费用的发生与完工程度紧密相联，它们随着工艺过程的进行而逐渐投入耗费，产品完工程度越高，该产品负担的这部分费用也越多。完工程度可按照各道工序分别计算，也可不分工序，确定一个平均完工程度。

①分工序计算在产品完工程度，是指根据截至某一工序为止在产品实耗工时（或定额工时）占产品总实耗工时（或定额工时）的百分比，来确定各工序在产品完工程度的一种方法。

$$\frac{某道工序在}{产品完工程度} = \frac{前面各道工序工时定额之和 + 本道工序工时定额 \times 50\%}{产品工时定额} \times 100\%$$

上述公式中，本道工序的工时定额之所以乘以50%，因为在计算各道工序在产品完工程度时，该工序内每件在产品的加工程度各不相同，平均来看，总体完工程度约为50%，故在公式中用50%进行计算，如果企业可推算出各工序的实际完工程度，就应按其实际完工程度计算确定。每道工序在产品的约当产量之和,就是分配除材料费用以外的成本项目所用的在产品约当产量(原材料在生产过程中陆续投入的除外)。

②**不分工序计算在产品完工程度**,是指企业对在产品确定一个平均完工程度(一般确定为50%)作为各工序在产品完工程度的一种方法。这种方法适用于各工序在产品数量和单位产品在各工序的加工量相差不多的情况,为了简化核算,可以对全部在产品完工程度都按50%计算。

2. 计算各项目费用分配率。企业每月归集的各项生产费用需要在完工产品和月末在产品之间进行分配,分配标准是本月完工产品数量与在产品约当产量之和。即:

$$某项费用分配率 = \frac{某项生产费用月初和本月投入的总额}{完工产品产量 + 月末在产品约当产量}$$

3. 计算本月完工产品成本和月末在产品成本。计算出各成本项目费用分配率之后,就可以计算完工产品成本和在产品成本。

完工产品分配的该项费用 = 本月完工产品产量 × 某项费用分配率

在产品分配的该项费用 = 月末在产品约当产量 × 某项费用分配率

月末,把完工产品分配得到的各项费用(如直接材料、直接人工和制造费用等)相加,即为本月完工产品的总成本;把在产品分配得到的各项费用(如直接材料、直接人工和制造费用等)相加,即为月末在产品的总成本。

五、在产品按完工产品计算法

在产品按完工产品成本计算法,亦称为在产品视同完工产品分配费用的方法,是指将在产品视同已经完工的产品,按照月末在产品数量与本月完工产品数量的比例来分配各项生产费用,以确定月末在产品成本和本月完工产品成本的方法。这种方法适用于月末在产品已经接近完工,只是尚未包装或尚未验收入库的产品。因为这种情况下的在产品成本已经接近完工产品成本,为了简化产品成本计算工作,在产品可以视同完工产品,按两者的数量比例分配直接材料费用和直接人工费用、制造费用等各项加工费用。

六、在产品按定额成本计算法

在产品按定额成本计算法,是指将月末在产品成本按事先确定的单位产品定额成本计算,即月末在产品数量乘以单位定额成本得出月末在产品成本,实际的生产费用与定额费用之间的差异,全部由本月完工产品成本负担,计入当月完工产品成本。其计算公式如下:

某产品月末在产品成本 = 月末在产品数量 × 在产品单位定额成本

某产品完工产品总成本 = 该产品本月生产费用合计 − 该产品月末在产品成本

采用在产品按定额成本法计算在产品成本时,要分别按照直接材料、直接人工和制造费用等各成本项目逐一计算,各项目定额成本合计为在产品定额成本,再将实际生产费用合计减去在产品的定额成本,就可计算出完工产品成本。

这种方法简化了生产费用在完工产品和月末在产品之间的分配。但由于它将实际的生产费用与定额费用之间的差异,全部计入本月完工产品成本,因此这种方法只适用于企业各项消耗定额和费用定额比较准确、稳定，定额管理基础工作较好，定额资料比较健全，并且各月月末在产品数量比较稳定的产品。若企业各项费用定额的制定接近实际，则该方法既简单又合理；但若反之，则该方法计算出来的产品成本的准确性就差，因此，企业在费用定额发生变化的情况下，应及时修订定额资料。

七、定额比例法

定额比例法，是指产品的生产费用按照完工产品和月末在产品的定额消耗量、定额费用或定额工时的比例分配计算完工产品成本和月末在产品成本的方法。不论按哪种定额为标准进行分配，都必须分别按各成本项目进行。其中，原材料费用按照原材料定额消耗量或原材料定额费用分配；直接人工、制造费用等各项目可按各自的定额费用或定额工时的比例分配。

这种分配方法主要适用于企业定额管理基础较好、各项消耗定额或费用定额制定比较准确、稳定，定额资料比较完整，但各月末在产品数量变动较大的产品。

定额比例法与在产品按定额成本计价的区别在于，在产品按定额成本计价，因各月月末在产品数量比较稳定，其实际成本与定额成本的差异不大，则差异全部由完工产品成本负担，对完工产品成本核算的准确性影响不大。而采用定额比例法分配的情况下，因各月月末在产品数量变动较大，产品实际成本脱离定额成本的差异也较大，则差异需要按完工产品和月末在产品的定额消耗量或定额成本的比例分摊。按定额比例法划分完工产品与在产品的总成本，它可以减少由于月初、月末在产品数量波动对完工产品成本准确性的影响。定额比例法的基本公式如下：

$$\text{某项费用分配率} = \frac{\text{月初在产品某项费用} + \text{当月投入某项费用}}{\text{本月完工产品定额耗用量或定额费用} + \text{月末在产品定额耗用量或定额费用}}$$

分配额公式：

$$\text{完工产品某项目实际成本} = \text{该项目费用分配率} \times \text{本月完工产品该项目定额消耗量或定额费用}$$

$$\text{月末在产品某项实际成本} = \text{该项目费用分配率} \times \text{月末在产品该项目定额消耗量或定额费用}$$

任务实施

表 3-5　　　　　　　　　　No.1 在产品约当产量计算表　　　　　　　　　　单位：件

成本项目	在产品数量	投料程度（完工程度）	约当产量
直接材料	80	100%	80
燃料动力	80	80%	64
直接人工	80	80%	64
制造费用	80	80%	64
废品损失	80	80%	64

直接材料约当产量按投料程度计算,其他各项目约当产量按完工程度计算。

直接材料约当产量 = 80 × 100% = 80(件)

其他各项目约当产量 = 80 × 80% = 64(件)

表 3-6　　　　　　　　　　　　　产品成本计算单

产品名称：No.1　　　　　　　　2016 年 6 月　　　　　　　　　　　货币单位：元

成本项目	生产费用			约当产量		分配率	完工产品成本	在产品成本
	月初	本月	合计	完工产品	在产品			
直接材料	2 050	82 624	84 674	2 210	80	36.98	81 725.80	2 948.20
燃料动力	100		100	2 210	64	0.044	97.24	2.76
直接人工	350	16 332	16 682	2 210	64	7.34	16221.40	460.60
制造费用	380	13 053.60	13 433.60	2 210	64	5.91	13 061.10	372.50
废品损失	20	1 330.94	1 350.94				1 350.94	
合计	2 900	113 340.54	116 240.54				112 456.48	3 784.06

注：小数点后保留两位小数,在产品成本通过倒轧得出。

直接材料分配率 = 84 674 ÷ (2 210 + 80) = 36.98(元/件)

燃料动力分配率 = 100 ÷ (2 210 + 64) = 0.044(元/件)

直接人工分配率 = 16 682 ÷ (2 210 + 64) = 7.34(元/件)

制造费用分配率 = 13 433.6 ÷ (2 210 + 64) = 5.91(元/件)

表 3-7　　　　　　　　　　　　　产品成本计算单

产品名称：No.2　　　　　　　完工产品数量：880 件　　　　　　　　单位：元

摘　要	直接材料	直接人工	制造费用	废品损失	合　计
月初在产品成本	—	—	—	—	—
本月发生生产费用	54 096	10 670.40	8 539.44		73 305.84
生产费用合计	54 096	10 670.40	8 539.44		73 305.84
完工产品总成本	54 096	10 670.40	8 539.44		73 305.84
月末在产品成本	—	—	—	—	—
完工产品单位成本	61.47	12.13	9.70	—	83.30

注：完工产品单位成本小数点后保留两位小数。

表 3-8　　　　　　　　　　　产品成本计算单

产品名称：No.3　　　　　　完工产品数量：350 件　　　　　　　　　　单位：元

摘　要	直接材料	直接人工	制造费用	废品损失	合　计
月初在产品成本	—	—	—	—	—
本月发生生产费用	29 400	21 945	20 864.25	—	
废品损失	-170	-120	-120	—	
结转废品净损失	—	—	—	1 656.25	
生产费用合计	29 230	21 825	20 744.25	1 656.25	73 455.50
完工产品总成本	29 230	21 825	20 744.25	1 656.25	73 455.50
月末在产品成本					
完工产品单位成本	83.51	62.36	59.27	4.74	209.88

注：小数点后保留两位小数。

典型任务示例【3-2】

[资料] 某企业生产甲产品，月初在产品成本为 2 400 元，其中：直接材料费用 1 200 元，直接人工费用 560 元，制造费用 640 元；本月发生各项生产费用合计 53 400 元，其中：直接材料费用 36 800 元，直接人工费用 9 560 元，制造费用 7 040 元。本月完工产品 400 件，在产品 50 件。企业采用在产品按固定成本计算法计算产品成本，计算结果如表 3-9 所示。

表 3-9　　　　　　　　　　　产品成本计算单

产品名称：甲产品　　　　　　2016 年 6 月　　　　　　　　　　　　　单位：元

项　目	直接材料	直接人工	制造费用	合　计
月初在产品成本	1 200	560	640	2 400
本月发生生产费用	36 800	9 560	7 040	53 400
合　计	38 000	10 120	7 680	55 800
完工产品成本	36 800	9 560	7 040	53 400
月末在产品成本	1 200	560	640	2 400
完工产品单位成本	92	23.90	17.60	133.50

典型任务示例【3-3】

[资料] 某企业只生产一种甲产品，所耗原材料在生产开始时一次投入。产品成本中

原材料费用占比重较大，企业采用在产品按所耗原材料费用分配法计算在产品成本。8月初在产品成本为12 600元。8月份发生生产费用如下：原材料157 000元，直接人工13 000元，制造费20 200元。本月完工产品600件，月末在产品200件。

[要求] 分配计算该产品8月份完工产品成本和在产品成本。

材料费用按完工产品和在产品的数量标准进行分配：

材料费用分配率 =（12 600 + 157 000）÷（600 + 200）= 212（元/件）

月末在产品成本 = 212 × 200 = 42 400（元）

完工产品成本 = 12 600 + 157 000 + 13 000 + 20 200 − 42 400 = 160 400（元）

 典型任务示例【3-4】

[资料1] 某企业生产B产品，需经过两道生产工序，单位产品原材料消耗定额为200元，其中第一道工序定额为120元，第二道工序定额为80元，原材料于每道工序生产开始时一次投入。单位产品工时定额为25小时，其中第一道工序为15小时，第二道工序为10小时，人工费用和制造费用在生产过程中均衡发生。经盘点测定，第一道工序有在产品100件，第二道工序有在产品80件，本工序的完工程度均为50%。

[要求] 计算在产品原材料按投料程度计算的约当产量、人工费用和制造费用按工时定额计算的约当产量。

(1) 直接材料项目月末在产品约当产量：

各工序月末在产品的投料程度：

第一道工序投料程度 = [120 ÷（120 + 80）] × 100% = 60%

第二道工序投料程度 = [（120 + 80）÷（120 + 80）] × 100% = 100%

第一道工序月末在产品约当产量 = 100 × 60% = 60（件）

第二道工序月末在产品约当产量 = 80 × 100% = 80（件）

月末在产品约当产量 = 60 + 80 = 140（件）

(2) 人工费用和制造费用项目月末在产品约当产量：

各工序月末在产品的完工程度：

第一道工序完工程度 = [15 × 50% ÷（15 + 10）] × 100% = 30%

第二道工序完工程度 = [（15 + 10 × 50%）÷（15 + 10）] × 100% = 80%

第一道工序月末在产品约当产量 = 100 × 30% = 30（件）

第二道工序月末在产品约当产量 = 80 × 80% = 64（件）

月末在产品约当产量 = 30 + 64 = 94（件）

[资料2] 某企业生产A产品要经过二道工序加工完成，本月份完工产品产量为800件，月末在产品500件，其中第一道工序200件，第二道工序300件，第一道工序工时定额为60小时，第二道工序工时定额为40小时，原材料在生产开始时一次投入。本月累计直接材料费用为81 900元，直接人工费用为24 000元，制造费用为48 000元。

[要求] 采用约当产量比例法分配各生产费用，计算完工产品成本和月末在产品成本，编制完工产品入库的会计分录。

具体计算程序如下:

(1) 直接材料费用的分配。因为原材料在生产开始时一次投入,故投料程度为100%,在产品的约当产量就是在产品的实际数量。

直接材料分配率 = 81 900 ÷ (800 + 500) = 63 (元/件)
完工产品应分配的材料费用 = 800 × 63 = 50 400 (元)
月末在产品应分配的材料费用 = 500 × 63 = 31 500 (元)

(2) 人工费用和制造费用的分配。由于各道工序单位在产品的工时定额不同,要先计算每道工序在产品的完工程度,进而求出在产品的约当产量,才能分配 A 产品的完工产品和在产品的直接人工和制造费用。

第一道工序在产品完工程度 = 60 × 50% ÷ (60 + 40) × 100% = 30%
第一道工序在产品约当产量 = 200 × 30% = 60 (件)
第二道工序在产品完工程度 = (60 + 40 × 50%) ÷ (60 + 40) × 100% = 80%
第二道工序在产品约当产量 = 300 × 80% = 240 (件)
在产品的约当产量 = 60 + 240 = 300 (件)

因此,

直接人工分配率 = 24 000 ÷ (800 + 300) = 21.82 (元/件)
完工产品应分配的直接人工费用 = 800 × 21.82 = 17 456 (元)
在产品应分配的直接人工费用 = 24 000 - 17 456 = 6 544 (元)
制造费用分配率 = 48 000 ÷ (800 + 300) = 43.64 (元/件)
完工产品应分配的制造费用 = 800 × 43.64 = 34 912 (元)
在产品应分配的制造费用 = 48 000 - 34 912 = 13 088 (元)

根据上述计算归集 A 产品完工产品成本和月末在产品成本分别为:
A 产品完工产品成本 = 50 400 + 17 456 + 34 912 = 102 768 (元)
A 产品月末在产品成本 = 31 500 + 6 544 + 13 088 = 51 132 (元)

据此编制完工产品入库的会计分录为:

借:库存商品(或产成品)——A 产品　　　　　　　　　　　102 768
　　贷:生产成本——基本生产成本——A 产品　　　　　　　102 768

典型任务示例【3-5】

[资料] 某企业生产甲产品,本月月末在产品600件,原材料于生产开始时一次性投入,在产品原材料单位定额为18元,在产品定额工时为2 400个小时,人工费用单位工时定额为1.2元,制造费用单位工时定额为0.8元。本月归集的生产费用合计数为:直接材料54 760元(其中,月初12 000元,本月发生42 760元),直接人工72 800元(其中,月初10 800元,本月发生62 000元),制造费用57 600元(其中,月初10 600元,本月发生47 000元)。

[要求] 用在产品定额成本法计算在产品成本和完工产品成本。

月末在产品成本(定额成本):

直接材料定额成本 = 600 × 18 = 10 800（元）
直接人工定额成本 = 2 400 × 1.2 = 2 880（元）
制造费用定额成本 = 2 400 × 0.8 = 1 920（元）
月末在产品成本 = 10 800 + 2 880 + 1 920 = 15 600（元）
则本月完工产品成本：
直接材料成本 = 54 760 - 10 800 = 43 960（元）
直接人工成本 = 72 800 - 2 880 = 69 920（元）
制造费用成本 = 57 600 - 1 920 = 55 680（元）
完工产品总成本 = 43 960 + 69 920 + 55 680 = 169 560（元）

典型任务示例【3-6】

[资料] 某企业生产甲产品，本月月末在产品600件，原材料于生产开始时一次性投入，在产品原材料单位定额为18元，在产品定额工时为2 400个小时，人工费用单位工时定额为1.2元，制造费用单位工时定额为0.8元。本月归集的生产费用合计数为：直接材料54 684元，直接人工72 800元，制造费用36 400元。本月完工甲产品800件，完工产品定额工时为6 700小时。

[要求] 用定额比例法计算在产品成本和完工产品成本。

直接材料费用分配率 = 54 684 ÷（600 × 18 + 800 × 18）= 2.17
月末在产品直接材料费用 = 2.17 × 600 × 18 = 23 436（元）
本月完工产品直接材料费用 = 2.17 × 800 × 18 = 31 248（元）
或
本月完工产品直接材料费用 = 54 684 - 23 436 = 31 248（元）
直接人工费用分配率 = 72 800 ÷（2 400 + 6 700）= 8（元/小时）
月末在产品人工费用 = 8 × 2 400 = 19 200（元）
本月完工产品人工费用 = 8 × 6 700 = 53 600（元）
或
本月完工产品直接人工费用 = 72 800 - 19 200 = 53 600（元）
制造费用分配率 = 36 400 ÷（2 400 + 6 700）= 4（元/小时）
月末在产品制造费用 = 4 × 2 400 = 9 600（元）
本月完工产品制造费用 = 4 × 6 700 = 26 800（元）
或
本月完工产品制造费用 = 36 400 - 9 600 = 26 800（元）
则月末在产品成本 = 23 436 + 19 200 + 9 600 = 52 236（元）
本月完工产品成本 = 31 248 + 53 600 + 26 800 = 111 648（元）

实践训练【3-2】

[资料] 某企业 2016 年 10 月份生产甲产品，本月月末完工产品 800 件，月末有在产品 200 件，其中第一、二、三道工序分别是 100 件、40 件和 60 件，甲产品所耗原材料在生产开始时一次性投入，甲产品的工时定额为 50 小时，其中第一、二、三道工序分别是 10 小时、30 小时和 10 小时，甲产品月初成本和本月生产费用合计为 113 360 元，其中原材料费用为 78 000 元，直接人工费用 22 100 元，制造费用 13 260 元。该企业使用约当产量法计算完工产品和在产品成本。

[要求] 先计算甲产品各个工序在产品的完工程度和在产品的约当产量，后计算甲完工产品成本和月末在产品成本。

 实践训练【3-3】

[资料] A 企业丙产品 6 月初在产品成本和本月发生的生产费用累计数为：原材料费用 9 800 元、燃料及动力费 5 600 元、工资及福利费 11 000 元、制造费用 6 800 元，合计 33 200 元。6 月末在产品 100 件，每件在产品原材料费用定额为 80 元，全部在产品定额工时为 600 小时，每小时各项费用的计划分配率为：燃料及动力费 3.20 元，工资及福利费 2.80 元，制造费用为 4.70 元。

[要求] 按在产品定额成本法计算月末在产品成本和完工产品总成本。

 实践训练【3-4】

[资料] 假设 W 企业生产 B 产品，2016 年 6 月末，完工产品产量 1 000 件，有关成本资料见表 3-10。

表 3-10　　　　　　　　　　B 产品定额及成本资料

产品名称：B 产品　　　　　　　　　2016 年 6 月　　　　　　　　　　单位：元

项目	直接材料			工时		直接人工	制造费用	合计
	定额消耗量（千克）	实际消耗量（千克）	金额	定额工时（小时）	实际工时（小时）			
月初在产品	8 200	2 400	4 620	4 000	6 500	2 580	1 460	8 660
本月发生	26 800	25 600	62 580	16 000	18 500	24 920	22 290	109 790
合计	35 000	28 000	67 200	20 000	25 000	27 500	23 750	118 450
材料单价、小时工资、费用率			2.4			1.1	0.95	

续表

项 目	直接材料			工时		直接人工	制造费用	合计
	定额消耗量（千克）	实际消耗量（千克）	金额	定额工时（小时）	实际工时（小时）			
完工产品	30 000			18 000				
月末在产品	5 000			2 000				

[要求] 用定额比例法计算在产品成本和完工产品成本，并编制B产品"成本计算单"，见表3-11。

表3-11 产品成本计算单
产品名称：B产品　产量：1 000件　　　2016年6月　　　　　　　　　　单位：元

项 目	直接材料			工时		直接人工	制造费用	合计
	定额消耗量（千克）	实际消耗量（千克）	金额	定额工时（小时）	实际工时（小时）			
月初在产品	8 200	2 400	4 620	4 000	6 500	2 580	1 460	8 660
本月发生	26 800	25 600	62 580	16 000	18 500	24 920	22 290	109 790
合计	35 000	28 000	67 200	20 000	25 000	27 500	23 750	118 450
定额比例	—		—					—
完工产品	30 000			18 000				
月末在产品	5 000			2 000				
完工产品单位成本	—							

任务三　完工产品成本的结转

学习目标

【知识目标】
　　□ 掌握完工产品成本结转的账务处理
【技能目标】
　　□ 熟练掌握完工产品成本结转的账务处理

任务导入

根据产品成本计算单（表 3-6、表 3-7 和表 3-8），编制嘉欣机械厂 2016 年 6 月产成品入库单（表 3-13），并编制完工产品入库的记账凭证，登记有关成本费用明细账（表 3-14、表 3-15、表 3-16）。

 任务分析

通过项目二、项目三中任务一和任务二的完成，嘉欣机械厂 2016 年 6 月完工的 No.1、No.2 和 No.3 车床的生产成本已计算出并编制了相应的产品成本计算单，完工产品成本需要从"生产成本——基本生产成本"账户中转出，转入"库存商品"账户。

 理论知识准备

通过前三项任务的完成，企业生产产品所发生的各项生产费用，在各种产品之间进行分配之后，又通过以上各种方法，在同种产品的完工产品和月末在产品之间进行了分配，从而计算出了本月完工产品成本与在产品成本。

本月完工产品的成本应从"生产成本——基本生产成本"账户中转出，计入"库存商品"账户，并在生产成本明细账中结转本月完工产品的成本。企业对本月完工产品结转应编制如下会计分录，并登记相关产品明细账簿。

借：库存商品——×产品
　　贷：生产成本——基本生产成本——×产品

表 3-12　　　　　　　　　　生产成本明细账
产品：×产品　　　　　　　　××年×月×日　　　　　　　　　　　　单位：元

日期	摘要	直接材料	直接人工	制造费用	合　计
	月初在产品成本				
	本月发生生产费用				
	生产费用合计				
	结转本月完工产品成本				
	月末在产品成本				

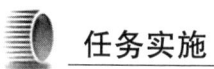任务实施

表3-13　　　　　　　　　嘉欣机械厂产成品入库单　　　　　　　　编号：
供货部门：　　　　　　　　　2016年6月30日　　　　　　　　　　　单位：元

产品名称	完工数量	直接材料	燃料动力	直接人工	制造费用	废品损失	总成本	单位成本
No.1	2 210	81 725.80	97.24	16 221.40	13 061.10	1 350.94	112 456.48	50.89
No.2	880	54 096		10 670.40	8 539.44		73 305.84	83.30
No.3	350	29 230		21 825	20 744.25	1 656.25	73 455.50	209.87
合计	—	165 051.80	97.24	48 716.80	42 344.79	3 007.19	259 217.82	344.06

注：小数点后保留两位小数。

结转完工产品成本会计分录为：
　　借：库存商品——No.1　　　　　　　　　　　　　112 456.48
　　　　库存商品——No.2　　　　　　　　　　　　　 73 305.84
　　　　库存商品——No.3　　　　　　　　　　　　　 73 455.50
　　　　贷：生产成本——基本生产成本——No.1　　　 112 456.48
　　　　　　生产成本——基本生产成本——No.2　　　 73 305.84
　　　　　　生产成本——基本生产成本——No.3　　　 73 455.50

登记生产成本明细账：

表3-14　　　　　　　　　　　基本生产成本明细账
车间名称：铸造车间　　　　　产品名称：No.1　　　　　　　　　　　单位：元

2016年		凭证号数（略）	摘要	借方发生额	成本项目				
月	日				材料费	人工费	制造费用	燃料动力	废品损失
6	1		上月结转	2 900	2 050	350	380	100	20
6			分配原材料	83 104	83 104				
6			分配工资及福利	16 416		16 416			
6			分配制造费用	13 137.60			13 137.60		
6			不可修复废品	-648	-480	-84	-84		
6			结转废品净损失	1 330.94					1 330.94
6			小计	116 240.54	84 674	16 682	13 433.60	100	1 350.94

续表

2016年		凭证号数 (略)	摘要	借方发生额	成本项目				
月	日				材料费	人工费	制造费用	燃料动力	废品损失
6	30		结转完工产品成本	-112 456.48	-81 725.80	-16 221.40	-13 061.10	-97.24	-1 350.94
6	30		本月合计	3 784.06	2 948.20	460.60	372.50	2.76	0

表3-15　　　　　　　　　　　　基本生产成本明细账

车间名称：铸造车间　　　　　　产品名称：No.2　　　　　　　　　单位：元

2016年		凭证号数 (略)	摘要	借方发生额	成本项目				
月	日				材料费	人工费	制造费用	燃料动力	废品损失
6			分配原材料	54 096	54 096				
6			分配工资及福利	10 670.40		10 670.40			
6			分配制造费用	8 539.44			8 539.44		
6			小计	73 305.84	54 096	10 670.40	8 539.44		
6	30		结转完工产品成本	-73 305.84	-54 096	-10 670.40	-8 539.44		
6	30		本月合计	0	0	0	0		

表3-16　　　　　　　　　　　　基本生产成本明细账

车间名称：机加工车间　　　　　产品名称：No.3　　　　　　　　　单位：元

2016年		凭证号数 (略)	摘要	借方发生额	成本项目				
月	日				材料费	人工费	制造费用	燃料动力	废品损失
6			分配原材料	29 400	29 400				
6			分配工资及福利	21 945		21 945			
6			分配制造费用	20 864.25			20 864.25		
6			不可修复废品	-410	-170	-120	-120		
6			结转废品净损失	1 656.25					1 656.25
6			小计	73 455.50	29 230	21 825	20 744.25		1 656.25
6	30		结转完工产品成本	-73 455.50	-29 230	-21 825	-20 744.25		-1 656.25
6	30		本月合计	0	0	0	0	—	0

典型任务示例【3-7】

[资料] 某企业生产 A 产品和 B 产品，根据成本明细账，汇总编制产成品成本汇总表，见表 3-17。

[要求] 编制结转已完工入库产品成本的会计分录。

表 3-17　　　　　　　　　　　产品成本汇总表

2016 年 8 月　　　　　　　　　　　　　　　　　　　单位：元

产品名称	原材料	燃料及动力	工资及福利费	制造费用	废品损失	合计
A 产品	8 910	21 880	11 334	16 026	2 420	60 570
B 产品	3 312	10 124	6 268	8 412	—	28 116
合计	12 222	32 004	17 602	24 438	2 420	88 686

借：库存商品——A 产品　　　　　　　　　　　　　　　60 570
　　　　　　——B 产品　　　　　　　　　　　　　　　28 116
　贷：生产成本——基本生产成本——A 产品　　　　　　60 570
　　　　　　　　　　　　　　——B 产品　　　　　　28 116

实践训练【3-5】

[资料] 嘉美公司 2016 年 6 月，丙产品的生产成本明细账见表 3-18。

[要求] 对本月完工的丙产品进行账务处理。

表 3-18　　　　　　　　　　　生产成本明细账

产品：丙产品　　　　　2016 年 6 月　　　　　　　　　单位：元

日期	摘　要	直接材料	直接人工	制造费用	合　计
	月初在产品成本	16 000	10 000	10 800	36 800
	本月发生生产费用	42 650	62 000	46 000	150 650
	生产费用合计	58 650	72 000	56 800	187 450
	结转本月完工产品成本	-43 886	-60 000	-46 000	-149 886
	月末在产品成本	14 764	12 000	10 800	37 564

项目四

产品成本计算的基本方法

任务一 产品成本计算的基本认知

学习目标

【知识目标】
- 了解影响成本计算对象的因素
- 掌握工业企业的生产类型及其对成本计算方法的影响
- 掌握工业企业成本计算的基本方法

【技能目标】
- 正确划分不同的工业企业类型
- 掌握不同成本计算方法的特点

 任务导入

嘉欣机械厂是一个以生产通用车床为主的制造企业,该厂设有铸造车间、机加工车间两个基本生产车间,该机械厂生产 No.1、No.2 和 No.3 三种型号车床,其中铸造车间生产 No.1、No.2 两种车床,机加工车间生产 No.3 车床。

工艺流程:铸造车间以 A、B、C 三种材料为原材料,生产 No.1、No.2 两种车床,其中生产 No.1 车床用 A 材料,生产 No.2 车床用 B 材料,生产 No.1、No.2 两种车床共同耗用 C 材料,生产完工车床经检验合格后入成品库。机加工车间以 D、E 两种材料生产 No.3 车床,生产完工车床经检验合格后入成品库。

[要求] 根据嘉欣机械厂的生产特点,分析其可以采用哪一种或哪几种产品成本计算方法。

项目四 产品成本计算的基本方法

任务分析

产品成本计算对象共三种,即产品品种、产品批别、生产步骤;产品成本计算的基本方法也有三种,即品种法、分批法和分步法。对于嘉欣机械厂采用哪种成本计算对象和成本计算方法,要根据该厂生产产品的工艺流程考虑。

理论知识准备

一、生产类型和管理特点对产品成本计算的影响

为了确定产品成本的计算方法,我们必须了解企业的生产类型,以便理解生产特点和管理要求对产品成本计算的影响,分析生产特点对产品成本计算的影响主要体现在成本计算对象的确定上。成本计算对象的确定,是设置产品成本明细账,归集生产费用,计算产品成本的前提,也是划分各种成本计算方法的主要标志。

(一) 工业企业的主要生产类型

1. 按生产的工艺过程特点分类。**产品生产的工艺过程**是指产品从投料到完工的整个加工制造过程。根据生产工艺过程是否能够间断,企业的生产类型可划分为单步骤生产和多步骤生产。

(1) **单步骤生产**,是指生产过程在工艺上不可间断的生产,如发电、采掘。它的**特点**是:生产周期一般比较短,同时由于技术上的不可间断(如发电),或由于工作地点上的限制(如采煤),通常只能由一个企业或车间进行,而不能由多个企业或车间协作进行。

(2) **多步骤生产**,是指生产过程可以由若干个可以间断的加工步骤组成的生产,如纺织、钢铁、机械、服装等。它的**特点**是:生产周期一般比较长,由于生产过程可以间断,生产步骤可以分散在不同的地点和时间,所以,可以由多个企业或车间共同完成。

多步骤生产可以分为连续式多步骤生产和装配式多步骤生产。前者是指原材料投入后要经过若干个步骤的连续加工才能制成产成品的生产,如纺织、钢铁等;后者是指原材料投入后需要先分别加工制成各种零部件,再将零部件组装成产成品的生产,如手表、汽车等。

2. 按生产的组织方式分类。**生产的组织方式**是指企业产品生产的专业化程度,即企业在一定时期内生产产品的种类数、同种产品的生产数量、生产的重复程度。按组织方式分类,企业的生产类型可以划分为大量生产、成批生产、单件生产。

(1) 大量生产。是指不断重复同一种产品的生产,其特点是产品的品种少、产量大,如纺织、面粉等的生产。

(2) 成批生产。是指按规定的产品批别(规格)和数量进行的生产,其特点是产品的品种较多、产量较大,如食品、服装等的生产。成批生产按每批生产数量的多少可以分为大批生产和小批生产。大批生产类似于大量生产,一次生产的产品数量较多。小批生产

类似于单件生产,一次生产的产品数量较少。

(3) 单件生产。是指根据订货单位的要求,生产个别的、性质特殊的产品的生产,其特点是产品的品种多,在较长时期内一般不重复生产相同品种的产品,如船舶、飞机等的生产。

(二) 生产类型及成本管理要求对成本计算方法的影响

1. 生产类型对产品成本计算方法的影响。

(1) 对成本计算对象的影响。计算产品成本,首先要确定成本计算对象,生产特点和管理要求对产品成本计算的影响主要表现在成本计算对象的确定上。在大批大量单步骤的生产中,由于不间断地重复生产同类产品,因而只能以产品的品种作为成本计算对象来归集生产费用;在大批大量多步骤生产中,由于各个步骤相对独立地生产半成品,生产费用完全可以按产品的生产步骤归集,因而就可以按各个加工步骤的产品作为成本计算对象;对于单件或小批量生产,由于生产一般不是重复进行的,各批产品的生产周期也不同,其产品成本一般要等到某件或某批产品完工以后才能计算,因而就决定了可以按产品的订单或批别作为成本计算对象。

(2) 对成本计算期的影响。产品成本计算既包括完工产品成本的计算,也包括在产品成本的计算,一般情况下都是定期于每月月末进行的。一般来说,大量、大批生产中,生产过程不能间断,成本计算定期于每月月末进行,与生产周期不一致;单件、小批生产中,产品成本只能在某批、某件产品完工后计算,所以成本计算不定期,与生产周期一致。

(3) 对完工产品与在产品之间费用分配的影响。在单步骤生产中,生产过程不能间断,生产周期也短,一般没有在产品,或者在产品数量很少,因而计算产品成本时,生产费用不必在完工产品与在产品之间进行分配;在大量大批生产中,由于生产连续不断地进行,而且经常存在在产品,因而在计算成本时,就需要采用适当的方法,将生产费用在完工产品与在产品之间进行分配;在小批、单件生产中,由于成本计算期与产品生产周期一致,当某件或某批产品完工时,所归集的生产费用全部为完工产品成本,所以一般不需要将生产费用在完工产品与在产品之间进行分配。

2. 管理要求对产品成本计算方法的影响。一个企业究竟采用什么方法计算产品成本,还受到企业内部管理要求的影响。例如,单步骤生产或管理上不要求分步骤计算成本的多步骤生产,以品种或批别为成本计算对象,采用品种法或分批法;管理上要求分步骤计算成本的多步骤生产,以生产步骤为成本计算对象,采用分步法;在产品品种、规格繁多的企业,管理上要求尽快提供成本资料,简化成本计算工作,可采用分类法计算产品成本;在定额管理基础较好的企业,为加强定额管理,可采用定额法。

二、产品成本计算的主要方法

(一) 产品成本计算的基本方法

在构成产品成本计算方法的各种要素中,成本计算对象是决定性要素,是区分不同成本计算方法的主要标志。产品成本计算对象共三种,即产品品种、产品批别、生产步骤。产品成本计算的基本方法也有三种,即品种法、分批法和分步法。

1. 品种法。品种法是以产品品种作为成本计算对象的一种成本计算方法,一般适用于大量、大批的单步骤生产或管理上不要求分步骤计算成本的多步骤生产,例如采掘、水泥厂等。

2. 分批法。分批法是以产品批别作为成本计算对象的一种成本计算方法,一般适用于单件、小批的单步骤生产或管理上不要求按步骤计算成本的多步骤生产,例如专用工具模具制造、船舶制造等。

3. 分步法。分步法是以产品的生产步骤作为成本计算对象的一种成本计算方法,一般适用于大量、大批且管理上要求分步骤计算成本的多步骤生产,例如机械制造、纺织等。

以上三种方法的基本特点可以列示如表 4-1 所示,具体的内容将在本项目任务二至任务三中阐述。

表 4-1　　　　　　　　　　产品成本计算基本方法的特点

成本计算方法	成本计算对象	成本计算期	期末在产品成本的计算	适用范围	
				生产特点	成本管理要求
品种法	产品品种	按月计算,与会计报告期一致	单步骤生产下一般不需计算,多步骤生产下一般需计算	大量大批单步骤或多步骤生产	管理上不要求分步计算产品成本
分批法	产品批别	不定期计算,与生产周期一致	一般不需要计算	单件小批单步骤或多步骤生产	管理上不要求分步计算成本
分步法	生产步骤	按月计算,与会计报告期一致	需要计算	大量大批多步骤生产	管理上要求分步计算成本

(二) 产品成本计算的辅助方法

在实际工作中,由于产品生产情况复杂多样,企业管理条件差异不一,为了简化成本计算工作或较好地利用管理条件,还需要采用一些其他的辅助方法来计算产品的成本,最为常见的是分类法和定额法。

1. 分类法。在产品品种规格繁多,成本核算工作量繁重的企业,为了简化成本计算方法,通常采用分类法。其特点是先以产品类别作为成本计算对象来归集生产费用,计算各类产品的成本,再按照一定的分配标准,将生产费用在同类别各种产品之间进行分配,进而计算出各种产品的成本。其主要适用于产品品种规格多,但每类产品的结构、所用原材料、生产工艺过程大致相同的企业。

2. 定额法。在定额管理基础较好的企业,为了加强定额管理和成本控制,通常采用定额法。其特点是以产品的定额成本为基础,加上或减去脱离定额差异以及定额变动差异来计算产品的实际成本。其主要适用于管理制度比较健全、定额管理基础工作较好、产品生产消耗定额合理且稳定的企业。

除了分类法和定额法,在实际成本计算中,有些企业还会用到目标成本法和作业成本法等辅助方法，这里先不做阐述，后面任务中再详细介绍。

 任务实施

嘉欣机械厂生产工艺流程：铸造车间以 A、B、C 三种材料为原材料，生产 No.1、No.2 两种车床，生产完工车床经检验合格后不转入下一车间进行再加工，而是直接入成品库。机加工车间以 D、E 两种材料生产 No.3 车床，生产完工车床经检验合格后也不转入下一车间再加工，直接入成品库。因而该厂在生产上没有分批次生产，生产工艺属于单步骤加工，在确定成本计算对象和成本计算方法上，宜以产品品种作为成本计算对象，以品种法作为成本计算方法。

 典型任务示例【4-1】

[资料] 霞飞服装厂是新办企业，主要生产金鸟西服和双鸭羽绒服。根据市场调研，企业的金鸟西服将有很大市场，决定大量生产；双鸭羽绒服季节性比较强，实行批量生产；另外，利用双鸭羽绒服生产线的剩余生产能力可接受羽绒被等产品的订单生产。请问：根据企业生产特点，可以采用哪一种或哪几种产品成本计算方法？说明理由。

[解析] 金鸟西服的生产类型属于大量单步骤生产，双鸭羽绒服的生产类型属于大批单步骤生产，因而应采用品种法来计算金鸟西服和双鸭羽绒服的成本；而羽绒被的生产类型属于小批订单式生产，因而应采用分批法来计算羽绒被的成本。

 实践训练【4-1】

一、单项选择题

1. 工业企业按其生产工艺过程的特点，可以分为（　　）。
   A. 简单生产和单步骤生产　　　　B. 复杂生产和多步骤生产
   C. 单步骤生产和多步骤生产　　　D. 大量大批生产和单件小批生产
2. 生产特点和管理要求对产品成本计算的影响，主要表现在（　　）。
   A. 企业的生产规模　　　　　　　B. 产品成本计算对象
   C. 材料费用的分配方法　　　　　D. 成本计算日期
3. 下列方法中，不属于成本计算基本方法的有（　　）。
   A. 品种法　　　　　　　　　　　B. 分类法
   C. 分批法　　　　　　　　　　　D. 分步法
4. 划分产品成本计算方法的首要标志（　　）。
   A. 成本计算期　　　　　　　　　B. 成本计算对象
   C. 产品的生产工艺过程　　　　　D. 生产组织
5. 下列成本计算方法中，成本计算期与生产周期一致的有（　　）。
   A. 品种法　　　　　　　　　　　B. 分批法

  C. 分类法   D. 分步法
6. 下列属于产品成本计算辅助方法的是（   ）。
  A. 分类法   B. 直接法
  C. 代数法   D. 顺序法

二、多项选择题

1. 下列成本计算法中，成本计算期与会计核算期一致的是（   ）。
  A. 分批法   B. 小批单件法
  C. 品种法   D. 分步法
2. 多步骤生产按照产品加工方式的不同，可以分为（   ）。
  A. 简单生产   B. 连续式多步骤生产
  C. 复杂生产   D. 装配式多步骤生产
3. 下列企业中，适合运用品种法计算产品成本的有（   ）。
  A. 糖果厂   B. 饼干厂
  C. 拖拉机厂   D. 造船厂
4. 品种法适用于（   ）。
  A. 大量生产   B. 大批生产
  C. 单步骤生产   D. 多步骤生产
  E. 管理上不要求分步计算成本的多步骤生产
5. 产品成本计算的基本方法有（   ）。
  A. 品种法   B. 分批法
  C. 分步法   D. 分类法

三、判断题

1. 发电、采掘企业属于大量大批的多步骤生产。   （   ）
2. 单步骤生产是指工艺技术过程不能间断，或者不便于分散在不同地点进行的生产。
                                          （   ）
3. 成本计算的基本方法都是以成本计算对象命名的。   （   ）
4. 品种法和分批法的成本计算期与产品生产周期一致。   （   ）
5. 分类法和定额法必须结合成本计算的基本方法使用。   （   ）

任务二　产品成本计算的品种法

学习目标

【知识目标】

□ 理解正确分配直接材料、直接人工、制造费用对产品成本计算的意义
□ 理解不同投料方式对产品成本计算的影响

【技能目标】
□ 能够正确选择运用品种法
□ 能够根据资料正确进行品种法的核算

 任务导入

随着项目二和项目三任务的逐一完成，我们已经把嘉欣机械厂每个成本计算对象（No.1、No.2 和 No.3 车床）应归集和分配的全部生产费用归集和分配完毕了，并且将 No.1、No.2 和 No.3 车床所归集和分配得到的全部生产费用在各自的本月完工产品和月末在产品之间分配清楚了，完工产品分得的费用就是完工产品成本，在产品分得的费用就是在产品成本。至此，嘉欣机械厂成本计算对象的成本就计算出来了。

[要求] 回顾嘉欣机械厂的生产工艺流程及项目二和项目三已经完成的任务，分析嘉欣机械厂成本核算中品种法运用的基本程序。

 任务分析

随着项目二和项目三任务的完成，2016 年 6 月份嘉欣机械厂铸造车间和机加工车间生产的产品（No.1、No.2 和 No.3 车床）成本已核算出来，完工产品的成本已进行了结转。从整个核算过程可以看出，嘉欣机械厂针对产品生产工艺流程，选择了品种法进行成本核算。

 理论知识准备

一、品种法概述

（一）品种法的含义

产品成本计算的品种法是以产品的品种作为成本计算对象，归集生产费用，计算产品成本的方法。无论是何种的生产类型、采用何种生产工艺、实现何种成本管理要求，最终都必须计算出每种产品的成本，所以品种法是最基本的产品成本计算方法，按照产品品种计算产品成本是进行产品成本核算最基本、最起码的要求。

（二）品种法的适用范围

品种法主要适用于大量大批单步骤生产的企业，如发电、采掘、食品加工等。在这种类型的生产企业，其产品工艺过程不能间断或不宜分散在不同地点进行，所以，也就不需要或不可能按照生产步骤计算产品成本。同时，企业设置的供水、供电、供气等辅助生产车间，所提供的产品品种单一，生产过程比较简单，也可以采用品种法计算其成本。

品种法还适用于大量大批多步骤生产，但管理上不要求分步骤计算产品成本的企业。在大量大批多步骤生产企业中，如果生产规模较小，各步骤只是为本企业连续加工提供所需的半成品，直到产品加工完毕，因此管理上不要求提供各步骤的成本资料，可以用品种法计算产品的成本，如小砖瓦厂、小水泥厂、造纸厂等。

（三）品种法的特点

1. 以产品品种作为成本计算对象。品种法以产品品种作为成本计算对象，并设置生产成本明细账。如果企业只生产一种产品，成本计算对象就是该种产品，只需为该种产品设置生产成本明细账，并分别就成本项目登记生产费用。在这种情况下，本月发生的全部生产费用都是直接费用，可以直接计入产品的成本，不存在将生产费用在各种产品之间分配的问题。如果生产两种或两种以上的产品，就需要以每种产品作为成本计算对象，分别设置产品成本明细账，发生的直接费用直接计入各种产品的成本明细账的有关成本项目，间接费用先按发生单位和地点归集，月末再采用适当的分配方法，在各成本计算对象之间进行分配，分别计入各产品成本明细账的有关成本项目内。

2. 成本计算期与会计报告期一致。大量大批生产的企业，其生产是连续不断进行的，不可能在产品生产完工时才计算产品的成本，只能定期在月末计算当月产出的完工产品成本。因而，成本计算期与会计报告期一致，即按月计算产品的成本，这就导致了成本计算期与生产周期不一致。

3. 生产费用需要在完工产品和在产品之间进行分配。单步骤生产的企业中，月末计算产品成本时，如果没有在产品，或者在产品数量很少，可以不计算在产品成本。生产成本明细账中所归集的生产费用，就是该产品的生产总成本。生产总成本除以该产品的产量，就是该产品的单位成本。

大量大批多步骤生产且管理上不要求分步骤计算产品成本的企业中，月末一般都会有在产品，而且数量较多，就需要将归集的生产费用，采用适当的分配方法，在完工产品和在产品之间进行分配，以便计算出完工产品总成本和单位成本。

（四）品种法计算成本的程序

成本计算时，首先按照产品品种开设基本生产成本明细账，然后按照以下步骤归集和分配各项费用，计算产品成本。

1. 根据各项耗费的原始凭证和其他有关资料，归集和分配各项要素费用。

2. 根据各要素费用分配表及其他费用资料，登记基本生产成本明细账、辅助生产成本明细账、制造费用明细账以及管理费用明细账。

3. 编制辅助生产成本分配表，将辅助生产成本明细账中所归集的生产费用采用适当方法分配给各受益对象，并据以登记有关费用明细账。

4. 编制制造费用分配表，将制造费用明细账中所归集的全月费用采用适当方法在各种产品之间进行分配，并据以登记基本生产成本明细账。

5. 将基本生产成本明细账中按成本项目归集的生产费用采用适当的方法在本月完工产品和月末在产品之间进行分配，确定完工产品和在产品的成本。

6. 根据产品成本计算的结果，编制"本月完工产品成本汇总表"，编制完工产品验收入库、结转生产成本的会计分录，分别登记基本生产成本明细账和库存商品明细账。

任务实施

嘉欣机械厂成本核算品种法运用的基本程序：

1. 铸造车间和机加工车间按照产品品种（No.1、No.2 和 No.3）开设"生产成本——基本生产成本"明细账。供电车间和机修车间按照车间开设"生产成本——辅助生产成本"明细账。铸造车间和机加工车间按照车间开设"制造费用"账户。

2. 编制 2016 年 6 月份各要素费用分配表。如材料费、工资及福利费、计提折旧费等，按照部门和用途分别编制分配表，如材料费用分配表、工资及福利费用分配表、折旧计算表等。

3. 登记相关明细账。根据各要素费用分配表，登记基本生产成本明细账、辅助生产成本明细账、制造费用明细账等相关账户。

4. 分配辅助生产费用。月末，根据辅助生产成本明细账所归集的本月全部费用，编制辅助生产费用分配表，并登记相关明细账。

5. 分配制造费用。月末，根据制造费用明细账所归集和本月全部费用，编制制造费用分配表，并登记生产成本明细账。

6. 计算完工产品成本。月末，根据生产成本明细账所归集的全部费用，采用约当产量法在完工产品和在产品之间进行分配，计算出本月完工产品总成本、单位产品成本和月末在产品成本。

 典型任务示例【4-2】

（一）企业基本情况及有关资料

某工业企业为大量、大批单步骤的生产，生产 A、B 两种产品，还设有一个辅助生产车间——修配车间，为企业提供修理劳务。企业按约当产量法计算完工产品和月末在产品成本。原材料均为生产开始时一次投入，该企业 201×年 11 月份的有关产品成本核算资料如下：

1. 产量资料（见表 4-2）。

表 4-2　　　　　　　　　　产 量 资 料　　　　　　　　　　单位：件

产品名称	月初在产品	本月投产	完工产品	月末在产品	完工率
A 产品	400	2 400	2 000	800	50%
B 产品	200	1 800	1 500	500	80%

2. 月初在产品成本（见表 4-3）。

项目四 产品成本计算的基本方法

表 4-3 月初在产品成本资料 单位：元

产品名称	直接材料	直接人工	制造费用	合计
A 产品	59 600	8 760	32 180	100 540
B 产品	49 920	9 960	10 200	70 080

3. 本月发生的生产费用，包括材料费用、工资及福利费用、折旧费用以及其他费用，具体如下（见表 4-4 至表 4-7）。

表 4-4 本月材料领用表 单位：元

领料部门和用途	直接领用	共同耗用	耗料合计	共同耗用材料的定额耗用量/千克
A 产品	16 000			3 000
B 产品	10 000			1 200
小计	26 000	6 216	32 216	
生产车间一般耗用	2 600		2 600	
修配车间耗用	4 800		4 800	
厂部管理部门耗用	1 500		1 500	
合计	34 900	6 216	41 116	

表 4-5 本月工资费用表 单位：元

人员类别	应付工资	应付福利费	合计
产品生产工人	13 000	1 820	14 820
车间管理人员	4 000	560	4 560
修配车间	7 000	980	7 980
厂部管理人员	7 000	980	7 980
合计	31 000	4 340	35 340

表 4-6 本月折旧费用表 单位：元

车间或部门名称	应计提折旧额
基本生产车间	800
修配车间	480
行政管理部门	720
合计	2 000

表 4-7　　　　　　　　　　　其他费用表　　　　　　　　　　　单位：元

车间或部门名称	费用项目				
	办公费	电费	水费	其他	合计
A 产品		2 400			2 400
B 产品		1 600			1 600
基本生产车间	800	500	50	20	1 370
修配车间	800	300	30	20	1 150
行政管理部门	400		40	10	450

4. 工时记录。A 产品耗用工时为 6 000 小时，B 产品耗用工时为 4 000 小时。
5. 有关费用分配方法。
(1) A、B 产品共同耗用的材料费用按定额耗用量比例分配；
(2) 生产工人工资按 A、B 两种产品生产工时比例分配；
(3) 制造费用按 A、B 两种产品生产工时比例分配。

（二）成本计算程序和计算方法

根据上述资料，按照品种法计算程序计算产品成本如下：
1. 材料费用分配表（见表 4-8）。
2. 工资费用分配表（见表 4-9）。
3. 折旧及其他费用分配表（见表 4-10）。

表 4-8　　　　　　　　　　　材料费用分配表　　　　　　　　　　　单位：元

领料部门和用途	直接领用	共同耗用			合计
		定额耗用量	分配率	分配额合计	
A 产品	16 000	3 000		4 440	20 440
B 产品	10 000	1 200		1 776	11 776
小计	26 000	4 200	1.48	6 216	32 216
生产车间一般耗用	2 600				2 600
修配车间耗用	4 800				4 800
厂部管理部门耗用	1 500				1 500
合计	34 900				41 116

表 4-9　　　　　　　　　　　　工资及福利费分配表　　　　　　　　　　　　单位：元

车间或部门	工资			福利费	
	分配标准（工时）	分配率	分配金额	分配率（14%）	分配金额
A 产品	6 000		7 800		1 092
B 产品	4 000		5 200		728
小计	10 000	1.3	13 000		1 820
修配车间			7 000		980
车间管理			4 000		560
行政管理			7 000		980
合计			31 000		4 340

表 4-10　　　　　　　　　　　　折旧及其他费用分配表　　　　　　　　　　　　单位：元

车间或部门名称	费用项目					
	办公费	电费	水费	其他	应提折旧	合计
A 产品		2 400				2 400
B 产品		1 600				1 600
基本生产车间	800	500	50	20	800	2 170
修配车间	800	300	30	20	480	1 630
行政管理部门	400		40	10	720	1 170

4. 分配辅助生产费用并登记辅助生产成本明细账。根据上述各项费用分配表及有关凭证，登记"辅助生产成本明细账"，如表 4-11 所示。

表 4-11　　　　　　　　　　　　辅助生产成本明细账

车间名称：修配车间　　　　　　　　　　　　　　　　　　　　　　　　　　单位：元

201×年		凭证号	摘　　要	直接材料	直接人工	制造费用	合计
月	日						
11	30	略	材料费用分配表	4 800			4 800
	30		工资及福利费分配表		7 980		7 980
	30		折旧及其他费用分配表			1 630	1 630
	30		本期发生额合计	4 800	7 980	1 630	14 410

5. 分配制造费用。根据上述各项费用分配表及有关凭证，登记"制造费用明细账"，并据以编制"制造费用分配表"，将制造费用分配给 A、B 两种产品，如表 4-12 和表 4-13 所示。

表 4-12　　　　　　　　　　　　制造费用明细账　　　　　　　　　　　金额单位：元

201×年		凭证号	摘要	材料费用	工资及福利费	折旧费	修理费	水电费	办公费	其他	合计
月	日										
11	30	略	材料费用分配表	2 600							2 600
			工资及福利费分配表		4 560						4 560
			折旧及其他费用分配表			800		550	800	20	2 170
			辅助生产分配表				14 410				14 410
			本期发生额	2 600	4 560	800	14 410	550	800	20	23 740
			期末结转	2 600	4 560	800	14 410	550	800	20	23 740

表 4-13　　　　　　　　　　　　制造费用分配表

分配对象	分配标准/生产工时	分配率	应分配金额（元）
A 产品	6 000		14 244
B 产品	4 000		9 496
合计	10 000	2.3740	23 740

6. 将生产费用在完工产品和在产品之间分配。根据各种费用分配表及有关记账凭证，登记 A、B 两种产品成本明细账，然后再将其所登记的全部生产成本采用约当产量法在本月完工产品和月末在产品之间进行分配，并计算出完工产品总成本和单位成本（见表4-14 至表4-16）。

表 4-14　　　　　　　　　　　　基本生产成本明细账
产品名称：A 产品　　　完工产品数量：2 000 件　　　　　　　月末在产品数量：800 件
金额单位：元

月	日	摘要	直接材料	直接人工	制造费用	合计
11	30	月初在产品成本	59 600	8 760	32 180	100 540
	30	分配材料费用	20 440			20 440
	30	分配工资及福利费		8 892		8 892
	30	分配电费	2 400			2 400
	30	分配制造费用			14 244	14 244
		生产费用合计	82 440	17 652	46 424	146 516

续表

月	日	摘要	直接材料	直接人工	制造费用	合计
		分配率	29.44	7.36	19.34	56.14
	30	结转完工产品总成本	58 880	14 720	38 680	112 280
	30	月末在产品成本	23 560	2 932	7 744	34 236

注：①直接材料分配率 $=\dfrac{82\,440}{2\,000+800}=29.44$

②直接人工分配率 $=\dfrac{17\,652}{2\,000+800\times 50\%}=7.36$

③制造费用分配率 $=\dfrac{46\,424}{2\,000+800\times 50\%}=19.34$

表4-15　　　　　　　　　　　基本生产成本明细账

产品名称：B产品　　完工产品数量：1 500件　　　　　　　月末在产品数量：500件

单位：元

月	日	摘要	直接材料	直接人工	制造费用	合计
11	30	月初在产品成本	49 920	9 960	10 200	70 080
	30	分配材料费用	11 776			11 776
	30	分配工资及福利费		5 928		5 928
	30	分配电费	1 600			1 600
	30	分配制造费用			9 496	9 496
		生产费用合计	63 296	15 888	19 696	98 880
		分配率	27.52	8.36	10.37	46.25
	30	结转完工产品总成本	41 280	12 540	15 555	69 375
	30	月末在产品成本	22 016	3 348	4 141	29 505

注：①直接材料分配率 $=\dfrac{63\,296}{1\,500+800}=27.52$

②直接人工分配率 $=\dfrac{15\,888}{1\,500+500\times 80\%}=8.36$

③制造费用分配率 $=\dfrac{19\,696}{1\,500+500\times 80\%}=10.37$

表4-16　　　　　　　　　　　完工产品成本汇总表　　　　　　　　　　　单位：元

成本项目	A产品（2 000件）		B产品（1 500件）	
	总成本	单位成本	总成本	单位成本
直接材料	58 880	29.44	41 280	27.52
直接人工	14 720	7.36	12 540	8.36
制造费用	38 680	19.34	15 555	10.37
合计	112 280	56.14	69 375	46.25

实践训练【4-2】

一、单项选择题

1. 在大量大批多步骤生产的情况下，如果管理上不要求分步骤计算产品成本，其所采用的成本计算方法应是（　　）。
   A. 品种法　　　　　　　　　B. 分批法
   C. 分步法　　　　　　　　　D. 分类法

2. 下列方法中，最基本的计算方法是（　　）。
   A. 品种法　　　　　　　　　B. 分批法
   C. 分步法　　　　　　　　　D. 分类法

3. 品种法适用的生产组织是（　　）。
   A. 大量成批生产　　　　　　B. 大量大批生产
   C. 大量小批生产　　　　　　D. 单件小批生产

4. 适用于大量大批单步骤生产的产品成本计算方法是（　　）。
   A. 品种法　　　　　　　　　B. 分类法
   C. 分步法　　　　　　　　　D. 分批法

二、多项选择题

1. 品种法适用于（　　）。
   A. 大量大批单步骤生产
   B. 小批单件单步骤生产
   C. 管理上不要求分步骤计算产品成本的大量大批多步骤生产
   D. 管理上不要求分步骤计算产品成本的小批单件多步骤生产

2. 受生产特点和管理的影响，在产品成本计算中有着下述不同的成本计算对象，即（　　）。
   A. 产品品种　　　　　　　　B. 产品类别
   C. 产品批别　　　　　　　　D. 产品生产步骤

3. 成本计算方法应根据（　　）来确定。
   A. 生产组织特点　　　　　　B. 成本管理要求
   C. 生产工艺特点　　　　　　D. 生产规模大小

三、业务核算题

[资料] 中兴工厂二车间生产A、B两种产品，原材料都在开始生产时全部一次投料，成本计算采用品种法。共同耗用的甲原材料按定额消耗量比例进行分配；生产工人工资和制造费用按实际工时比例分配。20××年10月有关资料如下：

A产品期初在产品成本：原材料13 200元，工资4 600元，制造费用1 200元。B产品期初无在产品。

本月有关费用：甲材料的实际成本为66 300元，A产品的实际工时为26 000小时，B产品实际生产工时为16 000小时，工资总额为16 800元，制造费用总额为6 300元。A产品和B产品甲材料的消耗定额分别为4 000千克和2 500千克。

A产品完工产品和在产品的费用分配,按产量和约当产量比例分配。本月完工2 100千克,期末在产品1 500千克(完工程度60%),系一次投料逐步加工,B产品完工产量1 000千克;无期末在产品。

[要求]

(1) 编制原材料分配表,工资、制造费用分配表。

(2) 计算完工产品总成本。

(3) 编制产品入库的会计分录。

任务三 产品成本计算的分批法

学习目标

【知识目标】

□ 熟悉分批法的成本核算程序

□ 掌握分批法的成本计算方法及其账务处理

□ 理解简化的分批法

【技能目标】

□ 能够正确选择运用分批法

□ 能够熟练运用分批法准确核算企业的产品成本

 任务导入

华强制造厂属单件小批多步骤生产企业,按购货单位要求小批生产甲、乙、丙三种产品,产品成本计算采用分批法,该企业9月份的有关成本计算资料如下:

1. 各生产批别产量、费用资料。

(1) 901号甲产品50件,7月份投产,本月全部完工,7、8两月累计费用为:直接材料4 000元,直接人工1 000元,制造费用1 200元。本月发生费用:直接人工400元,制造费用500元。

(2) 902号乙产品100件,8月份投产,本月完工60件,未完工40件,8月份发生生产费用为:直接材料60 000元,直接人工15 000元,制造费用13 000元。本月发生费用:直接人工7 000元,制造费用6 000元。

(3) 903号丙产品7件,本月份投产,尚未完工,本月发生生产费用为:直接材料20 000元,工资福利费5 600元,制造费用4 800元。

2. 其他资料。

(1) 三种产品的原材料均在生产开始时一次投入。

(2) 902号乙产品本月完工产品数量在批内所占比重较大(60%),根据生产费用发生情况,其原材料费用按照完工产品和在产品的实际数量比例分配外,其他费用采用约当产量比例法在完工产品和月末在产品之间进行分配,在产品完工程度为50%。

[要求] 运用分批法对901号甲产品、902号乙产品、903号丙产品9月份的成本过程进行核算,并登记相关明细账。

任务分析

1. 华强制造厂应以产品批别(901号甲产品、902号乙产品、903号丙产品)作为成本计算对象。

2. 各批次产品成本计算期与生产周期一致。

3. 各批次生产费用一般不需要在完工产品和月末在产品之间进行分配,但如果批内产品有跨月陆续完工的情况,如902号乙产品,则月末,一部分产品已完工,另一部分产品尚未完工,这时就需要将生产费用在完工产品与在产品之间进行分配。

理论知识准备

一、分批法的含义

产品成本计算的分批法(简化分批法),是以产品的批别作为成本计算对象来归集生产费用,计算产品成本的一种方法。在小批单件生产的企业中,产品的品种和每批产品的生产量通常是根据客户的订单确定的。按照产品批别计算产品成本,往往也就是按照客户订单计算产品成本,因此,产品成本计算的分批法有时也被称为订单法。

二、分批法的适用范围

分批法通常适用于单件、小批单步骤和多步骤生产,如重型机械、船舶、飞机、精密仪器的生产等。这些生产的共同特点是在同一时期一批产品一般不会重复、大量生产,主要是因为生产这些产品的企业通常是根据客户的要求,生产特殊规格、规定数量的产品或者必须根据市场的需要不断改变产品品种和数量,因而不能大批量生产,所以只能按批别来组织生产,并采用分批法计算产品成本。

三、分批法的特点

(一)以产品批别作为成本计算对象

分批法计算产品成本是以产品批别作为成本计算对象。小批、单件生产中,产品的种类和每批产品的批量,一般根据客户的订单确定。实际中,常见的有以下几种情形:一是一张订单中包括几种产品,或虽然只有一种产品但其数量较大而且要求分批交货,企业生产计划部门可以将订单中的产品按照品种划分批别,组织生产;二是一张订单中只有一件产品,但该产品属于大型复杂的产品,价值较大,生产周期较长,企业可以按照产品的组成部分分批组织生产;三是企业在同一时期内接到不同客户的订单,并且要求生产同一种产品，企业可以将这些订单合并为一批组织生产。

（二）成本计算期与生产周期一致

分批法下，产品的生产费用的归集仍然是按月进行的，但只有该批产品全部完工时才能计算产品成本，所以，分批法的成本计算是非定期的，其成本计算期与生产周期相同，而与会计报告期不一致。

（三）生产费用一般不需要在完工产品和月末在产品之间进行分配

在采用分批法计算产品成本时，由于成本计算期与生产周期一致，产品完工前，生产成本明细账中所归集的生产费用，都是在产品成本；产品完工时，生产成本明细账中所归集的生产费用，就是完工产品的成本。但如果批内产品有跨月陆续完工的情况，月末，一部分产品已完工，另一部分产品尚未完工，有时就需要将生产费用在完工产品与在产品之间进行分配。

四、分批法的计算程序

（一）按批别或订单开设生产成本明细账

在开始生产产品时，要按照产品的每一批别或订单开设生产成本明细账，并按成本项目分设专栏。生产中所发生的生产费用按批别确定计入对象，凡属于某一批别或订单的直接费用，直接计入该批别或订单的生产成本。间接费用先归集后，再按一定方法分配后计入有关批别或订单的生产成本。

（二）按批别或订单归集生产费用

分批法中，需要按照批别或订单归集生产费用，因而，批别或各订单产品直接耗用的材料、人工费用等，应在相关原始凭证上填好生产批号和订单号，这样便于生产费用的归集并及时记入相应的生产成本明细账的各项目中。间接费用需要按照发生的地点和用途进行归集，然后再采用适当的方法分配计入各批产品的生产成本中。

（三）按产品完工月份计算产品的总成本和单位成本

月末根据完工批别产品的完工通知单，将计入已完工的该批产品的成本明细账所归集的生产费用，按成本项目加以汇总，计算出该批产品的总成本和单位成本，并转账。如果出现批内产品跨月陆续完工并已销售或提货的情况，这时应采用适当的方法将生产费用在完工产品和月末在产品之间分配，计算出该批已完工产品的总成本和单位成本。

 任务实施

成本计算过程：

1. 901 号成本的计算

901 号产品，本月全部完工，7、8、9 三个月累计生产费用全部为完工产品成本，除以完工产品数量，为完工产品单位成本（见表 4-17）。

表 4-17   901 号产品成本计算单

批号：901　　　　　　　　　　产品名称：甲　　　　　　　　　　投产日期：7 月份
购货单位：××　　　　　　　　批量：50 件　　　　　　　　　　完工日期：9 月份

月	日	摘　要	直接材料（元）	直接人工（元）	制造费用（元）	合　计
9	1	月初在产品成本	4 000	1 000	1 200	6 200
9	30	工资福利费用分配表		400		400
9	30	制造费用分配表			500	500
9	30	生产费用合计	4 000	1 400	1 700	7 100
9	30	完工产品成本	4 000	1 400	1 700	7 100
9	30	完工产品单位成本	80	28	34	142

会计分录：
　　借：库存商品　　　　　　　　　　　　　　　　　　　　　　　　7 100
　　　　贷：基本生产成本——甲产品　　　　　　　　　　　　　　　　7 100

2. 902 号产品成本的计算。

902 号产品本月完工 60 件，尚有 40 件未完工，属于跨月陆续完工，且完工产品数量在批内所占比重较大，生产费用应在完工产品和月末在产品之间进行分配。因原材料一次投入，完工产品和在产品负担的原材料费用相同，按产品数量分配。其余按约当产量比例分配。

（1）约当产量 = 完工产品数量 + 在产品约当产量

直接材料项目的约当产量 = 60 + 40 × 100% = 100（件）

直接人工项目约当产量 = 60 + 40 × 50% = 80（件）

制造费用项目约当产量 = 60 + 40 × 50% = 80（件）

（2）完工产品单位成本 = 生产费用合计 ÷ 约当总产量

直接材料项目单位成本 = 60 000 ÷ 100 = 600（元）

直接人工项目单位成本 = 22 000 ÷ 80 = 275（元）

制造费用项目单位成本 = 19 000 ÷ 80 = 237.5（元）

（3）完工产品总成本 = 完工产品数量 × 完工产品单位成本

直接材料项目 = 600 × 60 = 36 000（元）

直接人工项目 = 275 × 60 = 16 500（元）

制造费用项目 = 237.5 × 60 = 14 250（元）

（4）月末在产品成本 = 生产费用合计 - 完工产品总成本

直接材料项目 = 60 000 - 36 000 = 24 000（元）

直接人工项目 = 22 000 - 16 500 = 5 500（元）

制造费用项目 = 19 000 - 14 250 = 4 750（元）

项目四 产品成本计算的基本方法

表 4-18 902 号产品成本计算单

批号：902　　　　　　　　　产品名称：乙　　　　　　　　　投产日期：8 月份
购货单位：××　　　　　　　批量：100 件　　　　　　　　本月完工：60 件

月	日	摘　要	直接材料（元）	直接人工（元）	制造费用（元）	合　计
9	1	月初在产品成本	60 000	15 000	13 000	88 000
9	30	工资福利费用分配表		7 000		7 000
9	30	制造费用分配表			6 000	6 000
9	30	生产费用合计	60 000	22 000	19 000	101 000
9	30	约当总产量	100	80	80	
9	30	完工产品单位成本	600	275	237.5	1 112.5
9	30	完工产品成本	36 000	16 500	14 250	66 750
9	30	月末在产品成本	24 000	5 500	4 750	34 250

会计分录如下：

借：库存商品　　　　　　　　　　　　　　　　　　　　66 750
　　贷：生产成本——基本生产成本——乙产品　　　　　　　　66 750

3. 903 号产品成本的计算。

903 号产品本月未完工，发生的费用均为在产品成本（见表 4-19）。

表 4-19 903 号产品成本计算单

批号：903　　　　　　　　　产品名称：丙　　　　　　　　　投产日期：9 月份
购货单位：××　　　　　　　批量：7 件　　　　　　　　　完工日期：

月	日	摘　要	直接材料（元）	直接人工（元）	制造费用（元）	合　计
9	1	月初在产品成本	20 000			20 000
9	30	工资福利费用分配表		5 600		5 600
9	30	制造费用分配表			4 800	4 800
9	30	合计	20 000	5 600	4 800	30 400

 典型任务示例【4-3】

华联公司生产甲、乙、丙三种产品，生产组织属于小批生产，采用分批法计算产品成本，10 月份有关生产成本及成本资料如下：

（1）10 月份生产的产品批号如表 4-20 所示。

表 4-20　　　　　　　　　各批产品生产情况表

批次	产品种类	产量（台）	投产期	本月完工数量（台）
9708	甲产品	50	10月	30
9709	乙产品	50	10月	50
9610	丙产品	100	9月	20

（2）9610号产品，月初在产品成本为：原材料费用6 000元，工资及福利费5 300元，制造费用10 200元。

（3）本月份各批号生产费用如表4-21所示。

表 4-21　　　　　　　各批产品生产费用资料　　　　　　　　　单位：元

批号	直接材料	直接人工	制造费用	合计
9708	16 800	11 750	14 000	42 550
9709	23 000	15 250	9 900	48 150
9610	13 400	12 250	15 100	40 750

（4）其他资料。

9708批号甲产品完工数量较大，原材料系生产开始时一次投入，其他费用在完工产品与月末在产品之间以约当产量法分配，在产品完工程度为50%。

9709批号乙产品全部完工。

9610批号丙产品完工数量较少，完工产品成本按定额成本结转，丙产品单价定额成本为：直接材料费用200元，直接人工费用220元，制造费用300元。

（5）根据以上资料，填制各产品成本明细账，见表4-22至表4-25。

表 4-22　　　　　　　　　产品生产成本明细账

产品批号：9708　　　　　　　　　　　　　　　　　　　　　　　　　开工日期：10月7日
产品名称：甲产品　　　　　　　　　　　批量：50台　　　　　　　　本月完工：30台

项　目	直接材料（元）	直接人工（元）	制造费用（元）	合计
本月生产费用	16 800	11 750	14 000	42 550
完工产品产量	30	30	30	—
在产品约当产量	20	10	10	—
约当总产量	50	40	40	—
单位成本	336	293.75	350	979.75
完工产品总成本	10 080	8 812.50	10 500	29 392.50
月末在产品成本	6 720	2 937.50	3 500	13 157.50

表 4-23　　　　　　　　　　　　产品生产成本明细账

产品批号：9709　　　　　　　　　　　　　　　　　　　　　　　　开工日期：10 月 10 日
产品名称：乙产品　　　　　　　　　批量：50 台　　　　　　　　　本月完工：50 台

项目	直接材料（元）	直接人工（元）	制造费用（元）	合计
本月生产费用	23 000	15 250	9 900	48 150
完工产品产量	50	50	50	—
单位成本	460	305	198	963
完工产品总成本	23 000	15 250	9 900	48 150

表 4-24　　　　　　　　　　　　产品生产成本明细账

产品批号：9610　　　　　　　　　　　　　　　　　　　　　　　　开工日期：9 月 15 日
产品名称：丙产品　　　　　　　　　批量：100 台　　　　　　　　本月完工：20 台

项目	直接材料（元）	直接人工（元）	制造费用（元）	合计
月初在产品成本	6 000	5 300	10 200	21 500
本月生产费用	13 400	12 250	15 100	40 750
合计	19 400	17 550	25 300	62 250
完工产品产量	20	20	20	—
完工产品定额成本	200	220	300	720
完工产品总成本	4 000	4 400	6 000	14 400
月末在产品成本	15 400	13 150	19 300	47 850

表 4-25　　　　　　　　　　　　完工产品成本汇总表

20××年 10 月　　　　　　　　　　　　　　　　　　　　　　　　　　　　金额单位：元

产品批号	产品名称	产量	直接材料	直接人工	制造费用	合计	单位成本
9708	甲产品	30	10 080	8 812.50	10 500	29 392.50	979.75
9709	乙产品	50	23 000	15 250	9 900	48 150	963
9610	丙产品	20	4 000	4 400	6 000	14 400	720
合计	—	—	37 080	28 462.50	26 400	91 942.50	—

实践训练【4-3】

一、单项选择题

1. 采用简化分批法，产品完工以前产品成本明细账（　　）。

A. 只登记各种材料费用
B. 登记间接计入费用，不登记直接计入费用
C. 登记直接计入费用，不登记间接计入费用
D. 不登记任何费用

2. 产品成本计算的分批法，适用的生产组织是（   ）。
A. 大量大批生产   B. 大量小批生产
C. 单件成批生产   D. 小批单件生产

3. 对于成本计算的分批法，下列说法正确的有（   ）。
A. 不存在完工产品与在产品之间费用分配问题
B. 成本计算期与会计报告期一致
C. 适用于小批、单件、管理上不要求分步骤计算成本的多步骤生产
D. 以上说法全正确

4. 简化分批法是（   ）。
A. 分批计算在产品成本的分批法
B. 不分批计算在产品成本的分批法
C. 不计算在产品成本的分批法
D. 不分批计算完工产品成本的分批法

二、多项选择题

1. 产品成本计算的分批法适用于（   ）。
A. 单件小批类型的生产
B. 小批单步骤
C. 小批量、管理上不需要分生产步骤计算产品成本的多步骤
D. 大量大批的单步骤
E. 大量大批的多步骤

2. 分批法成本计算的特点是（   ）。
A. 以生产批次作为成本计算对象
B. 产品成本计算期不固定
C. 按月计算产品成本
D. 一般不需要进行完工产品和在产品成本分配
E. 以生产批次或订单设置生产成本明细账

3. 采用分批法计算产品成本时，如果批内产品跨月陆续完工，（   ）。
A. 月末需要计算完工产品成本和在产品成本
B. 月末要将生产费用在完工产品和在产品之间进行分配
C. 月末不需要将生产费用在完工产品和在产品之间进行分配
D. 月末不需要计算产品成本，等到全部产品完工时再计算
E. 可以计算先完工的产品成本

三、业务核算题

[资料] 光明工厂按分批法计算产品成本，8月份的产品批号如表4-26所示。

表 4-26　　　　　　　　　　　各批产品生产情况表

批　次	产品种类	产量（台）	投产期
101	甲产品	100	6月25日
202	乙产品	80	7月20日
303	丙产品	300	8月22日

各批产品的期初在产品成本，均已记录在各批产品的成本计算单上（见表 4-27 至表 4-30），本月发生的生产费用如表 4-27 所示。

表 4-27　　　　　　　　　　　生　产　费　用

产品批号及名称	原材料	燃料及动力	工资及福利	制造费用	合计
101 甲产品	2 460	315	690	435	3 900
202 乙产品		180	720	600	1 500
303 丙产品	3 600	270	480	150	4 500

该厂生产记录情况如下：

（1）批号101甲产品在本月内已全部完工入库。

（2）批号202乙产品本月全部尚未完工。

（3）批号303丙产品本月内完工150件，因部分需要对外销售，本月完工的先行入库，故生产费用要在完工产品和在产品之间进行分配，月末在产品约当产量50件，原材料在生产开始时一次投入，按实际产量比例分配，其他费用按完工产品数量和在产品约当产量比例分配。

[要求]

（1）计算101甲产品全部完工产品的总成本和单位成本。

（2）计算202乙产品在产品成本。

（3）计算303丙产品本月完工产品的总成本、单位成本及期末在产品成本。

（4）编制完工产品入库的会计分录。

表 4-28　　　　　　　　　　　产品成本计算单

批号：101　　　　　　　　　　　　　　　　　　　　　　　开工日期：6月25日
产品：甲产品　　　　　　　　批量：100件　　　　　　　完工日期：8月31日
　　　　　　　　　　　　　　　　　　　　　　　　　　　　　　单位：元

××年		摘　要	原材料	燃料和动力	工资及福利	制造费用	合计
月	日						
6	30	6月份发生成本	12 000	480	540	480	13 500
7	31	7月份发生成本	540	600	540	420	2 100

续表

××年		摘要	原材料	燃料和动力	工资及福利	制造费用	合计
月	日						
8	31	本月生产费用					
		完工产品成本					
		完工产品单位成本					

表 4-29　　　　　　　　　　　产品成本计算单

开工日期：7月20日

批号：202　　　　　　　　　　　　　　　　　　　完工日期：
产品：乙产品　　　　　　　　批量：80 件　　　　　　　单位：元

××年		摘要	原材料	燃料和动力	工资及福利	制造费用	合计
月	日						
7	31	7月份发生成本	6 000	450	660	390	7 500
8	31	本月生产费用					
	31	合计					

表 4-30　　　　　　　　　　　产品成本计算单

开工日期：8月22日

批号：303　　　　　　　　　　　　　　　　　　　完工日期：
产品：丙产品　　　　　　　　批量：300 件　　　　　　　单位：元

××年		摘要	原材料	燃料和动力	工资及福利	制造费用	合计
月	日						
8	31	本月生产费用					
		分配率					
		在产品成本					
		完工产品成本					
		完工产品单位成本					

任务四 产品成本计算的分步法

学习目标

【知识目标】
- 熟悉分步法的成本核算程序
- 掌握分步法的成本计算方法及其账务处理
- 理解逐步结转分步法和平行结转分步法

【技能目标】
- 掌握逐步结转分步法成本还原的方法
- 掌握逐步结转分步法和平行结转分步法的计算程序和具体方法
- 能够运用分步法处理实际工作中产品成本的计算

 任务导入

[资料] 恒凯公司2016年1月份开始大量、大批生产A产品,该产品的生产需要经过三个生产步骤:第一生产步骤生产出甲半成品,第二生产步骤生产出乙半成品,第三生产步骤生产出A产品。企业不设置半成品库,上一步加工完毕的产品直接转入第二生产步骤继续加工。原材料在生产开始时一次性投入,各步月末在产品在本步的完工程度为50%。该企业采用约当产量法在完工产品与在产品之间分配生产费用。

产品的相关资料如表4-31至表4-33所示,请根据资料,采用实际成本综合结转分步法计算A产品的成本。

表4-31　产品产量　单位:件

生产步骤	月初在产品	本月投入	月末完工	月末在产品
第一步	100	80	120	60
第二步	30	120	130	20
第三步	110	130	160	80

表4-32　月初在产品成本　单位:元

生产步骤	直接材料(半成品)	直接人工	制造费用
第一步	7 000	2 000	1 000
第二步	1 050	1 500	1 200
第三步	3 220	1 500	1 200

表 4-33　　　　　　　　　　　　　本月发生费用

生产步骤	直接材料	直接人工	制造费用
第一步	11 000	4 000	2 000
第二步		5 500	5 100
第三步		3 500	2 500

任务分析

恒凯公司采用实际成本综合结转分步法计算 A 产品的成本，在结转半成品的成本过程中，最后步骤的产成品成本中的自制半成品项目或直接材料项目是最后一个步骤所耗上一个步骤的半成品的综合成本，其他的生产费用只包含最后一步的费用，这显然不符合企业产品成本结构的实际情况，在此情况下，应将逐步结转分步法中综合计算出的产品成本还原成为按原始成本项目反映的成本，即成本还原。本次任务实施中要注意成本还原问题。

理论知识准备

一、分步法的含义

产品成本计算的分步法是按照产品的品种和产品的生产步骤为成本计算对象，归集生产费用，计算产品成本的一种方法。采用分步法计算产品成本时，由于不同企业对于生产步骤成本管理要求不同，为简化成本核算工作，按照产品生产步骤归集费用、计算产品成本时，各个生产步骤成本的计算和结转有逐步结转和平行结转两种方法，因此，产品成本核算的分步法也包括两种，即逐步结转分步法和平行结转分步法。

逐步结转分步法是按照生产步骤逐步计算并结转半成品成本，直到最后步骤计算出产成品成本的方法。计算各生产步骤所产半成品成本，是逐步结转分步法的显著特点。所以，逐步结转分步法也称计算半成品成本的分步法。**平行结转分步法是将各生产步骤应计入相同产成品成本的份额平行汇总，以求得产成品成本的方法。**平行结转分步法按照生产步骤归集费用，但只计算完工产成品在各生产步骤的成本份额，不计算和结转各生产步骤的半成品成本。所以，平行结转分步法也称为不计算半成品成本的分步法。

二、分步法的适用范围

分步法主要适用于大量大批多步骤生产的企业，如机械制造、冶金等行业。在这些企业中，生产划分为若干个生产步骤进行。为加强各生产步骤的成本管理，不仅要求按产品品种计算产成品成本，而且还要求按生产步骤归集生产费用，计算各步骤的成本，以便进行成本考核和成本分析。

(一) 逐步结转分步法的适用范围

逐步结转分步法是计算半成品成本的分步法，主要适用于大量大批连续式多步骤生产的企业。这些企业产品的生产从原材料的投入到产成品制成完工，要经过若干个有先后顺序的生产步骤加工，前一步骤所生产出的产品是后一步骤的加工对象，最后生产步骤产出的才是产成品。成本管理往往需要提供各个生产步骤的逐步结转的半成品成本资料。

(二) 平行结转分步法的适用范围

平行结转分步法是不计算半成品成本的分步法，主要适用于成本管理上要求分步归集生产费用，但不要求计算半成品成本的大量大批装配式多步骤生产的企业。这些企业产品的生产从原材料的投入到产成品制成完工，需要经过若干个生产步骤的平行加工，生产出构成产成品实体的零部件，然后由装配车间进行装配，制成产成品。因此，为了简化和加速成本计算工作，采用平行结转分步法计算成本。

三、分步法的特点

(一) 以产品品种及其生产步骤作为成本计算对象

分步法要求基本生产成本明细账按照生产步骤设立，账中按产品品种反映。在大量大批多步骤生产下，每经过一个加工步骤产出的半成品，其形态和性质各不相同，计量单位也可能不尽相同，而且各步骤生产的半成品，既可能转入后续步骤加工成不同的产成品，也可能对外出售。因此，成本计算必须按各步骤的各种产品进行。但应当指出的是，产品成本计算的分步与实际的生产步骤不一定完全一致。为了简化成本计算工作，可以只对管理上有必要分步计算成本的生产步骤单独设立产品成本明细账，单独计算成本；而对管理上不要求单独计算成本的生产步骤，则可与其他生产步骤合并，设立基本生产成本明细账计算其成本。

(二) 成本计算期与会计报告期一致

在大量、大批、多步骤生产中，原材料投入后，经过各个生产步骤的加工，产品不断地往下移动，生产过程中始终有一定的在产品，而且往往是跨月陆续完工。因此，分步法计算产品成本，一般都是在每月月末定期进行的，成本计算期与生产周期不一致，而与报告期相一致。

(三) 生产费用在完工产品与月末在产品之间分配

在大量、大批、多步骤生产的企业中，绝大部分的产品是跨月陆续完工的，在月末计算产品成本时，各个生产步骤一般都存在着完工半成品和未完工在产品。这就要求采取一定的方法把发生的生产费用在完工产品和月末在产品之间进行分配，一般采用约当产量比例法、定额比例法等分配方法。

四、分步法的计算程序

(一) 逐步结转分步法的计算程序

首先，根据计入第一生产步骤成本计算单上的直接材料和加工费用，计算出第一步骤所生产半成品的成本，并将转移到第二步骤继续加工的半成品的成本也结转到第二生产步骤相关产品的成本计算单中；其次，将第一生产步骤转入的半成品成本加上第二步骤所耗用的费用，计算出第二步骤所生产的半成品成本，再随着半成品实物的转移，将其半成品成本从第二步骤成本计算单转入第三步骤相关产品的成本计算单中。这样按照生产步骤的先后顺序，逐步计算和逐步结转半成品成本，直到最后一个步骤计算出产成品的成本。

但是，采用逐步结转分步法结转半成品成本，按照半成品成本在下一生产步骤成本明细账反映的方式不同，又可划分为综合结转和分项结转。综合结转就是将上一生产步骤转入下一生产步骤的半成品成本，不分成本项目，全部转入下一生产步骤生产成本明细账直接材料成本项目，以反映所耗用的上一生产步骤的半成品成本；分项结转是将上一生产步骤转入下一生产步骤的半成品成本，按成本项目，转入下一生产步骤生产成本明细账相同的成本项目中，分别反映所耗用的上一生产步骤的半成品成本。

（二）平行结转分步法的计算程序

首先，由各生产步骤将本步骤成本计算单上归集的各项费用在最终完工产品与广义在产品之间进行分配，计算出各生产步骤应计入产品成本的份额；其次，产成品完工入库时，才将各步骤费用中应计入产成品成本的份额进行平行汇总、求和，计算出完工产品成本。

 任务实施

A 产品成本的计算程序如下：

计算第一步骤所生产的甲半成品成本：

(1) 直接材料费用。

直接材料分配率（单位成本）＝（7 000 + 11 000）÷（120 + 60）= 100（元）

完工甲半成品直接材料 = 100 × 120 = 12 000（元）

在产品直接材料 = 100 × 60 = 6 000（元）

(2) 直接人工费用。

直接人工分配率 =（2 000 + 4 000）÷（120 + 60 × 50%）= 40（元）

完工甲半成品直接人工 = 40 × 120 = 4 800（元）

在产品直接人工 = 40 × 60 × 50% = 1 200（元）

(3) 制造费用。

制造费用分配率 =（1 000 + 2 000）÷（120 + 60 × 50%）= 20（元）

完工甲半成品制造费用 = 20 × 120 = 2 400（元）

在产品制造费用 = 20 × 60 × 50% = 600（元）

甲半成品成本 = 12 000 + 4 800 + 2 400 = 19 200（元）

第一步骤甲半成品成本计算过程如表 4 - 34 所示。

项目四 产品成本计算的基本方法

表4-34　　　　　　　　　　第一步骤甲半成品成本计算单　　　　　　　　　单位：元

项　目	直接材料	直接人工	制造费用	合　计
月初在产品成本	7 000	2 000	1 000	10 000
本月发生费用	11 000	4 000	2 000	17 000
合计	18 000	6 000	3 000	27 000
约当产量	180	150	150	
单位成本	100	40	20	160
完工半成品成本	12 000	4 800	2 400	19 200
在产品成本	6 000	1 200	600	7 800

计算第二步骤所生产的乙半成品成本：

（1）半成品。

半成品分配率（单位成本）＝（1 050 + 19 200）÷（130 + 20）＝135（元）

完工乙半成品直接材料＝135 × 130 ＝ 17 550（元）

在产品直接材料＝135 × 20 ＝ 2 700（元）

（2）直接人工。

直接人工分配率＝（1 500 + 5 500）÷（130 + 20 × 50%）＝50（元）

完工乙半成品直接人工＝50 × 130 ＝ 6 500（元）

在产品直接人工＝50 × 20 × 50% ＝ 500（元）

（3）制造费用。

制造费用分配率＝（1 200 + 5 100）÷（130 + 20 × 50%）＝45（元）

完工乙半成品制造费用＝45 × 130 ＝ 5 850（元）

在产品制造费用＝45 × 20 × 50% ＝ 450（元）

乙半成品成本＝17 550 + 6 500 + 5 850 ＝ 29 900（元）

第二步骤乙半成品成本计算过程如表4-35所示。

表4-35　　　　　　　　　　第二步骤乙半成品成本计算单　　　　　　　　　单位：元

项　目	直接材料	直接人工	制造费用	合　计
月初在产品成本	1 050	1 500	1 200	3 750
上步骤转入	19 200			19 200
本月发生费用		5 500	5 100	10 600
合计	20 250	7 000	6 300	33 550
约当产量	150	140	140	
单位成本	135	50	45	230
完工半成品成本	17 550	6 500	5 850	29 900
在产品成本	2 700	500	450	3 650

计算第三步骤完工 A 产品的成本：
(1) 半成品分配率（单位成本）＝（3 220＋29 900）÷（160＋80）＝138（元）
完工 A 产成品直接材料＝138×160＝22 080（元）
在产品成本中直接材料＝138×80＝11 040（元）
(2) 直接人工。
直接人工分配率＝（1 500＋3 500）÷（160＋80×50%）＝25（元）
完工 A 产成品直接人工＝25×160＝4 000（元）
在产品直接人工＝25×80×50%＝1 000（元）
(3) 制造费用。
制造费用分配率＝（1 200＋2 500）÷（160＋80×50%）＝18.5（元）
完工 A 产成品制造费用＝18.5×160＝2 960（元）
在产品制造费用＝18.5×80×50%＝740（元）
A 产成品成本＝22 080＋4 000＋2 960＝29 040（元）
自制半成品和 A 产成品成本计算过程如表 4－36 所示。

表 4－36　　　　　　　自制半成品和 A 产成品成本　　　　　　　单位：元

产品名称	直接材料	自制半成品	直接人工	制造费用	合计
甲半成品	12 000	—	4 800	2 400	19 200
乙半成品	—	17 550	6 500	5 850	29 900
A 产成品	—	22 080	4 000	2 960	29 040

计算第四步骤成本还原结果：

成本还原，就是从最后一个生产步骤起，把本月生产的产成品成本中的半成品成本项目采用一定的方法还原成直接材料、直接人工、制造费用等原始成本项目，进而得到按照原始成本项目反映的产品成本项目资料。成本还原的方法通常采用系数还原法，即按各步骤耗用半成品总成本占上一步完工半成品总成本的比重还原成本的方法。这种方法的原理是采用定义求得系数，然后分别乘以上一步完工半成品总成本的成本项目，进而对半成品进行还原。

利用系数还原法对上述第二步骤和第三步骤的自制半成品进行成本还原，计算过程如下：

(1) A 产成品耗用乙半成品还原：
成本还原率＝22 080÷29 900＝0.7385
A 产品中乙半成品成本还原＝0.7385×17 550＝12 960（元）
直接人工成本还原＝0.7385×6 500＝4 800（元）
制造费用成本还原＝0.7385×5 850＝4 320（元）
(2) A 产成品耗用甲半成品还原：
成本还原率＝12 960÷19 200＝0.675

A产品中甲半成品成本还原 = 0.675 × 12 000 = 8 100（元）
直接人工成本还原 = 0.675 × 4 800 = 3 240（元）
制造费用成本还原 = 0.675 × 2 400 = 1 620（元）
（3）按原始项目还原结果：
直接材料 = 8 月 100（元）
直接人工 = 4 000 + 4 800 + 3 240 = 12 040（元）
制造费用 = 2 960 + 4 320 + 1 620 = 8 900（元）

典型任务示例【4-4】

[资料] 恒凯公司制造甲产品需要经过3个生产步骤，各步生产的半成品和产成品分别为A半成品、B半成品和甲产品。原材料在生产开始时一次投入，其余生产步骤不投入原材料，各步的在产品完工程度按50%计算。假定半成品不通过半成品库，全部由上一步转入下一步。部分有关成本计算资料如表4-37至表4-39所示。根据资料，采用分项结转分步法计算甲产品的成本。

表4-37　　　　　　　　　　　产　品　产　量　　　　　　　　　　　　单位：件

项　　目	第一步	第二步	第三步
月初结存	90	40	80
本月投入	410	360	300
本月完工	300	200	300
月末结存	200	200	80

表4-38　　　　　　　　　　　月初在产品成本　　　　　　　　　　　　单位：元

成本项目	直接材料	直接人工	制造费用	合　计
第一步	5 000	1 000	2 000	8 000
第二步	4 500	1 100	1 600	7 200
第三步	25 450	9 860	4 880	40 190
合计	34 950	11 960	8 480	55 390

表4-39　　　　　　　　　　　本月发生的生产费用　　　　　　　　　　单位：元

成本项目	直接材料	直接人工	制造费用	合　计
第一步	42 000	8 000	1 000	51 000
第二步	—	16 000	8 000	24 000
第三步	—	30 000	10 000	40 000
合计	42 000	54 000	19 000	115 000

根据上述所给资料,应编制各步成本计算单,如表4-40至表4-42所示,并计算每一步耗用的各项费用,计算过程如下:

第一步中直接材料分配率 = 47 000 ÷ (300 + 200) = 94

直接人工费用分配率 = 9 000 ÷ (300 + 200 × 50%) = 22.5

制造费用分配率 = 3 000 ÷ (300 + 200 × 50%) = 7.5

表4-40　　　　　　　　　　　第一步骤成本计算单　　　　　　　　　　产品名称:A半成品

成本项目	直接材料(元)	直接人工(元)	制造费用(元)	合　计
期初费用	5 000	1 000	2 000	8 000
本期发生费用	42 000	8 000	1 000	51 000
合计	47 000	9 000	3 000	59 000
完工A半成品	28 200	6 750	2 250	37 200
月末在产品	18 800	2 250	750	21 800

第二步中直接材料费用分配率 = 32 700 ÷ (200 + 200) = 81.75

直接人工费用分配率 = 23 850 ÷ (200 + 200 × 50%) = 79.5

制造费用分配率 = 11 850 ÷ (200 + 200 × 50%) = 39.5

表4-41　　　　　　　　　　　第二步骤成本计算单　　　　　　　　　　产品名称:B半成品

成本项目	直接材料(元)	直接人工(元)	制造费用(元)	合　计
期初费用	4 500	1 100	1 600	7 200
本期发生费用	—	16 000	8 000	24 000
上步骤转入	28 200	6 750	2 250	37 200
合计	32 700	23 850	11 850	68 400
完工A半成品	16 350	15 900	7 900	40 150
月末在产品	16 350	7 950	3 950	28 250

第三步中直接材料费用分配率 = 41 800 ÷ (300 + 80) = 110

直接人工费用分配率 = 55 760 ÷ (300 + 80 × 50%) = 164

制造费用分配率 = 22 780 ÷ (300 + 80 × 50%) = 67

表4-42　　　　　　　　　　　第三步骤成本计算单　　　　　　　　　　产品名称:乙产品

成本项目	直接材料(元)	直接人工(元)	制造费用(元)	合　计
期初费用	25 450	9 860	4 880	40 190
本期发生费用	—	30 000	10 000	40 000

续表

成本项目	直接材料（元）	直接人工（元）	制造费用（元）	合 计
上步骤转入	16 350	15 900	7 900	40 150
合计	41 800	55 760	22 780	120 340
完工乙产品	33 000	49 200	20 100	102 300
月末在产品	8 800	6 560	2 680	18 040

典型任务示例【4-5】

[资料] 甲企业生产 C 产品连续经过三个加工步骤，第一步骤生产 A 半成品，直接转至第二步骤加工成 B 半成品，B 半成品再直接转至第三步骤加工成 C 产成品。原材料在第一步骤生产开始时一次投入，各步骤月末在产品的加工程度均为 50%。2016 年 8 月份有关产量和成本的资料如表 4-43 至表 4-44（平行结转分步法成本计算）。

表 4-43 各步骤产品的产量资料 单位：件

项 目	月初在产品	本月投入	本月完工	月末在产品
第一步骤	50	400	380	70
第二步骤	100	380	400	80
第三步骤	150	400	500	50

表 4-44 各步骤月初在产品成本及本月生产费用表 单位：元

项 目	第一步骤				第二步骤			第三步骤		
	直接材料	直接人工	制造费用	合计	直接人工	制造费用	合计	直接人工	制造费用	合计
月初在产品成本	19 000	9 130	10 100	38 230	3 910	4 000	7 910	2 110	1 200	3 310
本月生产费用	86 000	29 440	17 830	133 270	27 950	23 140	51 090	26 765	14 025	40 790

采用约当产量法计算各步骤应计入产成品成本的份额，编制各步骤产品成本计算单，如表 4-45 至表 4-47 所示。

表 4-45　　　　　　　　　　　　产品成本计算单

第一步骤　A 半成品　　　　　　2016 年 8 月　　　　　　　　　　　　单位：元

项　目	直接材料	直接人工	制造费用	合　计
月初本步骤在产品成本	19 000	9 130	10 100	38 230
本月本步骤发生生产费用	86 000	29 440	17 830	133 270
本月本步骤生产费用合计	105 000	38 570	27 930	171 500
完工产成品的数量（件）	500	500	500	
在产品约当产量（件）	200	165	165	
本步骤生产总量（件）	700	665	665	
本步骤费用分配率	150	58	42	
本步骤计入产成品成本的份额	75 000	29 000	21 000	125 000
月末在产品成本	30 000	9 570	6 930	46 500

注：直接材料在产品约当产量 = 50 + 80 + 70 = 200（件）
　　直接人工和制造费用在产品约当产量 = 50 + 80 + 70 × 50% = 165（件）

表 4-46　　　　　　　　　　　　产品成本计算单

第二步骤　B 半成品　　　　　　2016 年 8 月　　　　　　　　　　　　单位：元

项　目	直接人工	制造费用	合　计
月初本步骤在产品成本	3 910	4 000	7 910
本月本步骤发生生产费用	27 950	23 140	51 090
本月本步骤生产费用合计	31 860	27 140	59 000
完工产成品的数量（件）	500	500	
在产品约当产量（件）	90	90	
本步骤生产总量（件）	590	590	
本步骤费用分配率	54	46	
本步骤计入产成品成本的份额	27 000	23 000	50 000
月末在产品成本	4 860	4 140	9 000

注：直接人工和制造费用在产品约当产量 = 50 + 80 × 50% = 90（件）

表 4-47　　　　　　　　　　　产品成本计算单
第三步骤　C 产成品　　　　　　　2016 年 8 月　　　　　　　　　　　　　　　　单位：元

项　目	直接人工	制造费用	合　计
月初本步骤在产品成本	2 110	1 200	3 310
本月本步骤发生生产费用	26 765	14 025	40 790
本月本步骤生产费用合计	28 875	15 225	44 100
完工产成品的数量（件）	500	500	
在产品约当产量（件）	25	25	
本步骤生产总量（件）	525	525	
本步骤费用分配率	55	29	
本步骤计入产成品成本的份额	27 500	14 500	42 000
月末在产品成本	1 375	725	2 100

注：直接人工和制造费用在产品约当产量 = 50 × 50% = 25（件）

根据上述表格中计算的计入产成品成本的份额编制产成品成本汇总计算表，如表 4-48 所示。

表 4-48　　　　　　　　　　产品成本计算汇总表
产品名称：C 产成品　　　　　　　2016 年 8 月　　　　　　　　　　　　　　单位：元

项目	直接材料	直接人工	制造费用	合计
第一步骤	75 000	29 000	21 000	125 000
第二步骤	—	27 000	23 000	50 000
第三步骤	—	27 500	14 500	42 000
产成品总成本（500 件）	75 000	83 500	58 500	217 000
产成品单位成本	150	167	117	434

实践训练【4-4】

一、单项选择题

1. 需要进行成本还原的分步法是（　　）。
   A. 平行结转分步法　　　　B. 分项结转分步法
   C. 综合结转分步法　　　　D. 逐步结转分步法

2. 下列方法中，不计算半成品成本的分步法是（　　）。

A. 平行结转分步法	B. 分项结转分步法
C. 综合结转分步法	D. 逐步结转分步法

3. 采用逐步结转分步法时，自制半成品入库借记的会计科目是（　　）。
   A. "产成品"	B. "自制半成品"
   C. "基本生产成本"	D. "制造费用"

4. 分步法适用于（　　）。
   A. 大量大批生产	B. 单件小批生产
   C. 单步骤生产	D. 大量大批多步骤生产

5. 成本还原对象是（　　）。
   A. 产成品成本
   B. 各步骤半成品成本
   C. 最后步骤产成品成本
   D. 产成品成本中所耗上步骤半成品成本费用

6. 某产品生产由三个生产步骤组成，采用综合结转分步法计算产品成本，需要进行成本还原的次数是（　　）。
   A. 2次	B. 3次
   C. 0次	D. 4次

7. 成本还原就是从最后一个步骤起，把各步骤所耗上步骤半成品的综合成本，按照（　　）逐步分解，还原算出按原始成本项目反映的产成品成本。
   A. 本月所耗半成品成本的结构
   B. 本月完工产品成本的结构
   C. 上一步骤所产该种半成品成本的结构
   D. 上一步骤月末在产品成本的结构

8. 成本还原的目的是按（　　）反映的产成品成本资料。
   A. 费用项目	B. 成本项目
   C. 实际成本	D. 原始成本项目

二、多项选择题

1. 分步法适用于（　　）。
   A. 大量生产	B. 大批生产
   C. 成批生产	D. 多步骤生产
   E. 单步骤生产

2. 平行结转分步法的特点是（　　）。
   A. 各步半成品成本要随着半成品实物的转移而转移
   B. 各步骤半成品成本不随着半成品实物的转移而转移
   C. 成本计算对象是完工产品成本份额
   D. 需要计算转出完工半成品成本
   E. 不需要计算转出完工半成品成本

3. 平行结转分步法的适用情况是（　　）。

A. 半成品对外销售

B. 半成品不对外销售

C. 管理上不要求提供各步骤半成品资料

D. 半成品种类较多，逐步结转半成品成本工作量较大

E. 管理上要求提供各生产步骤半成品成本资料

4. 采用逐步结转分步法，按照结转的半成品成本在下一步骤产品成本明细账中的反映方法，可分为（　　）。

A. 平行结转法　　　　　　　　B. 按实际成本结转法

C. 按计划成本结转法　　　　　D. 综合结转法

E. 分项结转法

5. 采用分步法时，作为成本计算对象的生产步骤可以（　　）。

A. 按生产车间设立

B. 按实际生产步骤设立

C. 在一个车间内按不同生产步骤设立

D. 将几个车间合并设立

三、业务核算题

1. 产品成本计算（综合结转分步法）。

[资料] 某厂生产甲产品，分两个步骤分别在两个车间进行生产。采用综合连续结转分步法计算产品成本。第一车间为第二车间提供半成品甲，第二车间将半成品甲加工为产成品甲。半成品甲通过仓库收发（半成品成本用加权平均法计算）。

（1）20××年6月份第一车间和第二车间发生的生产费用（不包括所耗半成品的费用）如表4-49所示。

表4-49　　　　　　　　　　　生产费用　　　　　　　　　　　单位：元

车间名称	原材料	工资及福利	制造费用	合计
第一车间	12 500	7 000	12 300	31 800
第二车间		5 500	12 200	17 700

（2）各车间的月初及月末在产品均按定额成本计算，有关资料如表4-50、表4-51所示。

表4-50　　　　　　　　　月初在产品定额成本　　　　　　　　　单位：元

车间名称	原材料	半成品	工资及福利费	制造费用	合计
第一车间	3 800		2 000	4 600	10 400
第二车间		6 200	1 300	2 500	10 000

表 4-51　　　　　　　　　　月末在产品定额成本　　　　　　　　　　单位：元

车间名称	原材料	半成品	工资及福利费	制造费用	合 计
第一车间	3 420		1 800	4 140	9 360
第二车间		3 100	650	1 250	5 000

（3）半成品仓库半成品甲月初余额 120 件，实际成本 8 080 元。本月份第一车间加工完成半成品甲 500 件送交半成品仓库。第二车间从半成品仓库领用半成品甲 550 件。本月完工入库产成品甲 400 件。

[要求]

（1）计算自制半成品甲和产成品甲的成本。
（2）登记半成品明细账。
（3）编制半成品入库、领用和产成品入库的会计分录。
（4）进行成本还原。

2. 产品成本计算（分项结转分步法）。

[资料] 某厂生产乙产品，分两个步骤连续加工。第一步骤生产半成品乙直接转入第二步骤继续加工。成本计算采用分项连续结转分步法。20××年3月有关资料如下：

（1）第一步骤发生的生产费用：原材料 15 010 元，工资及福利费用 5 160 元，制造费用 5 780 元。本月完工半成品乙 375 千克，月末在产品 50 千克，在产品原材料在生产开始时一次投入，完工程度 50%。完工产品和月末在产品之间的费用，按产量和约当产量比例分配（月初在产品成本已列入成本计算单）。

（2）第二步骤发生的生产费用（不包括上步骤转入半成品成本）：工资及福利费 4 200 元，制造费用 6 400 元。在产品按定额成本计算（已列入成本计算单）。本月完工入库产成品乙数量 400 千克。

（3）其他有关资料如表 4-52、表 4-53 所示。

表 4-52　　　　　　　　　　月初在产品成本　　　　　　　　　　单位：元

摘　要	原材料	工资及福利费	制造费用	合　计
第一步骤在产品成本	6 240	2 040	2 220	10 500
第二步骤在产品成本	6 325	2 035	2 340	10 700

表 4-53　　　　　　　　第二步骤月末在产品定额成本　　　　　　　　单位：元

摘　要	原材料	工资及福利费	制造费用	合　计
月末在产品	4 875	1 685	1 940	8 500

[要求]
(1) 计算第一步骤半成品乙成本。
(2) 计算第二步骤产成品乙的总成本和单位成本。
3. 产品成本计算（平行结转分步法）。

[资料] 某企业经过三个制造车间大量生产丙产品，原材料在第一车间一次投入，在生产过程中第二车间单位产品（半成品、在产品）耗用第一车间半成品 2 件，第三车间单位产品（在产品、产成品）耗用第二车间半成品 2 件。该企业采用平行结转分步法计算产品成本，月末在产品成本按约当产量法计算，在产品完工程度均为 50%。该企业 20×× 年 8 月份有关资料如表 4-54 至表 4-56 所示。

表 4-54　　　　　　　　　　　　　产量记录　　　　　　　　　　　　　　单位：件

摘　要	一车间	二车间	三车间
月初在产品	40	100	80
本月投入或上步转入	560	500	300
本月完工	500	300	150
月末在产品	100	50	80

表 4-55　　　　　　　　　　月初广义在产品成本资料　　　　　　　　　　单位：元

车　间	直接材料	直接人工	制造费用	合　计
一车间	23 736	6 960	5 568	36 264
二车间		3 157	6 930	10 087
三车间		5 040	2 408	7 448

表 4-56　　　　　　　　　　　本月发生的生产费用　　　　　　　　　　　单位：元

车　间	直接材料	直接人工	制造费用	合　计
一车间	332 304	97 440	77 952	507 696
二车间		15 785	34 650	50 435
三车间		15 120	7 224	22 344

[要求]
(1) 计算完工产品成本，并登记有关生产成本明细账。
(2) 编制产品成本汇总表。

项目五
产品成本计算的辅助方法

任务一 分 类 法

学习目标

【知识目标】
- □ 熟悉分类法的成本核算程序
- □ 掌握分类法的成本计算方法

【技能目标】
- □ 能理解分类法的特点和适用范围
- □ 能运用分类法计算产品成本

 任务导入

[资料] 黄河制造股份有限公司生产的产品品种、规格繁多，但可以按照一定标准进行分类，为了简化成本计算工作，采用分类法计算成本。20××年6月甲类产品生产包括A、B、C三种产品。月初在产品成本 111 000 元（定额成本），其中：直接材料费用56 000 元，直接人工费用 25 000 元，制造费用 30 000 元。本月生产甲类产品发生直接材料费用 312 000 元，直接人工费用 159 200 元，制造费用 179 100 元。本月生产 A 产品 400 件，B 产品 800 件，C 产品 400 件。

[要求] 运用分类法计算产品成本。

 任务分析

分类法不是一种独立的成本计算方法，在计算种类产品成本的时候，必须结合品种法、分批法或分步法等成本计算基本方法使用。黄河制造股份有限公司根据产品品种、规格繁多的特点，运用品种法结合分类法进行产品的成本核算。

 理论知识准备

一、分类法的特点

分类法是将企业生产的产品分为若干个类别，以各产品类别作为成本计算对象，归集生产费用，先计算各类别产品成本，然后再按一定的方法在类内各种产品之间进行分配，以计算出各种产品的一种方法。分类法主要具有以下几个特点：

（一）成本计算对象

成本计算对象是以每一类产品作为成本计算对象，按照产品的类别设立产品成本明细账归集生产费用，并结合企业的生产工艺过程和生产组织方式的特点，选择一定的方法计算出每类完工产品的总成本；然后再按照一定的方法在类内产品之间分配费用，从而计算出类内各种产品的成本。

（二）成本计算期

分类法的成本计算期要根据企业产品生产组织的特点和管理上的需要来确定。如果是大量大批生产，可以结合品种法或分步法计算产品成本，其成本计算期应与会计报告期一致，在月末计算产品成本。如果是小批生产，可以结合分批法计算产品成本，其成本计算期则与会计报告期不一致，以生产周期作为成本计算期。

（三）生产费用的分配

分类法如果结合品种法或分步法计算产品成本，在月末应将该类产品所归集的生产费用在完工产品与在产品之间进行分配；分类法如果结合分批法计算产品成本，在月末所归集的生产费用则不需要进行分配，月末该类产品如未完工则是在产品成本，如已完工则是产成品成本。

二、分类法的计算程序

（一）划分产品类别并确定成本计算对象

分类法下，应将企业所生产的各种产品按照产品的性能、结构、用料和工艺过程等的相似性作为标准，划分为若干个产品类别，并以类别作为成本计算对象设置产品成本计算单，归集生产费用。

（二）计算类别产成品的成本

根据企业的生产特点和管理要求，采用成本计算的基本方法——品种法、分批法或分步法，计算出每类完工产品的总成本和在产品成本。

（三）计算类别内不同品种或不同规格产品的成本

计算出各类别完工产品的成本之后，选择一个适当的分配标准，对类内各种不同规格、型号产品之间的成本进行分配，常用的分配方法包括系数分配法和定额比例法两种。本项目以系数分配法为例，计算步骤如下：

1. 选择合适的分配标准。常见的分配标准包括定额消耗量、定额费用、售价，以及产品的体积、长度、重量等。各成本项目可以采用同一分配标准，也可以按照成本项目的性质，采用不同的分配标准。

2. 确定标准产品并换算系数。要在每类中选择一种作为标准产品，系数定位 1。标准产品应具有生产稳定、产量较多、规格适中等特点。

某产品系数 = 该产品的定额消耗量（或者售价、重量等）÷ 标准产品定额消耗量（或者售价、重量等）

3. 标准产品总量的计算。计算出各产品相当于标准产品的产量，然后求和。

该产品相当于标准产品的产量 = 该产品的实际产量 × 该产品的系数

4. 分配费用。

费用分配率 = 生产费用总额 ÷ 标准产品总产量

某产品应分配费用 = 该产品标准产量 × 费用分配率

 任务实施

产品成本计算如下：

1. 按照甲类产品开设产品成本明细账。根据各项生产费用登记产品成本明细账，计算甲类产品成本，如表 5-1 所示。

表 5-1　　　　　　　　　　　产品成本明细账

产品名称：甲类产品　　　　　　　20××年6月　　　　　　　　　　单位：元

项目	直接材料	直接人工	制造费用	合计
月初在产品成本	56 000	25 000	30 000	111 000
本月费用	312 000	159 200	179 100	650 300
生产费用合计	368 000	184 200	209 100	761 300
产成品成本	320 800	163 200	185 600	669 600
月末在产品成本	47 200	21 000	23 500	91 700

2. 计算类内各种产品成本。类内各种产品之间分配费用的标准为：原材料费用按照各种产品的原材料费用系数分配，原材料费用系数按原材料费用定额确定；其他费用按定额工时比例分配。

（1）计算直接材料费用系数。假设将 B 产品的费用系数定为 1，即 B 产品的费用定额为标准产量费用定额（见表 5-2）。

项目五 产品成本计算的辅助方法

表 5-2   直接材料费用系数表

产品名称	单位产品直接材料费用				原材料费用系数
	直接材料名称或编号	消耗定额（千克）	计划单位（元）	费用定额	
A 产品	6001	200	0.5	100	320/400 = 0.8
	6002	100	0.8	80	
	6003	140	1	140	
	小计			320	
B 产品	6001	240	0.5	120	400/400 = 1
	6002	200	0.8	160	
	6003	120	1	120	
	小计			400	
C 产品	6001	240	0.5	120	480/400 = 1.2
	6002	300	0.8	240	
	6003	120	1	120	
	小计			480	

（2）分配计算 A、B、C 三种产品的产成品成本。根据各种产品的产量、直接材料费用系数和工时消耗定额，分配计算甲类 A、B、C 三种产品的产成品成本，见表 5-3。

表 5-3   各种产成品成本计算表

20××年6月   单位：元

项目	产量（件）	直接材料费用系数	直接材料费用总系数	工时消耗定额	定额工时	直接材料	直接人工	制造费用	成本合计
(1)	(2)	(3)	(4)=(2)×(3)	(5)	(6)=(2)×(5)	(7)=(4)×分配率	(8)=(6)×分配率	(9)=(6)×分配率	(10)
分配率						200.5	5.1	5.8	
A 产品	400	0.8	320	15	6 000	64 160	30 600	34 800	129 560
B 产品	800	1	800	20	16 000	160 400	81 600	92 800	334 800
C 产品	400	1.2	480	25	10 000	96 240	51 000	58 000	205 240
合计	1 600		1 600		32 000	320 800	163 200	185 600	669 600

注：直接材料分配率 = 320 800 ÷ 1 600 = 200.5
   直接人工分配率 = 163 200 ÷ 32 000 = 5.1
   制造费用分配率 = 185 600 ÷ 32 000 = 5.8

实践训练【5-1】

一、单项选择题

1. 产品成本计算的分类法适用于( )。
   A. 品种、规格繁多的产品
   B. 可按一定标准分类的产品
   C. 大量大批生产的产品
   D. 品种、规格繁多并可按一定标准分类的产品

2. 采用分类法计算产品成本的目的在于( )。
   A. 分类计算产品成本
   B. 分品种计算产品成本
   C. 简化各类产品成本计算工作
   D. 简化各种产品成本计算工作

3. 按照系数比例分配同类产品中各种产品成本的方法( )。
   A. 是一种完工产品和月末在产品之间分配费用的方法
   B. 是一种单纯的产品成本计算方法
   C. 是一种简化的分类法
   D. 是一种分配间接费用的方法

4. 在采用分类法计算产品成本时,类内各种产品之间采用分配方法计算的费用( )。
   A. 只是原材料费用
   B. 只是生产工资及福利费
   C. 只是制造费用
   D. 包括全部费用

5. 成本计算的分类法的特点是( )。
   A. 按产品类别计算产品成本
   B. 按产品品种计算产品成本
   C. 按产品类别归集生产费用,计算产品成本,同类产品内各种产品的间接计入费用采用一定方法分配确定
   D. 按产品类别归集生产费用,计算产品成本,同类产品内各种产品的费用采用一定方法分配确定

6. 采用分类法计算的各种产品的成本( )。
   A. 比较准确
   B. 比较真实
   C. 能真正体现成本水平
   D. 其计算结果有着一定的假定性

二、多项选择题

1. 产品成本计算的分类法是( )。
   A. 按产品类别设置成本明细账
   B. 按产品品种设置成本明细账
   C. 按产品类别归集生产费用,计算产品成本
   D. 同类产品内各种产品的间接费用采用一定的分配方法分配确定

E. 同类产品内各种产品的各种费用均采用一定的分配方法分配确定
2. 采用分类法计算产品成本，某类产品中各种产品之间分配费用的标准可以选用( )。
   A. 定额消耗量　　　　　　　　　B. 定额费用
   C. 产品售价　　　　　　　　　　D. 产品的体积
   E. 相对固定的系数
3. 按系数比例分配同类产品中各种成本的方法是( )
   A. 分类法的一种　　　　　　　　B. 品种法的一种
   C. 一种简化的分类方法　　　　　D. 一种单独计算产品成本的方法
   E. 一种分配间接费用的方法
4. 分类法下，采用系数法计算各种产品成本时，被选作标准产品的产品应具备的条件是( )。
   A. 产量较大　　　　　　　　　　B. 产量较小
   C. 成本较低　　　　　　　　　　D. 生产比较稳定
   E. 规格折中
5. 在采用分类法时，做到既简化成本计算工作，又使成本计算相对正确的关键是( )。
   A. 产品的分类应适当　　　　　　B. 选择费用的分配标准要恰当
   C. 产品分类的类距要适当　　　　D. 产品分类的类距越小越好
   E. 各成本项目的费用应当采用同一分配标准

三、业务核算题

[资料] 某企业生产A、B、C、D、E五种产品耗用的原材料和产品的生产工艺过程比较接近，因而归为一类（甲类产品），采用分类法计算产品成本。6月份有关成本计算资料如表5-4至表5-6所示。

表5-4　　　　　　　　各种产品定额资料

产品名称	材料消耗定额	工时消耗定额/小时
A	15	9.6
B	12	8.8
C	10	8
D	9	7.6
E	8	7.2

表5-5　　　　　　　　本月各产品的实际产量　　　　　　　　单位：件

	A	B	C	D	E
产量	200	240	480	360	300

表 5-6　　月初在产品成本和本月生产费用　　单位：元

摘要	直接材料	直接人工	制造费用	合计
月初在产品成本	20 000	30 000	18 800	68 800
本月生产费用	146 880	383 040	255 360	785 280

[要求]

（1）采用月末在产品成本按年初固定成本计算，计算本月完工产品成本。

（2）采用系数分配法计算甲类产品内各种产品的成本。

任务二　定　额　法

学习目标

【知识目标】
- □ 熟悉定额法的成本核算程序
- □ 掌握定额法的成本计算方法

【技能目标】
- □ 能理解定额法的特点和适用范围
- □ 能运用定额法计算产品成本

 任务导入

[资料] 华强企业一车间大量生产甲产品，该产品各种消耗定额较为准确稳定。采用定额法计算产品成本，有关成本计算资料如表 5-7 所示。为简化举例，这里只设直接材料费用和人工费用两个成本项目。

该企业 5 月份甲产品投产 190 件，完工 200 件，月末在产品 190 件，材料在开始时一次投入；5 月份甲产品生产实际耗用 A 材料 1 100 千克，B 材料 500 千克；完成 3 000 实际工时；实际发生人工费用 7 000 元；5 月份材料成本差异率为 -2%，定额变动差异全部由完工产品负担。

表 5-7　　　　　　月初在产品成本

20××1月1日　　　　　　　　　　　　　　　单位：元

项目	直接材料	人工费用	合计
定额成本	10 000	2 000	12 000
定额差异	-500	-300	-800
材料成本差异	50		50

项目五 产品成本计算的辅助方法　　145

表 5-8　　　　　　　　　　　单位定额成本资料

项目	1月1日定额成本			5月1日定额成本	
	消耗定额	计划单位	定额成本	消耗定额	定额成本
A 材料	6 千克	6 元	36 元	5.5 千克	33 元
B 材料	3.5 千克	4 元	14 元	3.25 千克	13 元
人工费用	8 工时	5 元	40 元	7 工时	35 元
合计			90 元		81 元

[要求] 运用定额法计算产品成本。

任务分析

华强企业生产的甲产品各种消耗定额较为准确、稳定，宜选择以品种法结合定额法进行成本核算，以定额成本为目标成本，及时揭示生产费用脱离定额的差异，生产过程中加强成本控制，并根据定额成本、脱离定额差异和定额变动差异计算产品实际成本。

理论知识准备

一、定额法的特点及适用范围

定额法是以定额成本为目标成本，及时揭示生产费用脱离定额的差异，加强成本控制，并根据定额成本、脱离定额差异和定额变动差异计算产品实际成本的一种成本管理和成本计算方法。

（一）定额法的主要特点

1. 事先制定产品的各项消耗定额、费用定额和定额成本，作为成本控制的目标和成本计算的基础。

2. 定额法下，成本计算建立在日常揭示差异的基础之上。月末计算产成品成本时，根据产品的定额成本，加减各种成本差异，调整计算出完工产品的实际成本，可为成本的定期分析和考核提供依据。

3. 定额法不是一种独立的成本计算方法，必须与品种法、分步法、分批法等相结合使用。

（二）适用范围

定额法与生产类型没有直接关系，无论何种生产类型，只要具备下列条件，都可采用定额法计算产品成本：一是企业的定额管理制度比较健全，定额管理工作基础较好；二是产品的生产已经定型，消耗定额比较准确、稳定。

二、定额法的计算程序

（一）定额成本的制定

产品的定额成本是指按照各时期的现行消耗定额和计划单价计算的成本，产品的定额成本在不同时期是可以修改和变动的，定额成本一般由会计、计划、技术等部门共同制定，必须是先进、可行的，经过努力是可以达到的，不能与实际成本相差太远。定额成本的计算公式如下：

产品材料定额成本 = 产品原材料消耗定额 × 计划单价

产品人工定额成本 = 产品生产工时定额 × 单位小时计划工资

产品制造费用定额成本 = 产品生产工时定额 × 单位小时计划费用

产品定额成本 = 产品材料定额成本 + 产品人工定额成本 + 产品制造费用定额成本

（二）脱离定额差异的计算

1. 材料费用脱离定额差异的计算。**材料费用脱离定额差异**是指产品耗用原材料的实际成本与定额成本的差异，用公式表示为：

材料费用脱离定额差异 = 原材料实际成本 − 原材料定额成本

= 原材料实际耗用量 × 实际单价 − 原材料定额耗用量 × 计划单件

2. 直接人工费用脱离定额差异的计算。在计件工资制下，生产工人工资属于直接计入费用，其脱离定额差异的计算与原材料脱离定额差异的计算相似。在计时工资制下，生产工人工资属于间接计入费用，其脱离定额差异不能在平时按照产品直接计算，只有在月末实际生产工人工资确定后，按照以下公式计算：

人工费用脱离定额的差异 = 该产品实际生产工资 − 该产品定额生产工资

= 该产品实际完成 × 实际小时 − 该产品实际完成 × 计划小时

其中：实际小时工资率 = $\dfrac{该车间实际生产工人工资总额}{该车间实际生产工时总额}$

计划小时工资率 = $\dfrac{该车间计划产量的定额生产工人工资}{该车间计划产量的定额生产工时}$

某产品实际完成的定额工时 = $\left(\dfrac{该产品本月}{完工产品产量} + \dfrac{月末在产品}{约当产量} − \dfrac{月初在产品}{约当产量}\right)$ × $\dfrac{单位产品}{工时定额}$

3. 制造费用脱离定额差异的计算。制造费用属于间接费用，不能在发生时就直接按产品确定脱离定额的差异，需要待月末汇总总额，并采用一定的方法分配于各种产品后，才能确定各产品应负担的制造费用，之后，再计算制造费用的定额差异，其计算公式如下：

某产品制造费用定额差异 = 该产品实际制造费用 − 该产品实际产量定额工时 × 计划费用单价

4. 定额变动差异的计算。**定额变动差异**是指由于修订消耗定额而产生的新旧定额之间的差额。在定额修订后，月初在产品定额成本原是按旧定额计算的，而当月投产的产品定额成本是按新定额计算的，二者计算的基础不同，不能直接相加汇总。因此，需要将月初按旧定额确定的定额成本调整为按新定额确定的定额成本。其计算公式如下：

定额变动系数＝新定额成本÷旧定额变动成本

$$\begin{matrix}月初在产品\\定额变动差异\end{matrix}=\begin{matrix}按旧定额计算的月\\初在产品定额成本\end{matrix}×（1-定额变动系数）$$

$$\begin{matrix}调整后月初在\\产品定额成本\end{matrix}=\begin{matrix}按旧定额计算的月\\初在产品定额成本\end{matrix}+（或-）定额变动差异$$

5. 产品实际成本的计算。采用定额法时，产品的实际成本按如下公式计算：

$$产品的实际成本=\begin{matrix}按现行计算的\\产品定额成本\end{matrix}±\begin{matrix}定额\\差异\end{matrix}±\begin{matrix}材料成\\本差异\end{matrix}±\begin{matrix}月初在产品\\定额变动差异\end{matrix}$$

 任务实施

计算过程如表 5-9 所示：

1. 月初在产品定额变动差异。

直接材料月初在产品定额变动差异＝10 000×（1-46÷50）＝800（元）

人工费用月初在产品变动差异＝2 000×（1-35÷40）＝250（元）

2. 本月发生的生产费用定额变动差异。

直接材料定额成本＝46×190＝8 740（元）

直接材料定额差异＝（6×1 100+4×500）-（6×5.5+4×3.25）×190＝-140（元）

材料成本差异＝（8 740-140）×（-2%）＝-172（元）

人工费用定额成本＝5×7×190＝6 650（元）

人工费用定额差异＝7 000-6 650＝350（元）

3. 完工产品成本计算。

直接材料定额差异分配率＝（-500-140）÷（10 000-800+8 740）＝-0.03567

完工产品应分配的直接材料定额差异＝9 200×（-0.03567）＝-328.16

材料成本差异分配率＝（50-172）÷（17 940-640+800）＝-0.00674

完工产品应分配的材料成本差异＝9 200×（-0.00674）＝-62.01（元）

人工费用定额差异分配率＝（-300+350）÷（2 000-250+6 650）＝0.00595

完工产品应分配的人工费用定额差异＝7 000×0.00595＝41.65（元）

完工产品实际成本＝9 200-328.16+800-62.01+7 000+41.65+250＝16 901.48（元）

表 5-9　　　　　　　　　　　产品成本计算单

产品名称：甲产品　完工 200 件　在产品 190 件　20××年 5 月 31 日　　　　　　　单位：元

摘要	直接材料				人工费用			实际成本
	定额成本	定额差异	定额变动差异	材料成本差异	定额成本	定额差异	定额变动差异	
月初在产品定额成本	10 000	-500		50	2 000	-300		
月初在产品定额变动	-800		800		-250		250	

续表

摘要	直接材料				人工费用			实际成本
	定额成本	定额差异	定额变动差异	材料成本差异	定额成本	定额差异	定额变动差异	
本月生产费用	8 740	-140		-172	6 650	350		
生产费用合计	17 940	-640	800	-122	8 350	50	250	
差异分配率		-0.03567		-0.00674		0.00595		
完工产品成本	9 200	-328.16	800	-62.01	7 000	41.65	250	16 901.48
月末在产品成本	8 740	-311.76		-59.99	1 350			9 718.8
完工产品单位成本	46	-1.64	4	-0.31	35	0.21	1.25	84.51

 实践训练【5-2】

一、单项选择题

1. 定额成本与计划成本的关系是(   )。
   A. 两者是同义词
   B. 两者毫无关系
   C. 前者是根据现行定额计算的成本,后者是根据计划期内平均定额计算的成本
   D. 前者是根据计划期内平均定额计算的成本,后者是根据现行定额计算的成本
2. 原材料脱离定额差异是(   )。
   A. 价格差异   B. 数量差异
   C. 原材料成本差异   D. 一种定额变动差异
3. 产品成本计算的定额法,在适应范围上(   )。
   A. 与生产类型直接相关   B. 与生产类型无关
   C. 适用于大量生产   D. 适用于小批生产
4. 在完工产品成本中,如果月初在产品定额变动差异是正数,说明(   )。
   A. 定额提高   B. 定额降低
   C. 本月定额和成本管理出现问题   D. 本月定额和成本管理取得成绩
5. 在脱离定额差异的核算中,与制造费用脱离定额差异核算方法相同的是(   )。
   A. 原材料   B. 自制半成品
   C. 计时工资形式下的生产工人工资   D. 计件工资形式下的生产工人工资

二、多项选择题

1. 在定额法下,产品的实际成本是(   )的代数和。
   A. 按现行定额成本计算的产品定额成本
   B. 脱离现行定额的差异
   C. 材料成本差异

D. 月初在产品定额变动差异

E. 按上期定额成本计算的产品定额成本

2. 定额法的主要特点是(　　)。

    A. 简化成本计算工作

    B. 有利于加强成本控制

    C. 将定额成本作为降低成本的目标

    D. 对定额和差异分别核算

    E. 在定额成本的基础上加减成本差异计算实际成本

3. 采用定额法计算产品成本，应具备的条件有(　　)。

    A. 定额管理制度比较健全

    B. 定额管理工作基础比较好

    C. 产品生产已经定性

    D. 消耗定额比较准确、稳定

    E. 生产类型为大量大批生产

4. 计算和分析脱离定额成本差异主要包括(　　)。

    A. 直接材料脱离定额差异

    B. 直接人工费用脱离定额差异

    C. 制造费用脱离定额差异

    D. 管理费用脱离定额差异

    E. 期间费用脱离定额差异

三、业务核算题

[资料] 福东公司大批量生产甲产品，该产品各项消耗定额比较准确、稳定，采用定额法计算产品成本。公司规定，该产品的定额变动差异和材料成本差异由完工产品成本负担，脱离定额差异成本按比例在完工产品与月末在产品之间进行分配。脱离定额差异资料如下：

（1）甲产品定额成本及脱离定额差异资料如表5－10所示。

表5－10　　　　　　定额成本及脱离定额差异资料　　　　　　单位：元

成本项目		直接材料	直接人工	制造费用	合计
月初在产品成本	定额成本	10 000	2 000	6 000	18 000
	定额差异	－785	140	－900	－1 545
本月生产费用	定额成本	50 000	8 500	31 000	89 500
	定额差异	－1 000	700	1 640	1 340

（2）福东公司甲产品8月份所耗A原材料，其成本差异率为－2%。

（3）甲产品从本月1日起实行新的材料消耗定额，单位产品旧的材料费用定额为40元，新的材料费用定额为38元，该产品月初在产品按旧定额计算的材料定额费用为10 000元。

（4）甲产品本月份完工200件，在产品100件。定额成本资料如表5－11所示。

表 5-11　　　　　　　　　　产成品定额成本资料　　　　　　　　　　单位：元

成本项目	直接材料	直接人工	制造费用	合计
单位产品定额成本	275	47.25	171	493.25

[要求] 计算本月甲产品成本和在产品成本，计算结果填入"基本生产成本明细账"（见表 5-12）。

表 5-12　　　　　　　　基本生产成本明细账　　　　　完工产量：200
　　　　　　　　　　　　　　　　　　　　　　　　在产品数量：100
产品名称：甲产品　　　　　　　　　　　　　　　　　　　　单位：元

项目		行次	直接材料	直接人工	制造费用	合计
月初在产品	定额成本	1				
	脱离定额差异	2				
月初在产品定额变动	定额成本调整	3				
	定额变动差异	4				
本月生产费用	定额成本	5				
	脱离定额差异	6				
	材料成本差异	7				
生产成本合计	定额成本	8				
	脱离定额差异	9				
	材料成本差异	10				
	定额变动差异	11				
脱离定额差异分配率		12				
产成品成本	定额成本	13				
	脱离定额差异	14				
	材料成本差异	15	-980			-980
	定额变动差异	16	500			500
	实际成本	17	52 870	10 206	34 884	97 960
月末在产品成本	定额成本	18	4 500	1 050	2 800	8 350
	脱离定额差异	19	-135	84	56	5

任务三　作业成本法

学习目标
【知识目标】
□ 熟悉作业成本法的成本核算程序
□ 了解作业成本法的优缺点
【技能目标】
□ 掌握作业成本法下产品成本的计算

 任务导入

[资料] E厂20××年8月份共生产A产品200件，B产品400件，本月全部完工。共耗用直接材料74 000元，直接人工18 000元，直接制造费用26 000元，间接制造费用22 000元。其他有关资料见表5－13和表5－14。

表5－13　　　　　　　　　　　相 关 资 料 表

项目	产品名称	
	A产品	B产品
直接材料（元）	32 000	42 000
直接人工（小时）	1 500	2 500

表5－14　　　　　　　　　　　相 关 资 料 表

作业中心成本库	可追溯生产费用	作业量（次数）		
		A产品	B产品	合计
设备调整	7 000	2	3	5
质量检验	4 000	2	2	4
材料领用	5 000	4	4	8
设备维修	6 000	5	5	10
合计	22 000	13	14	27

[要求] 运用作业成本法计算产品成本。

任务分析

E厂作业中心成本库分为设备调整、质量检验、材料领用和设备维修四类，各作业中心已经确定、作业成本库已经建立、作业动因已经选定后，就可以计算各作业中心的成本分配率，将A产品和B产品发生的直接生产成本和通过作业中心成本库分配来的各项间接成本分别汇总，即可得到A产品和B产品的总成本。

 理论知识准备

一、作业成本法的概念

作业成本法是一种以"作业"为基础，以"成本驱动因素"理论为基本依据，根据产品生产或企业经营过程中发生和形成的产品与作业、作业链和价值链的关系，分析成本发生的动因，对构成产品成本的各种主要间接费用采用不同的间接费用分配率进行成本分配的一种成本计算方法。

（一）作业

作业是作业成本法的核心。作业这一概念最早出现在管理学中，进入20世纪90年代，作业概念被引入会计领域，是指那些基于特定目的、以人为主体、消耗了一定资源的特定范围内的工作。在作业成本计算中，作业的实质是将间接费用分配到产品成本中去的分配基数。例如，引起间接费用发生变化的因素是工作次数，则企业就按工作次数分配间接费用，此时工作次数就是作业。

（二）作业链

企业的各项作业不是孤立的，而是按照一定的联系形成的一系列作业的集合体，这样就形成了作业链。企业每一项作业的完成都要消耗资源，而作业的产出又形成一定的价值，再转移给下一个作业，以此类推，最终将产品生产出来，这是一个完整的作业链。

（三）成本动因

成本动因又称为成本驱动因素，是引起成本发生的因素。它揭示了企业执行作业的原因及作业消耗资源的多少，表示某一特定作业与一系列成本之间的因果关系。美国学者罗曼诺将成本动因划分为两个阶段：第一阶段是将费用在各作业成本库之间分配的资源成本动因，第二阶段是将作业成本在各产品之间分配的作业成本动因。

二、作业成本法的优点

作业成本法与传统成本法相比较，具有以下优点：

1. 作业成本法的实施使企业产品的成本计算更为合理，克服了传统成本法成本计算对象呆板的缺陷。传统成本法以企业最终产品作为成本计算对象，以单一的分配标准对间接费用进行分配，其成本核算结果粗糙，不利于成本分析；作业成本法克服了以上缺陷，根据成本动因采用多种分配标准对间接费用进行分配，使产品的成本计算更为真实。

2. 作业成本法以作业为纽带，寻求企业间接费用与产品成本之间的因果关系，为降低产品成本找到了源泉。作业成本法通过对成本动因的分析，明晰了产品成本形成的来龙去脉，找到了成本形成的根源，从而为企业降低不能为最终产品提供有用价值的作业成本成为可能。

3. 作业成本法为企业管理及决策提供了有用的信息，推动了企业管理系统的发展。作业成本法更为准确的成本计算及动因分析为企业进行成本决策、利润分析等管理活动提供了更为相关的信息，使企业的管理更加合理科学。目前，由作业成本法发展而来的作业管理已成为企业管理的重要组成部分。

三、作业成本法的基本程序

1. 确定成本计算对象。明确成本计算对象，如以产品品种、批次或步骤作为成本计算对象。

2. 确定直接生产成本的类别。将直接资源成本归集到各成本计算对象中，直接生产成本包括直接材料、直接人工等。

3. 确定资源动因，建立作业成本库。选择确定合理的成本动因，将在作业价值链上所发生的全部间接费用，通过分析、归集费用，建立作业成本库。作业成本库一般按作业中心设置，通常可分为四大类，包括与产量有关的作业中心、与产品批次有关的作业中心、与产品项目有关的作业中心、与产品设施有关的作业中心。

4. 确定作业动因。按作业中心将各资源成本归集到各个作业成本库后，需要选择恰当的成本分配基础，即作业动因，以分配作业成本库的成本。选择作业动因就是根据作业成本产生的原因，选择分配作业中心成本的标准。如机器检修作业的作业动因可选择机器的检修次数。

5. 计算各作业中心的成本分配率。当各作业中心已经确定、作业成本库已经建立、作业动因已经选定后，就可以计算各作业中心的成本分配率了。其计算公式为：

成本分配率 = 该作业的成本合计数 ÷ 该作业的成本分配基础

6. 计算各产品成本。将各产品发生的直接生产成本和分配来的各项间接成本分别汇总，即可得到各产品的总成本；将各产品的总成本除以各产品的数量，即可得到各产品的单位成本。

 任务实施

按照作业成本法计算 A、B 产品成本，见表 5-15 至表 5-17。

表 5-15 直接费用分配表 单位：元

成本项目	A 产品（200 件）				B 产品（400 件）			
	工时	分配率	总成本	单位成本	工时	分配率	总成本	单位成本
直接材料	—	—	32 000	160	—	—	42 000	105
直接人工	1 500	4.5	6 750	33.75	2 500	4.5	11 200	28.125
直接制造费用	1 500	6.5	9 750	48.75	2 500	6.5	16 200	40.625
合计	—	—	48 500	242.5	—	—	69 500	173.75

注：直接人工分配率 = 18 000 ÷ (1 500 + 2 500) = 4.5

直接制造费用分配率 = 26 000 ÷ (1 500 + 2 500) = 6.5

表 5-16 间接制造费用分配表 单位：元

作业中心成本库	分配率	A 产品		B 产品		合计
		作业次数	作业成本	作业次数	作业成本	
设备调整	1 400	2	2 800	3	4 200	7 000
质量检验	1 000	2	2 000	2	2 000	4 000
材料领用	625	4	2 500	4	2 500	5 000
设备维修	600	5	3 000	5	3 000	6 000
合计		13	10 300	14	11 700	22 000

注：设备调整分配率 = 7 000 ÷ (2 + 3) = 1 400

质量检验分配率 = 4 000 ÷ (2 + 2) = 1 000

材料领用分配率 = 5 000 ÷ (4 + 4) = 625

设备维修分配率 = 6 000 ÷ (5 + 5) = 600

A 产品单位间接制造费用 = 10 300 ÷ 200 = 51.5

B 产品单位间接制造费用 = 11 700 ÷ 400 = 29.25

表 5-17 产品总成本和单位成本 单位：元

项目	A 产品		B 产品	
	总成本	单位成本	总成本	单位成本
直接材料	32 000	160	42 000	105
直接人工	6 750	33.75	11 200	28.125
直接制造费用	9 750	48.75	16 200	40.625
间接制造费用	10 300	51.5	11 700	29.25
合计	58 800	294	81 200	203

实践训练【5-3】

一、单项选择题

1. 作业成本法的成本计算是以( )为中心。
   A. 产品　　　　　　　　　　B. 作业
   C. 费用　　　　　　　　　　D. 资源

2. 下列属于增值作业的是( )。
   A. 原材料储存作业　　　　　B. 原材料等待作业
   C. 包装作业　　　　　　　　D. 质量检查作业

3. ( )是作业成本的核心内容。
   A. 作业　　　　　　　　　　B. 产品
   C. 资源　　　　　　　　　　D. 成本动因

4. 使用作业成本法计算技术含量较高、生产量较小的产品，其单位成本与使用传统成本法计算相比，要( )。
   A. 高　　　　　　　　　　　B. 低
   C. 两者一样　　　　　　　　D. 以上均不正确

5. 传统成本计算法的计算对象为( )。
   A. 资源　　　　　　　　　　B. 作业中心
   C. 费用　　　　　　　　　　D. 最终产品

二、多项选择题

1. 作业按受益范围通常分为( )。
   A. 单位作业　　　　　　　　B. 批制作业
   C. 产品作业　　　　　　　　D. 过程作业

2. 成本动因选择主要考虑的因素有( )。
   A. 成本计量　　　　　　　　B. 成本动因与所耗资源成本的相关程度
   C. 成本库　　　　　　　　　D. 成本中心

3. 下列说法正确的有( )。
   A. 作业量决定资源的耗用量
   B. 最终产品产出量决定着作业量
   C. 资源耗用量与最终产品产出量有直接关系
   D. 成本库的作业就是成本动因

4. 与作业成本法相比，关于传统成本计算方法下列说法错误的有( )。
   A. 传统成本法低估了产量大而技术复杂程度低的产品成本
   B. 传统成本法高估了产量大而技术复杂程度低的产品成本
   C. 传统成本法低估了产量小而技术复杂程度高的产品成本
   D. 传统成本法高估了产量小而技术复杂程度高的产品成本

5. 关于作业成本法以下说法正确的有( )。

A. 作业成本法有利于提高成本信息质量，完全克服传统成本分配主观因素影响
B. 作业成本法有利于分析成本升降的原因
C. 作业成本法有利于完善成本责任管理
D. 有利于成本的预测和决策

三、业务核算题

[资料] 某企业生产甲、乙两种产品，其中甲产品900件，乙产品300件，其作业情况数据如表5-18所示。

表5-18　　　　　　　　　作业情况表　　　　　　　　　单位：元

作业中心	资源耗用（元）	动因	动因量（甲产品）	动因量（乙产品）	合计
材料处理	18 000	移动次数	400	200	600
材料采购	25 000	订单件数	350	150	500
使用机器	35 000	机器小时	1 200	800	2 000
设备维修	22 000	维修小时	700	400	1 100
质量控制	20 000	质检次数	200	150	350
产品运输	16 000	运输次数	50	30	80
合计	136 000				

[要求] 按作业成本法计算甲、乙两种产品的成本，并填制表5-19。

表5-19　　　　　　　　　间接制造费用分配表　　　　　　　　　单位：元

作业中心	资源耗用（元）	动因量	动因率	甲产品	乙产品
材料处理	18 000	600			
材料采购	25 000	500			
使用机器	35 000	2 000			
设备维修	22 000	1 100			
质量控制	20 000	350			
产品运输	16 000	80			
合计总成本	136 000				
单位成本					

任务四 目标成本法

学习目标

【知识目标】
- 熟悉目标成本法的成本核算程序
- 了解目标成本法的优缺点

【技能目标】
- 掌握目标成本法下产品成本的计算

 任务导入

[资料] A 公司是一家专业生产移动硬盘的高科技企业,由于现在市场上大容量 U 盘热销,公司现在准备推出一种容量为 50G 的 U 盘。公司确定采用目标成本法,为此,需要确定竞争性价格,从而确定生产 U 盘的目标成本。

已知,生产新型大容量的 U 盘可以利用现有的生产设备,现有的生产设备生产能力利用率为 60%,生产新型大容量的 U 盘后,生产设备生产能力利用率可以提高到 85%,现有生产设备的年固定成本为 1 000 万元。

经调查,确定竞争性价格为 100 元。

已知,A 公司权益乘数为 2,股权资本成本为 15%,负债平均利率为 7%,公司所得税税率为 25%。A 公司对于大容量 U 盘项目在加权平均资本成本的基础上要求的额外利润率为 15%。

[要求]

(1) 为确定目标成本,需要确定竞争性价格。简述确定竞争性价格应该考虑的因素和具体方法。

(2) 从成本管理角度,确定必要利润需要考虑哪些因素?

(3) 不考虑其他因素,确定新型大容量 U 盘的目标成本。

 任务分析

A 公司根据市场需求,准备推出一种容量为 50G 的 U 盘,A 公司从新产品的基本构想、设计至生产开始阶段,为降低成本及实现利润而实行了各种管理活动,即运用了目标成本法。该方法的核心工作是制定目标成本,并且通过各种方法不断改进产品与工序设计,以最终使得产品的设计成本小于或等于其目标成本。这一工作需要由包括营销、开发与设计、采购、工程、财务与会计,甚至供应商与顾客在内的设计小组或工作团队来进行。

理论知识准备

一、目标成本法的概念

目标成本法是一种以市场为导向、对有独立的制造过程的产品进行利润计划和成本管理的方法。它的出发点是以大量市场调查为基础，根据客户认可的价值和竞争者的预期反应，估计出在未来某一时点市场上的目标售价，然后减去企业的目标利润，从而得到目标成本。

目标成本法是一种全过程、全方位、全人员的成本管理方法。**全过程**是指供应链产品生产到售后服务的一切活动，包括供应商、制造商、分销商在内的各个环节；**全方位**是指从生产过程管理到后勤保障、质量控制、企业战略、员工培训、财务监督等企业内部各职能部门各方面的工作以及企业竞争环境的评估、内外部价值链、供应链管理、知识管理等；**全人员**是指从高层经理人员到中层管理人员、基层服务人员、一线生产员工。目标成本法在作业成本法的基础上来考察作业的效率、人员的业绩、产品的成本，弄清楚每一项资源的来龙去脉，每一项作业对整体目标的贡献。

二、目标成本法的特点

1. 关注顾客。以顾客为导向，将顾客对质量、成本、时间的要求在产品及流程设计决策中予以考虑。
2. 以市场价格作为上限，谋求成本降低。
3. 关注产品与流程设计。在设计阶段投入更多的时间。
4. 跨职能合作。采用跨职能团队方式帮助各部门管理者在未开始生产产品前就衡量产品的功能、消费者需要、产品的成本和利润。
5. 在产品生命周期的初期阶段使设计者注重成本的降低。
6. 采用价值工程等方法去维持产品功能并降低成本。

三、目标成本法的分类

（一）基于价格的目标成本法

这种方法最适用于契约型供应链关系，而且供应链客户的需求相对稳定。在这种情况下，供应链企业所提供的产品或服务变化较少，也就很少引入新产品。目标成本法的主要任务就是在获取准确的市场信息的基础上，明确产品的市场接受价格和所能得到的利润，并且为供应链成员的利益分配提供较为合理的方案。

在基于价格的目标成本法的实施过程中，供应链成员企业之间达成利益水平和分配时间的一致是最具成效和最关键的步骤：应该使所有的供应链成员都获得利益，但利益总和不得超过最大许可的产品成本；而且达成的价格应能充分保障供应链成员企业的长期利益和可持续发展。

(二) 基于价值的目标成本法

基于价值的目标成本法是指以所能实现的价值为导向,进行目标成本管理,即按照供应链上各种作业活动创造价值的比例分摊目标成本。这种按比例分摊的成本成为支付给供应链成员企业的价格。一旦确定了供应链作业活动的价格或成本,就可以运用这种目标成本法来识别能够在许可成本水平完成供应链作业活动的成员企业,并由最有能力完成作业活动的成员企业构建供应链,共同运作,直到客户需求发生进一步的变化需要重构供应链为止。

(三) 基于作业成本管理的目标成本法

目标成本法的作用在于激发和整合成员企业的努力,以连续提升供应链的成本竞争力。因此,基于作业成本管理的目标成本法实质上是以成本加成定价法的方式运作,供应链成员企业之间的价格由去除浪费后的完成供应链作业活动的成本加市场利润构成。这种定价方法促使供应链成员企业剔除基于自身利益的无效作业活动。诚然,供应链成员企业通过"利益共享"获得的利益必须足以使它们致力于供应链关系的完善与发展,而不为优化局部成本的力量所左右。

四、目标成本法的实施程序

(一) 以市场为导向设定目标成本

1. 根据新品计划和目标售价编制新品开发提案。一般新品上市前就要正式开始目标成本规划,每种新品设一名负责产品开发的经理,以产品开发经理为中心,对产品计划构想加以推敲。编制新品开发提案,内容包括新品样式规格、开发计划、目标售价及预计销量等。

2. 采用超部门团队方式,利用价值工程寻求最佳产品设计组合。进入开发设计阶段,为实现产品规划的目标,以产品开发经理为中心,结合各部门一些人员加入,组成跨职能的成本规划委员会,成员包括来自设计、生产技术、采购、业务、管理、会计等部门的人员,是一个超越职能领域的横向组织,开展具体的成本规划活动,共同合作以达到目标。

(二) 在设计阶段实现目标成本,计算成本差距

目标成本与公司目前相关估计产品成本(即在现有技术条件下,不积极从事降低成本活动下产生的成本)相比较,可以确定成本差距。由于新品开发往往很多都是借用件,并非全部零部件都会变更,通常变更需要重估的只是一部分,所以目前相关产品成本可用现有产品加减其变更部分成本差额算出。目标成本与估计成本的差额为成本差距(成本规划目标),它是需要通过设计活动降低的成本目标值。

(三) 在生产阶段运用持续改善成本法以达到设定的目标成本

新品进入生产阶段3个月后,检查目标成本的实际达成情况,进行成本规划实绩的评估,确认责任归属,以评价目标成本规划活动的成果。至此,新品目标成本规划活动正式告一段落。进入生产阶段,成本管理即转向成本维持和持续改善,使之能够对成本对象耗费企业资源的状况更适当地加以计量和核算,使目标成本处于正常控制状态。

任务实施

[解析] 由于权益乘数为2,因此,股东权益/总资产=1/2=50%,负债比重为50%。

必要利润率=加权平均资本成本+额外利润率
  =15%×50%+7%×(1-25%)×50%+15%=25.13%

由于现有的生产设备生产能力利用率为60%,生产新型大容量的U盘后,生产设备生产能力利用率可以提高到85%,在生产能力范围以内,因此,在决策时不用考虑固定成本。

目标成本=100-100×25.13%=74.87(元)

 实践训练【5-4】

[资料] G公司的甲事业部仅为特殊行业配套生产专用设备X产品。本年度,与主要客户签订了战略合作协议,确定未来三年内定制X产品200台,每台售价800万元。甲事业部将进一步加强成本管理工作,力保实现利润总额增长8%的预算目标。

[要求]
(1) 根据资料,指出甲事业部最适宜采用的成本管理方法,并简要说明理由;
(2) 判断上述成本管理方法设定成本的公式;
(3) 竞争性价格的确定需要考虑的因素。

项目六 成本报表的编制和分析

任务一 成本报表的编制和分析基本认知

学习目标

【知识目标】
- 明确成本报表的概念、作用、种类及特点

【技能目标】
- 掌握成本报表的特点
- 能够准确区分成本报表与其他会计报表的不同点

 任务导入

[资料] 嘉欣机械厂行政管理部门希望及时了解该厂每日货币资金的流动、结存等情况，要求财务会计部门每日报告货币资金的流动、结存等情况。财务部门为满足管理部门的信息需求，应设计一张内部报表——货币资金日常报告，及时为管理部门提供货币资金日常信息。

[问题] 嘉欣机械厂财务部门应如何设计货币资金日常报告的内容以满足管理部门的货币资金信息需求？

 任务分析

嘉欣机械厂设计货币资金日常报告的目的，主要是供管理当局及时了解当日企业货币资金的流动、结存情况，以有效调度货币资金，因此，货币资金内部报告的核心是如何使企业管理当局及时了解货币资金在本期的增加、减少和期末结存情况。

理论知识准备

一、成本报表的概念

成本报表是根据产品成本和期间费用的核算资料以及其他有关资料编制的，用来反映企业一定时期产品成本和期间费用的构成及升降变动情况的报告文件。产品成本作为反映企业生产经营活动情况的综合性指标，是企业经营管理水平的重要尺度。成本报表反映企业内部成本管理，属于企业内部报表。

二、成本报表的特点

（一）服务内部

市场经济模式下，成本报表主要为企业内部管理服务，满足企业管理者、成本责任者对成本信息的需求，有利于观察、分析、考核成本的动态，有利于控制计划成本目标的实现，也有利于预测工作。

成本报表从实质上看，它是企业内部成本管理的报表，为企业内部管理需要而编制，对加强成本管理，提高经济效益有着重要的作用。

（二）格式、内容灵活

对外报表的内容，由国家统一规定，强调完整性。内部成本报表主要是围绕着成本管理需要反映的内容，没有明确规定统一的格式和内容，不强调成本报告内容的完整性，往往从管理出发对某一问题或某一侧面进行重点反映，揭示差异，找出原因，分清责任。成本报表的种类、项目、格式和编制方法，由企业自行决定。因此，内部成本报表的成本指标可以是多样化，以适应不同使用者和不同管理目的对成本信息的需求，使内部成本报表真正为企业成本管理服务。

（三）不定时编报

对外报表一般都是定期地编制和报送，并规定在一定时间内必须报送。而内部成本报表主要是为企业内部成本管理服务，所以，内部成本报表可以根据内部管理的需要适时地、不定期地进行编制，使成本报表及时地反映和反馈成本信息，揭示存在的问题，促使有关部门和人员及时采取措施，改进工作，提高服务效率，控制费用的发生以达到节约的目的。

成本报表根据管理上的要求一般可按月、按季、按年编报。但对内部管理的特殊需要，也可以按日、按旬、按周，甚至按工作班组来编报，目的在于满足日常、临时、特殊任务的需要，使成本报表资料及时服务于生产经营的全过程。

三、成本报表的分类

（一）按报表反映的内容分类

1. 反映成本计划执行情况的报表。主要反映企业为生产一定种类和一定数量产品所支出的生产费用的水平及其构成情况，并与计划、上年实际、历史最好水平或同行业同类产品先进水平相比较，反映产品成本的变动情况和变动趋势。属于此类成本报表的有产品生产成本表、主要产品单位成本表等。

2. 反映费用支出情况的报表。主要反映企业在一定时期内各种费用总额及其构成情况的报表，并与计划（预算）、上年实际对比，反映各项费用支出的变动情况和变动趋势。属于此类成本报表的有制造费用明细表、销售费用明细表、管理费用明细表和财务费用明细表等。

3. 反映生产经营情况的报表。生产情况表、材料耗用表、材料差异分析表、质量成本表等就属于这类报表。

（二）按报表编制的时间分类

1. 定期报表。产品生产成本表、主要产品单位成本表、制造费用明细表、管理费用明细表、销售费用明细表、财务费用明细表等就属于定期成本报表。

2. 不定期报表。这类报表是针对成本管理中出现的某些问题或亟须解决的问题而随时按要求编制的。有关成本费用表等就属于不定期成本报表。

四、成本报表与财务报表的区别（见表6-1）

表6-1

区别	财务报表特点	成本报表特点
服务对象	为企业外部的会计信息使用者服务，属于外部报表	为企业内部经营管理者服务，属于内部报表
种类、内容、格式和编制方法、编报时间、报送对象	因为种类、内容、格式和编制方法、编报时间、报送对象等都由国家做出统一规定和说明，不得随意变动，具有统一性，各个企业财务报表差异小	都由企业自行决定，并可根据企业的实际情况不断进行修改和调整，具有灵活性与多样性，即每个企业成本报表各不相同，就是同一企业在不同时期的成本报表也可能会因为进行修改和调整而有所不同
内容要求	全面性	要求专题性、针对性
编报时效	定期编报	定期与不定期编报相结合，可以根据需要适时地、不定期地编报，更具时效性与灵活性
设置的指标及包含的信息	一般设置货币指标，主要包含会计核算信息资料	不仅设置货币指标，还设置大量反映成本费用消耗的数量指标，是会计核算资料与技术经济资料相结合的产物，包含了各个方面的信息，更具有综合性

 任务实施

货币资金变动情况表设计内容：

1. 确定报表的名称。反映货币资金的流动、结存等情况的报表，实际上就是反映货币资金变动情况，可以命名为"货币资金变动情况表"。

2. 确定报表的编制单位、编制周期和金额单位。编制单位是企业的财务会计部门，也可以具体到科或核算组；编制周期是每日报告，所以属于日报表；金额单位确定为"元"。

3. 报表格式与排列顺序的设计。货币资金包括库存现金、银行存款和其他货币资金。因此，该报表应该反映现金、银行存款和其他货币资金的详细情况，可将其设计为栏目。而从重要性程度来看，银行存款应排在最显要的位置。报表项目应按照"期初余额＋本期收入－本期支出＝期末余额"计算公式确定，并按顺序排列。

4. 报表指标体系的设计。从管理的角度考虑，该报表应表明货币资金存在的具体形式，比如银行存款是分布在哪些账户（银行账号）上；还应当披露货币资金的来源渠道和用途（均可按类别反映）。这些信息是管理部门进行分析的资料来源，也是进行预测和决策的重要依据。因此，在"本日增加金额"和"本日减少金额"项目下，应分别列示详细情况。此外，管理部门利用该报表还希望掌握有多少货币资金可实际调度，该报表应能够反映明日可实际动用的最大额度。也可以在报表的下方增加备注栏，作为补充说明。

5. 设计报表的编报程序。从职责上看，该报表应由出纳在每日下班前编制，由会计人员进行复核（根据具体情况也可由会计人员编制，由出纳进行核对），由会计主管或会计机构负责人审批后，方可报出。

按上述设计步骤，货币资金变动情况表的一般格式如表6－2所示。

表6－2　　　　　　　　　　　　货币资金变动情况表

编制单位：　　　　　　　　　　　×年×月×日　　　　　　　　　　金额单位：元

项目	银行存款			现金	其他货币资金			合计
	×账户	×账户	……		银行本票	银行汇票	……	
昨日账面余额								
本日增加金额								
其中：营业收入								
融资收入								
账款收回								
投资收回								
其他收进								
本日减少金额								
其中：营业支出								
归还借款								
归还账款								

续表

项目	银行存款			现金	其他货币资金			合计
	×账户	×账户	……		银行本票	银行汇票	……	
投资支出								
内部借款								
其他支出								
本日账面余额								
加：未记账增加								
减：未记账减少								
本日实际余额								
备注：								

会计主管： 复核： 出纳： 制表：

实践训练【6-1】

一、单项选择题

1. 下列不属于成本报表的是(　　)。
   A. 商品产品成本表　　　　　B. 主要产品单位成本表
   C. 现金流量表　　　　　　　D. 制造费用明细表

2. 成本报表是向企业经营管理者提供成本信息，进行成本分析和成本决策的(　　)会计报表。
   A. 外部管理　　　　　　　　B. 内部管理
   C. 年度　　　　　　　　　　D. 静态

3. 成本报表属于(　　)。
   A. 对外报表　　　　　　　　B. 对内报表
   C. 既是对内报表，又是对外报表　D. 对内还是对外由企业决定

4. 确立成本报表的种类、项目、格式和编制方法的单位是(　　)。
   A. 企业自身　　　　　　　　B. 主管企业的上级机构
   C. 财政部门　　　　　　　　D. 审计部

二、多项选择题

1. 工业企业一般编制的成本报表主要有(　　)。
   A. 商品产品成本表　　　　　B. 销售产品成本表
   C. 主要产品单位成本表　　　D. 制造费用明细表
   E. 期间费用明细表

2. 编制成本报表的基本要求有(　　)。

A. 数字准确　　　　　　　　　　B. 格式统一
　　C. 内容完整　　　　　　　　　　D. 方法统一
　　E. 编报及时
　3. 成本报表的特点有(　　)。
　　A. 服务内部　　　　　　　　　　B. 服务外部
　　C. 不定时编制　　　　　　　　　D. 方法统一
　　E. 格式灵活

三、简答题

什么是成本报表，它有什么作用？

任务二　产品成本报表的编制和分析

学习目标

【知识目标】
□ 明确成本报表的编制要求
□ 掌握基本成本报表的结构和编制
□ 掌握基本成本报表的分析方法

【技能目标】
□ 能编制产品生产成本表和主要产品单位成本表
□ 能对基本成本报表进行分析和说明
□ 能参与管理部门的成本决策

 任务导入

[资料] 嘉欣机械厂 2016 年度甲产品直接材料费用见表 6 - 3。

表 6 - 3　　　　　　　　　　　　甲产品直接材料费用

项　目	产品产量（件）	单位产品消耗量（千克）	材料单价（元）	材料费用（元）
计划	1 000	50	20	1 000 000
实际	1 200	48	22	1 267 200
差异	+200	-2	+2	+267 200

[要求] 用因素分析法进行差异分析。

项目六 成本报表的编制和分析

任务分析

因素分析法具体有两种,即连环替代法、差额分析法。其中连环替代法为基本方法,差额分析法为简化方法。通过一定的计算程序和方法,定量地确定各个因素对分析指标差异的影响程度。该法是各项因素替换结果的对比,所以实质上也是一种对比分析法。

(1) 采用连环替代法计算由于产品产量、单位产品材料消耗量和材料单价三个因素变动,甲产品直接材料费用超支 267 200 元的影响程度。

(2) 采用差额法计算由于产品产量、单位产品材料消耗量和材料单价三个因素变动,甲产品直接材料费用超支 267 200 元的影响程度。

理论知识准备

一、成本报表的编制

(一) 成本报表的编制要求

1. 成本报表的设置要求。
(1) 报表的专题性;
(2) 报表指标内容的实用性;
(3) 报表格式的针对性。
2. 成本报表的编制要求。
(1) 数字真实、计算准确;
(2) 内容完整;
(3) 编报及时;
(4) 计算口径和填报方法保持各会计期间的一致性。

(二) 成本报表编制的依据

编制成本报表的主要依据是:
1. 报告期的成本账簿资料;
2. 本期成本计划及费用预算等资料;
3. 以前年度的会计报表资料;
4. 企业有关的统计资料和其他资料等。

(三) 成本报表的编制方法

1. 表中的成本、费用等指标的实际数,一般根据有关的产品成本或费用明细账的实际发生额填列。
2. 表中的实际成本、费用等指标的累计数,一般根据本期报表的本期成本、费用实际数加上上期报表的实际成本、费用累计数计算填列;如果有关的明细账簿中记有期末实际成本、费用累计数,可以直接根据该数据填列。
3. 表中的成本、费用等指标计划或预算数,一般根据有关的计划或预算填列。

4. 表中的其他资料和补充资料，应根据报表相应的编制规定填列。

二、成本报表的分析

成本报表分析的一般方法有以下几种：

（一）比较分析法

比较分析法，是通过实际数与基数的对比来揭示实际数与基数之间的差异，借以了解经济活动的成绩和问题的一种分析方法。

比较分析法适用于同质指标的数量对比。采用这种分析方法，应注意相比指标的可比性。可比的共同基础包括经济内容、计算方法、计算期和影响指标形成的客观条件等方面。若指标不可比，应先按可比的口径进行调整，然后再进行对比。该方法有以下几种对比形式：

1. 以成本的实际指标与计划或定额指标对比，分析成本计划或定额的完成情况。
2. 以本期实际成本指标与前期（上期、上年同期或历史最好水平）的实际成本指标对比，观察企业成本指标的变动情况和变动趋势。
3. 以本企业实际成本指标（或某项技术经济指标）与国内外同行业先进指标对比，可以在更大范围内找出差距，推动企业改进经营管理。

（二）比率分析法

比率分析法是通过计算指标之间的比率，来考察企业经济活动相对效益的一种分析方法。比率分析法主要有相关指标比率分析法、构成比率分析法和动态比率分析法。

1. 相关指标比率，是将两个性质不同但又相关的指标进行对比求出的比率。如产值成本率、成本利润率等。
2. 构成比率，是某项经济指标的各个组成部分占总体的比重。如各成本项目占总成本的比率等，原材料费用比率、人工费用比率和制造费用比率。
3. 动态比率，是将不同时期的同类指标进行对比求出的比率，据以分析增减速度和变动趋势。如定基比率和环比比率。

定基比率 = 分析期指标数额 ÷ 固定期指标数额

环比比率 = 分析期指标数额 ÷ 前一期指标数额

（三）因素分析法

所谓因素分析法，是指将一个需要分析的综合指标分解成若干个相互联系的构成因素（即建立起各个因素与该综合指标之间的函数关系），通过一定的计算程序和方法，定量地确定各个因素对分析指标差异的影响程度的一种分析方法。该法是各项因素替换结果的对比，所以实质上也是一种对比分析法。

因素分析法具体有两种，一为连环替代法；二为差额分析法。其中连环替代法为基本方法，差额分析法为简化方法。

1. 连环替代法，是将某一综合指标分解为若干个相互联系的因素，计算分析各项因素对综合指标变动影响程度的一种分析方法。其基本模式为：

设某一财务指标 N 是由相互联系的 A、B、C 三个因素组成，计划（标准）指标和实际指标的公式是：

计划（标准）指标 $N_0 = A_0 \times B_0 \times C_0$
实际指标　　　　　$N_1 = A_1 \times B_1 \times C_1$
该指标实际脱离计划（标准）的总差异 $D = N_1 - N_0$。

可能同时是上列三因素变动的影响。在测定各个因素的变动对指标 N 的影响程度时可顺序计算如下：

计划（标准）指标 $N_0 = A_0 \times B_0 \times C_0$ 　　　　　　　　　　　　　　　　　(1)
第一次替代 $N_2 = A_1 \times B_0 \times C_0$ 　　　　　　　　　　　　　　　　　　　　(2)
第二次替代 $N_3 = A_1 \times B_1 \times C_0$ 　　　　　　　　　　　　　　　　　　　　(3)
第三次替代实际指标 $N_1 = A_1 \times B_1 \times C_1$ 　　　　　　　　　　　　　　　 (4)

据此测定的结果：
(2) - (1) $N_2 - N_0$ ……………为 A 因素变动的影响
(3) - (2) $N_3 - N_2$ ……………为 B 因素变动的影响
(4) - (3) $N_1 - N_3$ ……………为 C 因素变动的影响
三因素影响合计：
$(N_2 - N_0) + (N_3 - N_2) + (N_1 - N_3)$
$= N_1 - N_0 = D$

▲**注意**：如果将各因素替代的顺序改变，则各个因素的影响程度也就不同。

2. 差额分析法。是连环替代法的一种简化形式。运用这一方法时，要先确定各因素实际数与计划数之间的差异，然后按照各因素的排列顺序，依次求出各因素变动的影响程度。

设某一财务指标 N 是由相互联系的 A、B、C 三个因素组成，计划（标准）指标和实际指标的公式是：

计划（标准）指标 $N_0 = A_0 \times B_0 \times C_0$
实际指标　　　　　$N_1 = A_1 \times B_1 \times C_1$
其公式可表示为：
A 因素的影响程度 = $(A_1 - A_0) \times B_0 \times C_0$
B 因素的影响程度 = $(B_1 - B_0) \times A_1 \times C_0$
C 因素的影响程度 = $(C_1 - C_0) \times A_1 \times B_1$

三、产品生产成本报表的编制与分析

产品生产成本表是反映工业企业在一定时期内生产的全部产品的总成本和单位成本的报表。产品生产成本报表可以从两个不同角度进行编制和分析：一是按产品种类编制全部产品生产成本表，反映企业在报告期所产全部产品的总成本和各种主要产品（含可比产品和不可比产品）单位成本及总成本；二是按成本项目编制全部产品生产成本表，汇总反映企业在报告期发生的全部生产费用（按成本项目反映）和全部产品总成本。

（一）产品生产成本表（按产品种类反映）的编制和分析

这种格式的产品成本表，其基本结构是按产品种类，即可比产品和不可比产品汇总反

映企业一定时期内生产的全部产品的单位成本和总成本,并根据实际产量,按上年实际平均数计算本年计划数、本月实际数、本年实际数,分品种分栏进行反映。

1. 全部产品生产成本表(按产品种类反映)的结构和编制方法。产品生产成本表的编制,应根据上年和本年生产费用明细账(或产品成本计算单)、有关产量统计资料、在产品和自制半成品等期末存货盘存资料、有关产品的计划和定额成本资料以及有关经济技术资料等,经过整理、加工和分析计算单位成本、总成本的各栏,分别按成本项目类别,按成本性态类别,按产品品种类别进行填列(见表6-4)。

表6-4 产品生产成本表(按产品种类反映)

产品名称	计量单位	实际产量		单位成本				本月总成本			本年累计总成本		
		本月	本年累计	上年实际平均	本年计划	本月实际	本年实际平均	按上年实际平均单位成本计算	按本年计划单位成本计算	本月实际	按上年实际平均单位成本计算	按本年计划单位成本计算	本年实际
可比产品合计													
A产品													
B产品													
不可比产品合计													
C产品													
全部产品合计													

(1)"实际产量"栏。分为"本月"数和"本年累计"数两栏,分别反映本月和从本年1月1日起至报表编制月月末止各种主要产品的实际产量。应根据成本计算单或产品成本明细账的记录计算填列。

(2)"单位成本"栏。按上年度本报表资料、本期成本计划资料、本期实际成本资料和本年累计成本资料分别计算填列。

(3)"本月总成本"栏。包括本月实际总成本、按上年实际平均单位成本计算的总成本和按本年计划单位成本计算的总成本三项内容。

本月实际总成本按本月产品成本计算单的有关数字填列;

后两项内容分别根据上年实际平均单位成本和本年计划单位成本乘以本月实际产量所得积数填列。

(4)"本年累计总成本"栏。包括"按上年实际平均单位成本计算"、"按本年计划单位成本计算"和"本年实际总成本"三栏。

应按自年初至本月末止的本年累计产量分别乘以上年实际平均单位成本、本年计划单位成本和本年累计实际平均单位成本的积填列。

(5)补充资料。补充资料应按下列公式计算填列。

$$可比产品成本降低额 = \frac{按上年实际平均单位成本}{计算的可比产品总成本} - \frac{本年可比产品}{实际总成本}$$

$$可比产品成本降低率 = \frac{可比产品成}{本降低额} \div \frac{按上年实际平均单位}{成本计算的可比产品成本} \times 100\%$$

2. 产品生产成本表（按产品种类反映）的分析。

(1) 对全部产品成本计划的完成情况进行总括评价。就是将可比产品实际成本与按实际产量和上年实际单位成本计算的上年实际总成本相比较，确定可比产品成本实际降低额和降低率。

可比产品成本计划降低额 = ∑计划产量×上年实际平均单位成本 − 计划总成本

可比产品成本计划降低率
= 可比产品成本计划降低额/（∑计划产量×上年实际平均单位成本）×100%。

可比产品成本实际降低额 = 本期实际成本 − 可比产品上期实际成本
=（∑实际产量×上年实际平均单位成本）− 实际总成本

可比产品成本实际降低率 = 可比产品成本降低额/可比产品上期实际成本×100%
= 实际成本降低额/（∑实际产量×上年实际平均单位成本）×100%

(2) 分析可比产品成本降低计划的完成情况。用可比产品成本实际降低额和降低率与计划降低额和降低率相比，评价企业可比产品成本降低任务完成情况（见表6-5）。

表6-5　　　　　　　　　**可比产品成本降低任务完成表**（某产品）

项　目	计　划	实　际	差　异
降低额			
降低率			

(二) 产品生产成本表（按成本项目反映）的编制和分析

1. 产品生产成本表（按成本项目反映）的结构和编制方法（见表6-6）。

表6-6　　　　　　　　　**产品生产成本表**（按成本项目反映）

成本项目	上年实际	本年计划	本月实际	本年实际
直接材料				
直接人工				
制造费用				
产品生产成本				

这种格式的产品成本表，其基本结构是按成本项目列示产品总成本，并按上年实际数、本年计划数、本月实际数和本年实际数分项、分栏进行反映。

(1)"上年实际"栏应根据上年12月份本表的本年累计实际数填列。

(2)"本年计划"栏根据本年成本计划资料的有关数字填列。

(3)"本月实际"栏应根据本月各种产品成本明细账的本月合计数,按成本项目分别汇总填列。

(4)"本年实际"栏应根据本月实际数与上月份本表的本年累计实际数之和填列。

(5)在产品、自制半成品期初余额,应根据各种产品成本明细账的期初余额与各种自制半成品明细账的期初余额汇总之和填列。

(6)在产品、自制半成品期末余额,应根据各种产品成本明细账的期末余额与各种自制半成品明细账的期末余额汇总之和填列。

> ▲注意：全部产品生产成本表（按成本项目反映）中的产品生产成本的本月实际数合计与本年累计实际数合计,应分别与产品生产成本表（按产品种类反映）中的产品生产成本的本月实际数合计与本年累计实际数合计核对相符。

2. 产品生产成本表（按成本项目反映）的分析。分析此表一般可采用比较分析法、构成比率分析法和相关指标比率分析法。分析如表6-7所示。

表6-7　　　　　　　　　按成本项目分析产品生产成本

成本项目	产品成本		降低指标	
	计划	实际	降低额	降低率（%）
直接材料 直接人工 制造费用			=计划-实际	=（降低额/计划）×100%
生产成本				

四、主要产品单位成本报表的编制与分析

主要产品是指企业经常生产,在企业全部产品中所占比重较大,能总括反映企业生产经营面貌的那些产品。**主要产品单位成本表**是反映企业在报告期内生产的各种主要产品单位成本水平和构成情况的报表。该报表应按主要产品分别编制,是对全部产品生产成本表所列各种主要产品成本的补充说明。利用此表,可以按照成本项目分析和考核主要产品单位成本计划的执行情况；可以按照成本项目将本月实际和本年累计实际平均单位成本,与上年实际平均单位成本和历史先进水平进行对比,了解单位成本的变动情况；可以分析和考核各种主要产品的主要技术经济指标的执行情况,进而查明主要产品单位成本升降的具体原因。

（一）主要产品单位成本表的结构和编制方法

1. 结构。主要产品单位成本表的结构可分为两部分（见表6-8）：

第一部分为本表的基本部分,是分别按每一种主要产品进行编制的,表中除反映产品名称、规格、计量单位、产量、售价之外,主要是按成本项目反映单位成本的构成和水平

项目六 成本报表的编制和分析

及各项主要技术经济指标；

第二部分为本表的补充资料，反映上年和本年的几项经济指标，为分析、考核提供简便的资料。

表6-8　　　　　　　主要产品单位成本表（表中数据为假设数据）

产品名称		乙产品		本月计划产量		6
规格				本月实际产量		8
计量单位		台		本年累计计划产量		80
销售单价		150元		本年累计实际产量		100
成本项目		历史先进水平	上年实际平均	本年计划	本月实际	本年累计实际平均
直接材料		98	108	100	121	120
直接人工		20	24	25	20	23
制造费用		12	18	15	14	13
生产成本		130	150	140	155	156
主要技术经济指标	单位	用量	用量	用量	用量	用量
1. 主要材料	千克	10	108	10	11	10.75
2. 生产工时	小时	8	9	8.5	8	8.2

补充资料：

项目	上年实际	本年实际
成本利润率（%）		
资金利润率（%）		
净产值率（%）		
流动资金周转次数（次）		
实际利税总额		
职工工资总额		
年末职工人数		
全年平均职工人数		

2. 编制方法：

（1）"本月计划产量"和"本年累计计划产量"项目根据本月和本年产品产量计划资料填列。

（2）"本月实际产量"和"本年累计实际产量"项目根据统计提供的产品产量资料，

或产品入库单填列。

(3) "主要技术经济指标"项目反映主要产品每一单位产量所消耗的主要原材料、燃料、工时等的数量。应根据产品成本计算资料(包括领料单等凭证)以及统计资料整理填列。

(4) "历史先进水平"项目指本企业历史上该种产品成本最低年度的实际平均单位成本和实际单位用量。应根据该年的成本资料填列。

(5) "上年实际平均"项目指上年实际平均单位成本的单位用量。应根据上年度本表的本年累计实际平均单位成本和单位用量的资料填列。

(6) "本年计划"项目指本年计划单位成本和单位用量,应根据年度成本计划中的资料填列。

(7) "本月实际"项目指本月实际单位成本和单位用量。应根据本月完工的该种产品成本明细账上的有关数字计算后填列。

(8) "本年累计实际平均"项目是指本年年初至本月末止该种产品的平均实际单位成本和单位用量。应根据年初至本月末止已完工产品成本计算单等有关资料,采用加权平均计算后填列。

(二) 主要产品单位成本表的分析

分析主要产品单位成本的意义在于揭示各种产品单位成本及其各个成本项目的变动情况,尤其是各项消耗定额的执行情况;确定产品结构、工艺和操作方法的改变,以及有关技术经济指标变动对产品单位成本的影响,查明产品单位成本升降的具体原因。

> ▲注意:主要产品单位成本变动情况可从实际与计划、本年实际与上年同期实际两方面进行分析,本书以实际与计划比较为例进行分析。如果要进行本年实际与上年实际的比较分析,只需将计划数据改为上年同期相关数据即可。

1. 主要产品单位成本变动情况分析。

(1) 直接材料项目的分析(与计划比)。

材料耗用量变动的影响 = (计划单位耗用量 − 实际单位耗用量) × 计划单价

材料单价变动的影响 = (计划单价 − 实际单价) × 实际单位耗用量

(2) 直接人工项目的分析(与计划比)。

$$\text{工时消耗量变动的影响} = \left(\text{计划单位产品工时消耗量} - \text{实际单位产品工时消耗量}\right) \times \text{计划小时工资率}$$

$$\text{小时工资率变动的影响} = \left(\text{计划小时工资率} - \text{实际小时工资率}\right) \times \text{实际单位产品工时消耗量}$$

(3) 制造费用项目的分析(与计划比)。

$$\text{工时消耗量变动的影响} = \left(\text{计划单位产品工时消耗量} - \text{实际单位产品工时消耗量}\right) \times \text{计划小时费用率}$$

$$\text{小时费用率变动的影响} = \left(\text{计划小时费用率} - \text{实际小时费用率}\right) \times \text{实际单位产品工时消耗量}$$

(4) 编制主要产品单位成本变动情况分析表(见表6-9)。

表 6-9　　　　　　　　　　主要产品单位成本变动情况分析表

成本项目	本年度实际平均比历史先进水平		本年度实际平均比上年实际平均		本年度实际平均比本年计划	
	降低额	降低率（%）	降低额	降低率（%）	降低额	降低率（%）
直接材料						
直接人工						
制造费用						
合计						

2. 主要成本项目分析。

用本年实际数与计划数的差异对主要产品单位成本变动情况进行发析，逐一分析产品成本构成项目如直接材料、直接人工、制造费用对产品成本变动的影响，以及各成本项目变动的原因。

 任务实施

1. 采用连环替代法计算由于产品产量、单位产品材料消耗量和材料单价三个因素变动，甲产品直接材料费用超支 267 200 元的影响程度。

计划数 = 1 000 × 50 × 20 = 1 000 000（元）
实际数 = 1 200 × 48 × 22 = 1 267 200（元）
差异额 = 1 267 200 - 1 000 000 = 267 200（元）
第一次替代 = 1 200 × 50 × 20 = 1 200 000（元）
产量增加对总差异的影响额 = 1 200 000 - 1 000 000 = +200 000（元）
第二次替代 = 1 200 × 48 × 20 = 1 152 000（元）
单耗节约对总差异的影响额 = 1 152 000 - 1 200 000 = -48 000（元）
第三次替代 = 1 200 × 48 × 22 = 1 267 200（元）
材料单价提高对总差异的影响额 = 1 267 200 - 1 152 000 = +115 200（元）
三因素同时变动影响的差异总额 = +200 000 +（-48 000）+ 115 200
　　　　　　　　　　　　　　 = +267 200（元）

2. 采用差额法计算由于产品产量、单位产品材料消耗量和材料单价三个因素变动，甲产品直接材料费用超支 267 200 元的影响程度。

计划数 = 1 000 × 50 × 20 = 1 000 000（元）
实际数 = 1 200 × 48 × 22 = 1 267 200（元）
差异额 = 1 267 200 - 1 000 000 = 267 200（元）

其中：

产品产量变动影响的差异额 =（1 200 - 1 000）× 50 × 20 = +200 000（元）
单位产品材料消耗量变动影响的差异额 =（48 - 50）× 1 200 × 20 = -48 000（元）

材料单价变动影响的差异额 = (22 - 20) × 1 200 × 48 = +115 200（元）
三因素同时变动影响的差异总额 = +200 000 + (-48 000) + 115 200
　　　　　　　　　　　　　　 = +267 200（元）

差额计算法与连环替代法的计算结果完全相同，但差额计算法比连环替代法简化。

典型任务示例【6-1】

[资料] 某公司产品成本情况如表6-10所示。

(1) 按产品种类分析产品成本（可比产品成本降低情况分析）。

表6-10　　　　　　　　　　某公司产品成本情况

产品名称	计量单位	产量		单位成本			本月总成本			
		计划	实际	上年实际平均	本年计划	本月实际	本年实际平均	按上年实际平均单位成本计算	按本年计划单位成本计算	本月实际
可比产品：A产品	件	1 050	1 100	130	126	125	125	136 500	137 500	
B产品		8 000	7 600	195	190	188	188	1 560 000	1 428 800	
C产品		500	500	84	82	81	81	42 000	40 500	
合计								1 738 500	1 606 800	

可比产品成本计划降低额 = 1 050 × (130 - 126) + 8 000 × (195 - 190) + 500 × (84 - 82)
　　　　　　　　　　　 = 45 200（元）

可比产品成本计划降低率 = 45 200 / (1 050 × 130 + 8 000 × 195 + 500 × 84) × 100%
　　　　　　　　　　　 = 2.6%

可比产品实际降低额 = 1 100 × (130 - 125) + 7 600 × (195 - 188) + 500 × (84 - 81)
　　　　　　　　　 = 60 200（元）

可比产品成本实际降低率 = 60 200 / (1 100 × 130 + 7 600 × 195 + 500 × 84) × 100%
　　　　　　　　　　　 = 3.61%

(2) 可比产品成本降低计划的完成情况（见表6-11）。

表6-11　　　　　　　　　可比产品成本降低任务完成表

项　目	计　划	实　际	差　异
降低额	45 200	60 200	15 000
降低率	2.6%	3.61%	1.01%

实践训练【6-2】

一、单项选择题

1. 在"主要产品单位成本表"中，不需要反映的指标是（　　）。
   A. 上年实际平均单位成本　　　　　　B. 本年计划单位成本
   C. 本月实际单位成本　　　　　　　　D. 本月实际总成本
2. 本年实际产量乘上年实际平均单位成本计算的生产总成本，减去本年累计实际总成本，等于（　　）。
   A. 计划成本降低额　　　　　　　　　B. 实际成本降低额
   C. 实际成本降低率　　　　　　　　　D. 没有经济意义
3. 根据实际成本指标与不同时期的指标对比，来揭示差异，分析差异产生原因的方法称为（　　）。
   A. 因素分析法　　　　　　　　　　　B. 差量分析法
   C. 对比分析法　　　　　　　　　　　D. 相关分析法
4. 在进行产品成本分析，计算实际成本降低率时，是用成本降低额除以（　　）。
   A. 按计划产量计算乘以上年实际平均成本计算的总成本
   B. 按计划产量计算乘以本年实际平均成本计算的总成本
   C. 按实际产量计算乘以上年实际平均成本计算的总成本
   D. 按实际产量计算乘以本年实际平均成本计算的总成本

二、多项选择题

1. 成本报表编制的依据有（　　）。
   A. 报告期的成本账簿资料　　　　　　B. 本期成本计划及费用预算等资料
   C. 以前年度的成本报表资料　　　　　D. 以前年度的会计报表资料
   E. 企业有关的统计资料和其他资料等
2. 成本报表分析的一般方法有（　　）。
   A. 比较分析法　　　　　　　　　　　B. 比率分析法
   C. 连环替代法　　　　　　　　　　　D. 差额法
3. 产品生产成本表（按产品种类反映）的结构包括（　　）。
   A. 实际产量　　　　　　　　　　　　B. 按上年实际平均数计算的成本
   C. 本年计划数　　　　　　　　　　　D. 本月实际数
   E. 本年实际数
4. 产品成本表中对于可比产品需要列出的单位成本有（　　）。
   A. 上年实际平均单位成本　　　　　　B. 本年计划单位成本
   C. 本月实际单位成本　　　　　　　　D. 本年累计实际平均单位成本
   E. 历史最好水平单位成本

三、简答题

1. 编制成本报表有哪些要求？

2. 成本报表编制的方法有哪些?

四、编制成本报表

昆明公司是一家工业制造企业,其产品有GX502和GX506,2016年1—11月份及2016年12月份生产资料如表6-12至表6-16所示,请根据相关资料,编制2016年12月份的完工产品入库单、产品生产成本表(按产品种类反映)、产品生产成本表(按成本项目反映)、主要产品单位成本表。

[资料1] 2016年1—11月末商品产品产量(见表6-12)。

表6-12　　　　2016年1—11月末商品产品产量　　　　金额单位:元

产品名称	计量单位	1—11月累计产量	单位成本		1—11月累计实际总成本
			上年实际平均	本年计划	
GX502	台	50	153 548.86	153 000	7 646 562.28
GX506	台	40	168 003.36	167 500	6 616 826.72
合计					14 263 390

注:GX502销售单价180 000元、GX506销售单价220 000元。

[资料2] 2016年1—11月末主要产品单位成本资料(见表6-13)。

表6-13　　　　2016年1—11月末主要产品单位成本　　　　单位:元

成本项目	历史先进水平		上年实际平均		本年计划	
	GX502	GX506	GX502	GX506	GX502	GX506
直接材料	95 872.32	99 975.28	95 200.29	98 701.97	91 800	98 825
燃料及动力	5 243.02	4 665.51	6 141.96	5 040.1	6 120	4 690
直接人工	18 725.06	23 327.56	21 496.84	25 620.51	19 890	21 775
制造费用	29 960.10	58 984.67	30 709.77	38 640.78	35 190	42 210
产品生产成本	149 800.50	163 625.46	153 548.86	168 003.36	153 000	167 500

[资料3] 2016年12月份各车间产品各项目分配率(见表6-14至表6-16)。

表6-14　　　　加工一车间产品各项目分配率　　　　单位:元

产品名称	直接材料	燃料及动力	直接人工	制造费用
GX502	7 046.289	923.388	4 346.29	16 458.68
GX506	8 639.94	1 008.7	4 381.875	14 939.373

项目六 成本报表的编制和分析

表6-15　　　　　　　　　加工二车间产品各项目分配率　　　　　　　　单位：元

产品名称	直接材料	燃料及动力	直接人工	制造费用
GX502	8 587.684	943.779	3 923.144	16 819.924
GX506	12 265.235	1 266.479	5 365.125	20 818.645

表6-16　　　　　　　　　装配车间产品各项目分配率　　　　　　　　单位：元

产品名称	直接材料	燃料及动力	直接人工	制造费用
GX502	77 565.143	1 240.662	5 701.263	9 232.578
GX506	76 471.667	1 879.026	8 162.4	12 645.316

[要求] 根据上述资料，完成以下报表的编制（见表6-17至表6-22）。

（1）2016年12月完工产品入库单。

表6-17　　　　　　　　　　　本月完工产品入库单

产品名称	单位	交付数量	检验结果	实收数量	金额（元）
GX502	台	10	10	10	
GX506	台	8	8	8	
合计					

（2）2016年12月产品生产成本表（按产品种类反映）。

表6-18　　　　　　　产品生产成本表（按产品种类反映）　　　　　　单位：元

产品名称	计量单位	实际产量		单位成本			本年总成本			本年累计总成本		
		本月	本年累计	上年实际平均	本年计划	本年实际	本年累计实际平均	按上年实际平均单位成本	按本年计划单位成本	本月实际	按上年实际平均单位成本	按本年计划单位成本	本年实际
		1	2	3	4	5	6	7	8	9	10	11	12
可比成品1：GX502													
2：GX506													
全部商品产品成本													

补充资料：
①可比成本降低额　　　元；②可比成本降低率　　　%（本年计划降低率　　　%）。

(3) 2016年12月产品生产成本表（按成本项目反映）。

表6-19　　　　　　　　　产品生产成本表1（按成本项目反映）

产品名称：GX502　　　　　　　　　　　　　　　　　　　　　　　　　　　单位：元

成本项目	上年实际	本年计划	本月实际	本年实际
直接材料				
直接人工				
制造费用				
产品生产成本				

表6-20　　　　　　　　　产品生产成本表2（按成本项目反映）

产品名称：GX506　　　　　　　　　　　　　　　　　　　　　　　　　　　单位：元

成本项目	上年实际	本年计划	本月实际	本年实际
直接材料				
直接人工				
制造费用				
产品生产成本				

(4) 2016年12月主要产品单位成本表。

表6-21　　　　　　　　　　主要产品单位成本表（一）

2016年12月　　　　　　　　　　　　　　　　　　　　　　　　　　　　　单位：元

产品名称		GX502	本月实际产量	
规　　格			本年累计实际产量	
计量单位			销售单价	

成本项目	行次	历史先进水平	上年实际平均	本年计划	本月实际	本年累计实际平均
直接材料						
燃料及动力						
直接人工						
制造费用						
产品生产成本						

表 6-22   主要产品单位成本表（二）

2016 年 12 月   单位：元

产品名称		GX506		本月实际产量		
规　格				本年累计实际产量		
计量单位				销售单价		
成本项目	行次	历史先进水平	上年实际平均	本年计划	本月实际	本年累计实际平均
直接材料						
燃料及动力						
直接人工						
制造费用						
产品生产成本						

五、成本报表分析

1. 假设 GX502 产品材料相关资料如表 6-23 所示，请用连环替代法和差额法分析 GX502 产品直接材料各因素的影响额。

表 6-23   GX502 产品直接材料费用

项目	产品数量（台）	单位产品消耗量（千克）	材料单价（元/千克）
本年计划	9	1 020	100
本年实际	10	1 000	93.199

2. 根据以上编制的表 6-18 关于 2016 年 12 月产品生产成本表（按产品种类反映），分析可比产品成本降低额与降低率。

3. 假如 2016 年 GX502 产品的销量为 20 台，请计算 GX502 产品的成本利润率。

任务三　各种费用报表的编制和分析

学习目标

【知识目标】
□ 熟悉费用报表的结构及编制方法

【技能目标】
□ 能编制制造费用明细表

任务导入

[资料] 平安公司制造费用资料如表 6-24 至表 6-26 所示，根据资料编制 2016 年

12 月份制造费用明细表。

（1）2015 年 12 月份制造费用明细表（见表 6-24）。

表 6-24 　　　　　　2015 年 12 月份制造费用明细表　　　　　　单位：元

项目	本年计划数	上年同期实际数	本月实际数	本年累计实际
工资及福利费	省略	省略	5 600	76 000
折旧费			4 500	60 000
修理费			7 200	85 000
办公费			3 000	32 600
水电费			500	3 600
低值易耗品摊销			600	5 200
租赁费			700	0
差旅费			4 500	50 000
保险费			200	1 600
设计制图费			4 000	31 200
试验检验费			0	0
在产品盘亏和毁损			100	200
其他			200	460
制造费用合计	—		31 100.00	345 860.00

（2）2016 年 11 月份制造费用明细表（见表 6-25）。

表 6-25 　　　　　　2016 年 11 月份制造费用明细表　　　　　　单位：元

项目	本年计划数	上年同期实际数	本月实际数	本年累计实际
工资及福利费	80 000	76 000	6 000	77 700
折旧费	52 000	60 000	5 000	56 100
修理费	78 000	85 000	7 000	76 790
办公费	32 000	32 600	3 000	30 750
水电费	3 000	3 600	300	2 670
低值易耗品摊销	5 000	5 200	800	4 500
租赁费	4 000	0	600	3 000
差旅费	44 000	50 000	5 000	40 800

续表

项目	本年计划数	上年同期实际数	本月实际数	本年累计实际
保险费	1 600	1 600	200	1 180
设计制图费	31 400	31 200	3 700	11 610
试验检验费	3 000	0	0	3 500
在产品盘亏和毁损	500	200	140	290
其他	500	460	50	325
制造费用合计	335 000.00	345 860.00	31 790.00	309 215.00

(3) 2016 年 12 月制造费用明细账（见表 6-26）。

表 6-26　　　　　　　　2016 年 12 月制造费用明细账　　　　　　　　单位：元

一级科目	二级科目	发生额	借或贷
制造费用	工资及福利费	7 300	借
	折旧费	5 100	借
	修理费	7 410	借
	办公费	2 850	借
	水电费	270	借
	低值易耗品摊销	400	借
	租赁费	500	借
	差旅费	4 200	借
	保险费	120	借
	设计制图费	3 650	借
	试验检验费	0	借
	在产品盘亏和毁损	60	借
	其他	35	借
	制造费用合计	31 895.00	

[要求] 根据资料（1）、（2）、（3），编制 2016 年 12 月份制造费用明细表。

 任务分析

制造费用明细表应按制造费用项目分别反映各该费用的本年计划数、上年同期实际数、本月实际数和本年累计实际数。

理论知识准备

一、费用报表的内容

各种费用报表包括制造费用明细表、销售费用明细表、管理费用明细表和财务费用明细表。

二、费用报表的编制

(一) 制造费用明细表的结构和编制

制造费用明细表反映工业企业生产单位在报告期内为组织和管理生产所发生的各项费用及其构成情况的报表。只反映基本生产车间的制造费用,不包括辅助生产车间的制造费用,以免重复反映。

1. 制造费用明细表的结构(见表 6-27)。

表 6-27　　　　　　　　　　制造费用明细表的结构

项目	本年计划数	上年同期实际数	本月实际数	本年累计实际
工资及福利费				
折旧费				
办公费				
水电费				
⋮				
制造费用合计				

2. 制造费用明细表的编制方法。制造费用明细表按制造费用项目分别反映各该费用的本年计划数、上年同期实际数、本月实际数和本年累计实际数。

(1) 本年计划数:应根据本年成本计划中的制造费用计划填列。

(2) 上年同期实际数:应根据上年同期制造费用明细表的本年累计实际数填列。

(3) 本月实际数:应根据"制造费用"总账科目所属各基本生产车间制造费用明细账的本月合计数汇总计算填列。

(4) 本年累计实际数:应根据"制造费用"总账科目所属各基本生产车间制造费用明细账本年年初起至本月月末止的本年累计发生额汇总计算填列,也可以根据上月本表的本年累计实际数与本月实际数之和填列。

(二) 期间费用明细表的编制

期间费用是反映企业在报告期发生的管理费用、财务费用、销售费用的报表,包括"管理费用明细表"、"销售费用明细表"和"财务费用明细表"。

期间费用明细表的编制与制造费用明细表的编制基本相同。

1. 本年计划数：应根据本年管理费用、销售费用、财务费用计划填列。

2. 上年同期实际数：应根据上年同期管理费用、销售费用、财务费用明细表的本年累计实际数填列。

3. 本月实际数：应根据相关总账科目所属管理费用、销售费用、财务费用明细账的本月合计数汇总计算填列。

4. 本年累计实际数：应根据管理费用、销售费用、财务费用总账科目明细账本年年初起至本月月末止的本年累计发生额汇总计算填列，也可以根据上月本表的本年累计实际数与本月实际数之和填列。

三、费用报表的分析

（一）费用报表分析的方法及程序

各种费用包括制造费用、销售费用、管理费用和财务费用，对各种费用明细表进行分析所采用的方法，主要是对比分析法。

在用对比分析法进行费用报表分析时，首先应根据表中资料用本年实际数与本年计划数相比较，确定实际脱离计划差异；用本年实际数与上年同期数相比较，揭示本月（年）实际与上年同期实际之间的增减变化；然后分析产生差异的原因。

（二）费用报表分析的注意事项

1. 要按各个费用项目分别进行分析，不能只对费用总额的预算完成情况进行分析。因为费用总额完成了预算，不代表各个费用项目也完成了预算。只对费用总额的预算完成情况进行分析，易使一些费用项目的超支被一些费用项目的节约所掩盖，或是出现各个费用项目预算完成情况的平均化。而不同的费用项目具有不同的经济性质和经济用途，发生差异的原因也各不相同，分析时应采用不同的程序分别进行分析。

2. 各种费用的明细项目很多，要对其中费用比重大的、与预算偏差大的、非生产性的存货盘亏或损毁等一些费用项目进行重点分析，并从动态上观察比较其变动情况和变动趋势，以了解企业成本管理工作的改进情况。因为像制造费用中的"在产品盘亏和损毁"、管理费用中的"材料、产成品盘亏和损毁"等非生产性费用的发生，一般都与企业生产经营管理不善有关，避免这些损失就可以大大降低成本，所以分析时要作为重点项目来抓。在分析变动情况时要注意费用指标口径前后期是否一致，是否可比。如不一致，应经过调整以后再进行比较。

3. 分析时要与经济效益联系，注意具体费用项目的支出特点，不能按照比较结果简单地认为，一切费用支出的超支都是不好的，一切费用支出的节约都是好的，直接就做出草率评价。比如说，因超额完成全年销售计划而相应增加销售费用中的工资及福利费、运输费、广告费、差旅费等项目的支出，这种超支就是合理的。再比如说，制造费用中的修理费的减少，就可能会带来因不按计划进行维修，而影响机器设备的正常运转和缩短机器设备使用寿命的不良后果，这种节约就不是好现象。

4. 应注意费用预算（计划）的合理性，可以将本期实际与上期实际或历史先进水平对比分析。

5. 将费用分为固定费用、变动费用，同时包括固定费用与变动费用的混合费用（或半变动成本）等，分别进行分析。固定费用在相关范围内不受业务量变动的影响，可以直接用实际数与预算数对比，确定差异，如按直线法计算的管理费用中的折旧费；而变动费用随着业务量的变动成正比例的变动，应联系业务量的变动，计算相对的节约或超支差异。如销售费用中的运输费、装卸费、包装费，会随着销售量的变动而变动，就应与销售量联系进行分析。在业务量一定的范围内固定，超过这一范围后，随着业务量的增加而增加，就属于混合成本。掌握有关费用项目的这些特点，对于正确分析各种费用十分重要。

 任务实施

表 6 – 28　　　　　　　　　　　制造费用明细表

编制单位：平安公司　　　　　日期：2016 年 12 月 31 日　　　　　　　　　　单位：元

项目	本年计划数	上年同期实际数	本月实际数	本年累计实际
工资及福利费	80 000	76 000	7 300	85 000
折旧费	52 000	60 000	5 100	61 200
修理费	78 000	85 000	7 410	84 200
办公费	32 000	32 600	2 850	33 600
水电费	3 000	3 600	270	2 940
低值易耗品摊销	5 000	5 200	400	4 900
租赁费	4 000	0	500	3 500
差旅费	44 000	50 000	4 200	45 000
保险费	1 600	1 600	120	1 300
设计制图费	31 400	31 200	3 650	15 260
试验检验费	3 000	0	0	3 500
在产品盘亏和毁损	500	200	60	350
其他	500	460	35	360
制造费用合计	335 000.00	345 860.00	31 895.00	341 110.00

典型任务示例【6-2】

[资料] 根据平安公司 2016 年 12 月份制造费用表 6-28，用对比法分析 2016 年 12 月份制造费用表。

（一）计划完成情况分析（见表 6-29）

表 6-29　　　　　　　　　　制造费用计划完成情况分析表　　　　　　　　　单位：元

项目	本年计划数	本年累计实际	成本减少额	成本减少率
工资及福利费	80 000	85 000	-5 000	-6.25%
折旧费	52 000	61 200	-9 200	-17.69%
修理费	78 000	84 200	-6 200	-7.95%
办公费	32 000	33 600	-1 600	-5.00%
水电费	3 000	2 940	60	2.00%
低值易耗品摊销	5 000	4 900	100	2.00%
租赁费	4 000	3 500	500	12.50%
差旅费	44 000	45 000	-1 000	-2.27%
保险费	1 600	1 300	300	18.75%
设计制图费	31 400	15 260	16 140	51.40%
试验检验费	3 000	3 500	-500	-16.67%
在产品盘亏和毁损	500	350	150	30.00%
其他	500	360	140	28.00%
制造费用合计	335 000.00	341 110.00	-6 110.00	-1.82%

从分析表可以看出：

1. 2016 年制造费用比计划增加了 6 110 元，增加比例为 1.82%。其中工资及福利费超计划 5 000 元（超计划 6.25%），折旧费超计划 9 200 元（超计划 17.9%），租赁费比计划节约了 500 元（节约了 12.5%），设计制图费比计划减少了 16 140 元（减少了 51.4%）。

2. 成本增加较多的项目为折旧费、工资及福利费，原因是本年计划外新增固定资产 A 万元，导致折旧费增加；本年提高了职工社会保险支付比例，导致工资费用的增加。成本减少较多的项目为设计制图费、在产品盘亏和毁损、保险费，原因是本年引进了新的制图工艺，节约了设计制图费等等。

(二) 较上年同期变化情况分析（见表 6-30）

表 6-30　　　　制造费用与上年同期比较变化情况分析表　　　　　　　单位：元

项目	上年同期实际数	本年累计实际	比上年同期减少额	减少率
工资及福利费	76 000	85 000	-9 000	-11.84%
折旧费	60 000	61 200	-1 200	-2.00%
修理费	85 000	84 200	800	0.94%
办公费	32 600	33 600	-1 000	-3.07%
水电费	3 600	2 940	660	18.33%
低值易耗品摊销	5 200	4 900	300	5.77%
租赁费	0	3 500	-3 500	
差旅费	50 000	45 000	5 000	10.00%
保险费	1 600	1 300	300	18.75%
设计制图费	31 200	15 260	15 940	51.09%
试验检验费	0	3 500	-3 500	
在产品盘亏和毁损	200	350	-150	-75.00%
其他	460	360	100	21.74%
制造费用合计	345 860.00	341 110.00	4 750	1.37%

从分析表可以看出：

1. 2016 年制造费用较上年减少了 4 750 元，减少比例为 1.37%。其中设计制图费减少了 15 940 元（减少了 51.09%），水电费减少了 660 元（减少了 18.33%），差旅费减少了 5 000 元（减少了 10%）；工资及福利费增加了 9 000 元（增加了 11.84%），新增租赁费 3 500 元，新增试验检验费 3 500 元。

2. 制造费用增加较多的项目为工资及福利费、租赁费、试验检验费，原因是本年增加了员工数量、提高了员工的工资及福利，新租了厂房及设备。费用节约较多的项目为设计制图费、差旅费，原因是本年引进了新的制图工艺，节约了设计制图费等等。

实践训练【6-3】

一、多项选择题

1. 企业编制的成本报表中，除了商品产品成本表和主要产品单位成本表外，还要编制的其他成本报表有（　　）。

　　A. 制造费用明细表　　　　　　　　　　B. 财务费用明细表

C. 管理费用明细表　　　　　　　　D. 销售费用明细表
E. 产品单位成本明细表
2. 工业企业成本报表一般包括（　　）。
　A. 产品生产成本表　　　　　　　　B. 主要产品单位成本表
　C. 制造费用明细表　　　　　　　　D. 各种期间费用明细表
　E. 以上均包括
3. 制造费用明细表的结构包括（　　）。
　A. 本年计划栏　　　　　　　　　　B. 本年累计实际栏
　C. 本月实际栏　　　　　　　　　　D. 上年同期计划栏
　E. 上年同期实际栏
4. 在用对比分析法进行费用报表分析时，应比较的项目包括（　　）。
　A. 本年实际数与本年计划数　　　　B. 本年实际数与上年计划数
　C. 上年计划数与本年计划数　　　　D. 本年实际数与上年同期实际数
　E. 本年实际数与本月实际数

二、判断题

1. 制造费用报表既包括基本生产车间的制造费用，也包括辅助生产车间的制造费用。（　　）
2. 本年累计实际数可以根据上月本表的本年累计实际数与本月实际数之和填列。（　　）
3. 制造费用报表中本月实际数应根据"制造费用"总账科目所属各基本生产车间制造费用明细账本年年初起至本月月末止的本年累计发生额汇总计算填列。（　　）
4. 各种费用报表的分析法主要是因素分析法。（　　）
5. 费用报表只需对费用总额的预算完成情况进行分析即可。（　　）

三、实务操作题

昆明公司2016年1—11月份、12月份制造费用相关资料如表6-31至表6-34所示，根据相关资料编制昆明公司2016年12月份的制造费用明细表（见表6-35）。

表6-31　　　　　　　1—11月份制造费用有关资料　　　　　　　单位：元

项目	本年计划（各月平均）	上年同期实际	1—11月累计实际
机物料消耗	33 800	33 968	136 020
工资	24 000	24 560	99 200
福利费	3 360	3 438.4	13 880
折旧费	1 318 000	1 316 000	5 260 000
水电费	21 000	21 500	854 600
报刊费	150	160	640

续表

项目	本年计划（各月平均）	上年同期实际	1—11月累计实际
劳保费	31 500	31 800	126 900
修理费	111 400	112 050	446 400
低值易耗品	13 000	12 956.6	51 760
保险费	730	750	3 000
蒸汽费	36 000	36 000	142 500
合计	1 592 940	1 593 183	6 364 900

表6-32　　　　　　　　　2016年12月昆明公司工资计算表　　　　　　　　　单位：元

部门名称	人员类别	月基本工资	生产奖金	津贴和补助	加班工资	应付工资	代扣社保	实发工资
铸造车间	生产工人	3 000	2 000	1 000	500	6 500	650	5 850
	管理人员	5 000	1 000	1 000	300	7 300	730	6 570
加工一车间	生产工人	3 000	2 500	1 500	800	7 800	780	7 020
	管理人员	5 000	1 500	1 000	300	7 800	780	7 020
加工二车间	生产工人	3 000	2 500	1 500	600	7 600	760	6 840
	管理人员	4 000	1 000	1 500	500	7 000	700	6 300
工会	工会人员	2 000		1 000		3 000	300	2 700
财务	财务人员	2 500		1 000	200	3 700	370	3 330
销售	销售人员	2 500	1 000	2 500	500	6 500	650	5 850
合计		30 000	11 500	12 000	3 700	57 200	5 720	51 480

表6-33　　　　　　　　　2016年12月昆明公司福利费计提表　　　　　　　　　单位：元

部门名称	人员类别	月基本工资	生产奖金	津贴和补助	加班工资	应付工资	计提福利费
铸造车间	生产工人	3 000	2 000	1 000	500	6 500	910
	管理人员	5 000	1 000	1 000	300	7 300	1 022
加工一车间	生产工人	3 000	2 500	1 500	800	7 800	1 092
	管理人员	5 000	1 500	1 000	300	7 800	1 092

续表

部门名称	人员类别	月基本工资	生产奖金	津贴和补助	加班工资	应付工资	计提福利费
加工二车间	生产工人	3 000	2 500	1 500	600	7 600	1 064
	管理人员	4 000	1 000	1 500	500	7 000	980
工会	工会人员	2 000		1 000		3 000	420
财务	财务人员	2 500		1 000	200	3 700	518
销售	销售人员	2 500	1 000	2 500	500	6 500	910
合计		30 000	11 500	12 000	3 700	57 200	8 008

表 6-34　　　　　　　　　　2016 年 12 月昆明公司其他费用表　　　　　　　　　　单位：元

部门名称	固定资产折旧	水电费	劳保费	差旅费
铸造车间	4 000	2 300	800	200
加工一车间	3 000	2 300	800	300
加工二车间	3 500	2 400	800	
工会	500	500		200
财务	1 000	500		200
销售	1 000	500		2 000
合计	13 000	8 500	2 400	2 900

[要求] 编制 2016 年 12 月份制造费用明细表。

表 6-35　　　　　　　　　　　　制造费用明细表
编制单位：昆明公司　　　　　　　　日期：2016 年 12 月 31 日　　　　　　　　单位：元

项目	本年计划（各月平均）	上年同期实际	本月实际	本年累计实际
机物料消耗	33 800	33 968		
工资	24 000	24 560		
福利费	3 360	3 438.4		
折旧费	1 318 000	1 316 000		
水电费	21 000	21 500		
报刊费	150	160		

续表

项目	本年计划（各月平均）	上年同期实际	本月实际	本年累计实际
劳保费	31 500	31 800		
修理费	111 400	112 050		
低值易耗品	13 000	12 956.6		
保险费	730	750		
蒸汽费	36 000	36 000		
合计	1 592 940	1 593 183		

审核： 制表：

项目七 成本控制和成本考核

任务一 成本控制

学习目标

【知识目标】
- □ 明确成本控制的概念、原则及方法

【技能目标】
- □ 能够根据实际业务制定成本控制措施
- □ 能够运用标准成本法进行成本控制

 任务导入

[资料] 甲产品正常生产能力为 1 000 小时。本月实际生产量为 20 件,实际人工工时 950 小时,变动性制造费用 2 375 元,固定制造费用 2 850 元,总计为 17 550 元。

表 7-1　　　　　　　　　　制造费用相关资料表

项　目	价格标准	数量标准	金额（元/件）
直接材料	9 元/千克	50 千克/件	450
直接人工	4 元/小时	45 小时/件	180
变动制造费用	3 元/小时	45 小时/件	135
固定制造费用	2 元/小时	45 小时/件	90
合　计			855

[**要求**] 根据表 7-1 相关资料计算变动性制造费用成本差异及变动性制造费用效率差异。

 任务分析

变动制造费用成本差异考核分析时，应从费用的耗费和效率两方面进行分析：

变动制造费用效率差异 =（实际工时 - 标准工时）× 变动制造费用标准分配率

变动制造费用耗费差异 =（变动制造费用实际分配率 - 变动制造费用标准分配率）× 实际工时

 理论知识准备

一、成本控制的概念

成本控制的过程是运用系统工程的原理对企业在生产经营过程中发生的各种耗费进行计算、调节和监督的过程，也是一个发现薄弱环节，挖掘内部潜力，寻找一切可能降低成本途径的过程。

成本控制就是指以成本作为控制的手段，通过制定成本总水平指标值、可比产品成本降低率以及成本中心控制成本的责任等，达到对经济活动实施有效控制的目的的一系列管理活动与过程。

二、成本控制的原则

（一）经济原则

经济原则是指因推行成本控制而发生的成本，不应超过因缺少控制而丧失的收益。经济原则在很大程度上决定了我们只在重要领域中选择关键因素加以控制，而不对所有成本都进行同样周密的控制。经济原则要求成本控制能起到降低成本、纠正偏差的作用，具有实用性。成本控制系统应能揭示何处发生了失误、谁应对失误负责，并能确保采取纠正措施。经济原则要求在成本控制中贯彻"例外管理"原则。对正常成本费用支出可以从简控制，而格外关注各种例外情况。经济原则还要求贯彻重要性原则，应把注意力集中于重要事项，对成本细微尾数、数额很小的费用和无关大局的事项可以从略。经济原则还要求成本控制系统具有灵活性。

（二）因地制宜原则

因地制宜原则是指成本控制系统必须个别设计，适合特定企业、部门、岗位和成本项目的实际情况，不可照搬别人的做法。

适合特定企业的特点，是指大型企业和小企业，老企业和新企业，发展中和相对稳定的企业，这个行业和那个行业的企业，同一企业的不同发展阶段，其管理重点、组织结构、管理风格、成本控制方法和奖金形式都应当有区别。例如，新建企业的管理重点是销售和制造，而不是成本；正常营业后管理重点是经营效率，要开始控制费用并建立成本标准；扩大规模后管理重点是扩充市场，要建立收入中心和正式的业绩报告系统；规模庞大的老企业，管理重点是组织的巩固，需要周密的计划和建立投资中心。不存在适用所有企业的成本控制模式。

（三）全员参加原则

企业的任何活动，都会发生成本，都应在成本控制的范围之内。所以，每个职工都应负有成本责任。成本控制是全体职工的共同任务，只有通过全体职工协调一致的努力才能完成。**成本控制对员工的要求**是：具有成本愿望和成本意识，养成节约成本的习惯，关心成本控制的结果；具有合作精神，理解成本控制是一项集体的努力过程，不是个人活动，必须在共同目标下同心协力；能够正确理解和使用成本控制信息，据以改进工作，降低成本。

为了调动全体员工的成本控制的积极性，应注意以下问题：（1）需要有客观的、准确的和适用的控制标准。（2）鼓励参与制定标准。（3）让员工了解企业的困难和实际情况。采用压力和生硬的控制，常会导致不满，而了解实情会激发员工的士气。（4）建立适当的激励措施。（5）冷静地处理成本超支和过失。在分析成本不利差异时，应始终记住其根本目的是寻求解决问题的办法，而不是寻找"罪犯"。

（四）领导推动原则

由于成本控制涉及全体员工，并且不是一件令人欢迎的事情，因此必须由最高当局来推动。

成本控制对企业领导层的要求是：（1）重视并全力支持成本控制。各级人员对于成本控制是否认真办理，往往视最高当局是否全力支持而定。（2）具有完成成本目的的决心和信心。管理当局必须认定，成本控制的目标或限额必须而且可以完成。成本控制的成败，也就是他们自己的成败。（3）具有实事求是的精神。实施成本控制，不可好高骛远，更不能急功近利，操之过急。唯有脚踏实地，按部就班，才能逐渐取得成效。（4）以身作则，严格控制自身的责任成本。

三、成本控制的程序及方法

成本控制是指降低成本支出的绝对额，故又称为绝对成本控制；成本降低还包括统筹安排成本、数量和收入的相互关系，以求收入的增长超过成本的增长，实现成本的相对节约，因此又称为相对成本控制。

生产过程中的成本控制，就是在产品的制造过程中，对成本形成的各种因素，按照事先拟定的标准严格加以监督，发现偏差及时采取措施加以纠正，从而使生产过程中的各项资源的消耗和费用开支限定在标准规定的范围之内。成本控制的基本工作程序如下：

（一）制定成本标准

成本标准是成本控制的准绳，成本标准首先包括成本计划中规定的各项指标。但成本计划中的一些指标都比较综合，还不能满足具体控制的要求，这就必须规定一系列具体的标准。确定这些标准的方法，大致有五种：

1. 标准成本法。**标准成本法**是西方管理会计的重要组成部分，是指以预先制定的标准成本为基础，用标准成本与实际成本进行比较，核算和分析成本差异的一种产品成本计算方法，也是加强成本控制、评价经济业绩的一种成本控制制度。

进行成本控制和业绩评价时往往采用的是既定产品质量与数量条件下的标准成本。

成本差异 = 实际成本 - 标准成本
       = 价格差异 + 数量差异

数量差异 = （实际数量 - 标准数量）× 标准价格

价格差异 = （实际价格 - 标准价格）× 实际数量

注意：

● 在进行直接材料成本差异考核分析时，应从材料数量和价格两方面进行分析：

直接材料数量差异 = （实际数量 - 标准数量）× 标准单价

直接材料价格差异 = （实际单价 - 标准单价）× 实际数量

● 在进行直接人工成本差异考核分析时，应从人工的工资率和人工效率两方面进行分析：

直接人工效率差异 = （实际工时 - 标准工时）× 标准工资率

直接人工工资率差异 = （实际工资率 - 标准工资率）× 实际工时

● 变动制造费用成本差异考核分析时，应从费用的耗费和效率两方面进行分析：

变动制造费用效率差异 = （实际工时 - 标准工时）× 变动制造费用标准分配率

变动制造费用耗费差异 = （变动制造费用实际分配率 - 变动制造费用标准分配率）× 实际工时

2. 预算法。就是用制定预算的办法来制定控制标准。有的企业基本上是根据季度的生产销售计划来制定较短期的（如月份）费用开支预算，并把它作为成本控制的标准。采用这种方法特别要注意从实际出发来制定预算，确定预算成本应以企业预算期内的销售和生产预算为基础，编制产品生产和经营的直接材料预算、直接人工预算、制造费用预算和期间费用预算等。

3. 定额法。就是建立起定额和费用开支限额，并将这些定额和限额作为控制标准来进行控制。在企业里，凡是能建立定额的地方，都应把定额建立起来，如材料消耗定额、工时定额等等。实行定额控制的办法有利于成本控制的具体化和经常化。

4. 本量利分析法。**本量利分析法**是在成本性态分析和变动成本法的基础上发展起来的，主要研究成本、销售数量、价格和利润之间数量关系的方法。它是企业进行预测、决策、控制和评价等经营活动的重要工具，也是管理会计的一项基础内容。

5. 目标成本法。"目标成本法"是日本制造业创立的成本管理方法，目标成本法以给定的竞争价格为基础决定产品的成本，以保证实现预期的利润。即首先确定客户会为产品、服务支付多少成本，然后再回过头来设计能够产生期望利润水平的产品、服务和运营流程。

（二）监督成本的形成

建立成本费用控制的组织体系和责任体系。即要由财务部门负责，在各个费用发生点建立成本费用控制责任制，定岗、定人、定责，并对成本形成的各个项目，经常性地进行检查、评比和监督。不仅要检查指标本身的执行情况，而且要检查和监督影响指标的各项条件，如设备、工艺、工具、工人技术水平、工作环境等。对成本费用的形成过程严格按照成本费用标准进行控制和监督。

1. 材料费用的日常控制。推行材料消耗定额制。领料应严格按销售订单、生产计划消耗定额执行，不得多领。如因生产过程出现质量问题，导致产品报废需要重新领料，则领料单须注明原因且经品管负责人、生产负责人签名，仓管员才可以发料，并报到财务部。财务部根据领料单按企业内部制度进行索赔，以减少企业损失。车间施工员和技术检查员要监督按图纸、工艺、工装要求进行操作，实行首件检查，防止成批报废。车间设备员要按工艺规程规定的要求监督设备维修和使用情况，不合要求不能开工生产。供应部门材料员要按规定的品种、规格、材质实行限额发料，监督领料、补料、退料等制度的执行。生产调度人员要控制生产批量，合理下料，合理投料，监督期量标准的执行。车间材料费的日常控制，一般由车间材料核算员负责，它要经常收集材料，分析对比，追踪原因，并会同有关部门和人员提出改进措施，改进工艺、降低成本。制造相同的产品，工艺不同，成本不同。

2. 工资费用的日常控制。主要是车间劳资员对生产现场的工时定额、出勤率、工时利用率、劳动组织的调整、奖金、津贴等的监督和控制。此外，生产调度人员要监督车间内部作业计划的合理安排，要合理投产、合理派工，控制窝工、停工、加班、加点等。车间劳资员（或定额员）对上述有关指标负责控制和核算，分析偏差，寻找原因。

推行定额工资制。**定额工资制**包括三个组成要素：第一，能反映职工劳动量的各种定额，即职工无论从事何种具体形式的劳动，都必须明确具体地规定生产、工作和应完成的数量及质量；第二，各种定额都应该有科学准确的计量标准，并能进行严格的考核；第三，职工工资的多少取决于其完成定额的多少。完成定额多，其工资就多；完成定额少，其工资就少。推行定额工资制，将企业职工劳动与所得联系在一起，大大提高职工积极性，有效地提高工作效率，便于管理，从而降低了企业内部生产管理费用。

3. 间接费用的日常控制。车间经费、企业管理费的项目很多，发生的情况各异。有定额的按定额控制，没有定额的按各项费用预算进行控制，如采用费用开支手册、企业内费用券（又叫本票、企业内部流通券）等形式来实行控制。各个部门、车间、班组分别由有关人员负责控制和监督，并提出改进意见。

上述各项生产费用的日常控制，不仅要有专人负责和监督，而且要使费用发生的执行者实行自我控制，并在责任制中加以规定，这样才能调动全体职工的积极性，使成本的日常控制有群众基础。

（三）加强质量监督

质量是企业的生命，一旦质量不符合要求，生产越多，损失越大。根据品管部门提供的报表，财务部门计算不良成本率，核算返工返修费用，督促生产部门、品管部门加强质量控制，降低返工返修费用，减少废品损失。

（四）及时纠正偏差

纠正偏差是成本控制系统的目的，应该建立成本费用控制信息反馈系统，及时准确地将成本费用标准与实际发生的成本费用之间的差异，以及成本费用控制实施情况反馈到企业决策层，以便适时地采取措施，组织协调企业财务活动。如果一个成本控制系统不能揭示成本差异及其产生原因，不能揭示应由谁对差异负责从而保证采取某种纠正措施，那么这种控制系统仅仅是一种数字游戏，白白浪费了职能部门人员的时间。

针对成本差异发生的原因，查明责任者，分别情况，分别轻重缓急，提出改进措施，加以贯彻执行。对于重大差异项目的纠正，一般采取下列程序：

1. 提出课题。从各种成本超支的原因中提出降低成本的课题。这些课题首先应当是那些成本降低潜力大、各方关心、可能实行的项目。提出课题的要求包括：课题的目的、内容、理由、根据和预期达到的经济效益。

2. 讨论和决策。课题选定以后，应发动有关部门和人员进行广泛的研究和讨论。对重大课题，可能要提出多种解决方案，然后进行各种方案的对比分析，从中选出最优方案。

3. 确定方案实施的方法步骤及负责执行的部门和人员。

4. 贯彻执行确定的方案。在执行过程中也要及时加以监督检查。方案实现以后，还要检查方案实现后的经济效益，衡量是否达到了预期的目标。

纠正偏差是各责任中心主管人员的主要职责。纠正偏差的措施通常包括：一是重新制订计划或修改目标；二是采取组织手段重新委派任务或明确职责；三是采取人事管理手段增加人员，选拔和培训主管人员或者撤换主管人员；四是改进指导和领导工作，给下属以更具体的指导和实施更有效的领导。

 任务实施

变动制造费用实际分配率 = 2 375/950 = 2.5（元/小时）
变动性制造费用成本差异 = 2 375 − 135 × 20 = −325（元）
变动性制造费用耗费差异 =（2.5 − 3）× 950 = −475（元）
变动性制造费用效率差异 = 3 ×（950 − 45 × 20）= 150（元）

 典型任务示例【7 − 1】

[资料] A 产品主要由原料 A1 生产制成，A1 材料的标准消耗量为每吨 A 产品消耗 750 千克，A1 原料的标准单价为 0.8 元/千克，A 产品的标准成本为 792 元，月末结算得出，当月 A1 的实际消耗量为 780 千克，实际单价为 0.75 元/千克。

则：A1 材料的成本差异 = 实际成本 − 标准成本
　　　　　　　　　　 = 780 × 0.75 − 750 × 0.8
　　　　　　　　　　 = −15（元）　　（总差异为有利差异）

其中，

价格差异 =（实际单价 − 标准单价）× 实际数量
　　　　 =（0.75 − 0.8）× 780
　　　　 = −39（元）　　（价格差异为有利差异）

用量差异 =（实际用量 − 标准用量）× 标准价格
　　　　 =（780 − 750）× 0.8
　　　　 = 24（元）　　（用量差异为不利差异）

典型任务示例【7-2】

[资料] 本月生产产品400件,实际使用工时890小时,支付工资4 539元;直接人工的每件产品标准工时为2小时,标准工资率为5元/小时。

则:直接人工的成本差异 = 实际成本 – 标准成本
　　　　　　　　　　　= 4 539 – 400×2×5
　　　　　　　　　　　= 539(元)

其中,直接人工效率差异 = (实际工时 – 标准工时)×标准工资率
　　　　　　　　　　　= (890 – 400×2)×5
　　　　　　　　　　　= 450(元)

直接人工工资率差异 = (实际工资率 – 标准工资率)×实际工时
　　　　　　　　　= (4 539/890 – 5)×890
　　　　　　　　　= 89(元)

实践训练【7-1】

一、判断题
1. 成本控制就是成本降低。　　　　　　　　　　　　　　　　　　　　　(　)
2. 成本控制是公司管理人员的责任,与一般员工无关。　　　　　　　　　(　)
3. 推行成本控制而发生的成本,不应超过因缺少控制而丧失的收益。　　　(　)
4. 减少不良成本率也是成本控制的内容。　　　　　　　　　　　　　　　(　)
5. 成本控制的目的在于减少成本,而无需关注偏差是否纠正。　　　　　　(　)

二、简答题
1. 简述成本控制的原则。
2. 简述成本控制的程序及方法。
3. 纠正偏差的措施有哪些?

三、计算分析题
1. 某标准成本中心采用标准成本核算产品成本,本月生产产品4 000件,领用原材料25 000千克,材料实际单价为55元/千克;消耗实际工时8 900小时,支付工资453 900元;实际发生变动性制造费用195 800元;实际发生固定性制造费用142 400元,固定性制造费用预算为120 000元/月。产品标准成本资料如表7-2所示。

表7-2　　　　　　　　　　　　产品标准成本资料

成本项目	标准单价	标准耗用量	标准成本
直接材料	50元/千克	6千克/件	300元
直接人工	50元/小时	2小时/件	100元
变动性制造费用	20元/小时	2小时/件	40元
单位标准变动成本			440元

2. 结合自身所在学校的实际情况，制定本校成本控制的措施及方法。

任务二　成本考核

学习目标

【知识目标】
- □ 明确成本考核的概念、意义和方法
- □ 掌握传统成本考核指标和现代成本考核方法

【技能目标】
- □ 能够熟练运用可比产品成本降低额（率）、成本降低额（率）进行成本考核
- □ 能够运用投资报酬率、剩余收益率、经济增加值对各责任中心进行业绩考核

任务导入

华强机械厂以某生产车间为成本中心，生产 A 产品，2016 年预算产销量 3 000 件，预算单位成本 80 元，实际产销量 2 500 件，实际单位成本 60 元，其中：单位变动成本为 45 元。

[要求] 试计算其成本变动额、成本变动率。

任务分析

成本中心的考核指标有成本（费用）变动额和成本（费用）变动率。

成本变动额 = 实际成本 − 目标（或预算）成本
　　　　　= 实际产销量 × 实际单位成本 − 实际产销量 × 目标（或预算）单位成本

成本变动率 = 成本变动额 / 目标成本 × 100%

理论知识准备

成本考核是指定期通过成本指标的对比分析，全面审核成本目标实现情况和成本计划指标的完成结果，全面评价成本管理工作的成绩，是成本会计职能的重要组成部分。

一、成本考核的目的及意义

成本考核本着权、责、利相结合的原则，设定考核指标，评价各责任中心，特别是成本中心业绩，促使各责任中心对所控制的成本承担责任，并借以控制和降低各种产品的生

产成本。

1. 通过"全成员、全过程、全成本"的管理,健全成本管理体系,切实落实项目计划成本,实现或提高项目既定利润率。

2. 通过对各员工、各部门、各系统之间的考核,促进各环节之间的分工与协作,提高管理人员计划能力、组织能力、控制能力、监督能力、领导能力,更好地整合人力、物力、财力资源,提高团队意识。

3. 激励责任中心与全体员工的积极性。

二、成本考核的原则

人人参与成本控制,人人享受控制成果。通过新工艺、新技术、新理念,充分发挥员工的主观能动性来降低成本,凡降低成本者均可获得成本节约奖励金。既实现公司利益,又提高个人收益,体现员工价值,实现利益共赢。

三、成本考核的方法

成本考核的方法分为传统成本考核法和现代成本考核法。

(一) 传统成本考核方法

传统成本考核指标主要是可比产品成本计划完成情况指标。具体包括全部可比产品成本计划降低额、全部可比产品成本计划降低率、全部可比产品成本实际降低率、全部可比产品成本实际降低额。

1. 可比产品成本计划降低额。

可比产品成本计划降低额 = $\sum$ 计划产量 × 上年实际平均单位成本 – 计划总成本

2. 可比产品成本计划降低率。

可比产品成本计划降低率 = $\dfrac{可比产品成本计划降低额}{(\sum 计划产量 × 上年实际平均单位成本)} \times 100\%$

3. 可比产品成本实际降低额。

可比产品成本实际降低额 = 本期实际成本 – 可比产品上期实际成本

= $\sum$ 实际产量 × 上年实际平均单位成本 – 实际总成本

4. 可比产品成本实际降低率。

可比产品成本实际降低率 = $\dfrac{可比产品成本降低额}{可比产品上期实际成本} \times 100\%$

= $\dfrac{实际成本降低额}{(\sum 实际产量 × 上年实际平均单位成本)} \times 100\%$

传统成本考核方法中可比产品成本降低率指标在计划经济体制下,对于加强国家对国有企业的成本管理,发挥职工降低成本的积极性,在企业之间进行有效的成本比较、成本竞赛,促进企业以至降低成本曾起过积极作用。但随着这一指标运行时间的延长,其缺陷也日益暴露出来。主要表现为:缺乏全面性、准确性、一致性、科学性和公正性。

(二) 现代成本考核方法

1. 成本考核指标。现代成本管理的理论和方法,对传统的成本考核内容进行了较大的改革，主要是围绕责任成本设立成本考核指标。其内容主要包括行业内部考核指标和企业内部责任成本考核指标。

（1）行业内部考核指标。行业内部考核指标具体包括成本降低率、标准总成本、实际总成本、销售收入成本率。

其中：成本降低率 =（标准成本 - 实际总成本）/标准总成本 ×100%

销售收入成本率 = 报告期销售成本总额/报告期销售收入总额 ×100%

（2）企业内部责任成本考核指标。企业内部责任成本考核指标具体包括责任成本差异率和责任成本降低额。

其中：责任成本差异率 = 责任成本差异额/标准责任成本总额 ×100%

责任成本降低率 = 本期责任成本降低额/上期责任成本总额 ×100%

现代成本考核法围绕责任成本设立了成本考核的指标，同时还包括成本岗位工作考核，引入成本否决制的基本思想，与奖惩密切结合起来，充分体现成本考核的时代性和先进性。

2. 责任中心的成本考核。**责任中心**是指承担一定的经济责任、并拥有相应的管理权限和享受相应利益的企业内部责任单位的总称，其基本特征是权、责、利相结合。责任中心，不论层次高低、所负责任大小，都有成本发生，都要考核其责任成本。某个责任中心的各项可控成本之和，即为该中心的责任成本。成本考核重点是对成本中心的责任成本的考核。先计算某成本中心产品的生产成本，扣除其中的不可控成本，加上其他成本中心转来的属于该成本中心的可控成本，最后计算出该中心的责任成本。其计算公式为：

$$\begin{matrix}\text{某成本中心某}\\\text{期的责任成本}\end{matrix} = \begin{matrix}\text{该中心本期的}\\\text{生产成本发生额}\end{matrix} - \begin{matrix}\text{各种不可}\\\text{控成本}\end{matrix} + \begin{matrix}\text{其他成本中心转入}\\\text{的本中心可控成本}\end{matrix}$$

责任中心将企业经营体分割成拥有独自产品或市场的几个绩效责任单位，然后将管理责任授权给予这些单位，将他们单位处于市场竞争环境之下，透过客观性的利润计算，实施必要的业绩衡量与奖惩，以期达成企业设定的经营成果的一种管理制度。**责任中心具有以下特点**：具有相对独立的经营业务和财务收支活动，是一个责权利相结合的实体；具有承担责任的条件责任和权利皆可控，便于进行责任会计核算。根据企业授权的范围不同，责任中心又分为成本中心、利润中心和投资中心。

（1）成本中心。**成本中心**是指其责任者只对成本或费用负责的责任中心。成本中心的范围最广，只要有成本费用发生的地方，都可以建立成本中心，从而在企业形成逐级控制、层层负责的成本中心体系。大多是只负责产品生产的生产部门、劳务提供部门或给以一定费用指标的企业管理科室。不对收入、利润或投资负责。成本中心有狭义、广义之分。狭义成本中心是指对产品生产或劳务提供所消耗的资源负责的责任中心，也即主要指生产产品或提供劳务的责任中心；广义成本中心是指，除狭义成本中心外还包括那些非生产性的、以控制经营管理费用为主的责任中心，也即费用中心。本书所述成本中心即是指广义的成本中心。

成本中心可分为标准成本中心和费用中心。

标准成本中心是既定产品质量和数量条件下的标准成本，标准成本中心不需要做出价格决策、产量质量决策以及设备技术决策。由于不做出价格决策，因此，不对收入负责；

由于不对产量、质量做出决策，因此，产品质量和数量是既定的；由于不对设备技术做出决策，因此，不需要对闲置能量差异负责。

①标准成本中心的业绩评价。进行业绩评价时往往采用的是既定产品质量与数量条件下的标准成本（见表7-3）。

成本差异 = 实际成本 - 标准成本
= 价格差异 + 数量差异

数量差异 = （实际数量 - 标准数量）× 标准价格

价格差异 = （实际价格 - 标准价格）× 实际数量

表7-3 成本差异的责任归属

差异	责任归属
材料价格差异	是在采购过程中形成的，应由采购部门对其做出说明，如供应商价格变动、未按经济订货批量订货、不必要的快速运输方式、紧急订货等。
材料数量差异	是在耗用过程中形成的，应该由生产部门负责，如操作失误造成废品废料增加、操作技术改进等，反映了生产部门的业绩控制标准。
直接人工工资率差异	由加班或使用临时工、出勤率变化、工资率调整等原因形成，一般来说应该由劳动人事部门负责。
直接人工效率差异	由工作环境、工人经验、劳动情绪、作业计划等原因形成，主要是生产部门的责任。
变动制造费用耗费差异	生产部门有责任将变动性制造费用控制在弹性预算限额之内，变动制造费用耗费差异一般应该由生产部门负责。
变动性制造费用效率差异	实际工时脱离了标准造成变动性制造费用效率差异，其原因与人工效率差异相同，一般应该由生产部门负责。

②费用中心成本考核。费用中心适用于产出物不能用财务指标评价、投入和产出没有明显关系的一般行政管理单位，如会计、企管、劳资、计划、研发等部门，无法通过投入和产出的比较来评价其效果和效率，因此又称为"无限制费用中心"。"无限制费用中心"使用费用预算来评价费用中心的成本控制业绩。在考核预算完成情况时，要利用有经验的专业人员对该费用中心的工作质量和服务水平做出有根据的判断，才能对费用中心的控制业绩做出客观评价。

成本中心的考核指标有成本（费用）变动额和成本（费用）变动率。

成本变动额 = 实际成本 - 目标（或预算）成本
= 实际产销量 × 实际单位成本 - 实际产销量 × 目标（或预算）单位成本

成本变动率 = 成本变动额/目标成本 × 100%

（2）利润中心。利润中心是指既对成本承担责任，又对收入和利润承担责任的企业所属单位。由于利润等于收入减成本和费用，所以利润中心实际上是对利润负责的责任中心。利润中心的权利和责任都大于成本中心。该中心的管理人员同时具有生产和销售两个职责，一般是指有产品或劳务生产经营决策权的部门，能通过生产经营决策，对本单位的盈利施加影响，为企业增加经济效益。这类责任中心往往处于企业中较高的层次如制造业的分厂、分公司及独立核算的生产车间。利润中心需要对下列活动做出决策：生产哪种产品、如何生产、产品质量如何控制、价格的制定以及产品销售。管理者需要权衡价格、产量、质量和成本使得中心的经营达到最优。利润中心的两种形式分别是自然的利润中心和人为的利润中心。利润中心直接向企业外部出售产品，在市场上进行购销业务。人为的利润中心主要在企业内部按照内部转移价格出售产品。

利润中心实际上是对利润负责的责任中心，利润中心的权力和责任都大于成本中心，往往处于企业中的较高层次，一般是指有产品或劳务生产经营决策权的部门，能通过生产经营决策，对本单位的盈利施加影响，为企业增加经济效益，如分厂、分公司有独立经营权的各部门等。

利润中心有两个特性：独立性和获利性。**独立性**体现在，利润中心对外虽无法人资格，但对内却是独立的经营个体，在产品售价、采购来源、人员管理及设备投资等，均享有高度的自主性。**获利性**体现在，每一个利润中心都会有一张独立的损益表，并以其盈亏金额来评估其经营绩效。所以每一个利润中心有一定的收入与支出。非属对外的营业部门，就需要设定内部交易和服务的收入，以便计算其利润。

利润中心的考核指标是可控边际贡献、部门边际贡献、税前部门利润。

可控边际贡献＝边际贡献－可控固定成本

＝收入－变动成本－可控固定成本

部门边际贡献＝可控边际贡献－不可控固定成本

税前部门利润＝部门边际贡献－公司管理费用等

计算公式中收入金额的确定通常采用内部转移价格来确定。制定内部转移价格的目的有两个：第一，防止成本转移带来的部门间责任转嫁，使每个利润中心都能作为单独的组织单位进行业绩评价；第二，作为一种价格引导，下级部门采取明智的决策，生产部门据此确定提供产品的数量，购买部门据此确定所需要的产品数量。

内部转移价格的确定主要有以下几种方式：市场价格、以市场为基础的协商价格、变动成本加固定费转移价格、全部成本转移价格等。

(3) 投资中心。投资中心是对投资负责的责任中心，其成功不仅用其收益来计量，还要将其收益与投入的资本结合起来加以考虑，即用收益与所占用的资本额的比率来计量。投资中心需要做出的决策不仅仅包括产品的组合、价格的制定和生产方法等短期经营决策，而且还包括投资规模和投资类型的决策。投资中心拥有投资决策权，能够独立地运用所掌握的资金，有权购置和处理固定资产，扩大和缩小生产能力等。

投资中心是指既对成本、收入和利润负责，又对投资效果负责的责任中心。投资中心是最高层次的责任中心，拥有最大的决策权，承担最大的责任，投资中心必然是利润中心，但利润中心并不都是投资中心，利润中心没有投资决策权，而且在考核利润时也不考虑所占用的资产。

评价投资中心的业绩指标主要有投资报酬率、剩余收益和经济增加值。

①投资报酬率。

投资报酬率＝（部门边际贡献÷投资中心资产）×100%

用投资报酬率来评价投资中心业绩的优点有：根据现有的会计资料计算，比较客观，可用于部门之间，以及不同行业之间的比较；可以用它来评价每个部门的业绩，促使其提高本部门的投资报酬率，有助于提高整个企业的投资报酬率；可以分解为投资周转率和部门边际贡献率的乘积，并可进一步分解为资产的明细项目和收支的明细项目，从而对整个部门经营状况做出评价。

用投资报酬率来评价投资中心业绩的缺点有：没有考虑资金的时间价值因素，不能正确反映建设期长短及投资方式不同对项目的影响；部门经理会放弃高于资本成本而低于目前部门投资报酬率的机会，或者减少现有的投资报酬率较低但高于资金成本的某些资产，使部门的业绩获得较好评价，但却伤害了企业整体利益。

②剩余收益。为了克服由于比率衡量部门业绩带来的次优化问题，许多企业采用绝对数指标来实现利润与投资之间的联系，即剩余收益指标。

剩余收益 = 部门边际贡献 − 部门资产应计报酬
　　　　 = 部门边际贡献 −（部门资产 × 资本成本）
　　　　 = 部门总资产 ×（部门投资报酬率 − 部门资本成本）

剩余收益作为业绩评价指标的主要优点是：剩余收益着眼于公司的价值创造过程；有利于防止次优化，可以更好地协调公司各个部门之间的利益冲突，促使公司的整体利益最大化。

剩余收益业绩评价的缺点是：不便于不同规模的公司和部门的业绩比较，依赖于会计数据的质量。许多公司一般用投资收益率考核投资中心业绩，只有在追加投资时才使用剩余收益指标，因此这两个指标可同时作为考核投资中心业绩。

③经济增加值。经济增加值（简称 EVA），等于企业税后净利润减去全部占用资本成本，是所有成本被扣除后的剩余收入。

EVA = 调整后会计收益 −（加权平均资本成本 × 总资本）
　　 = 会计利润 ± 利润调整 −（占用资本 ± 资本调整）× 加权平均资本成本

应该说这一公式与剩余收益的公式没有什么两样，其中存在的唯一的差异是对用来计算 EVA 数值的各个变量的计量比过去进行得更为细致。

经济增加值基础业绩评价的优点是：经济增加值直接与股东财富的创造相联系；经济增加值不仅仅是一种业绩评价指标，它还是一种全面财务管理和薪金激励体制的框架；在经济增加值的框架下，公司可以向投资人宣传他们的目标和成就，投资人也可以用经济增加值选择最有前景的公司；经济增加值还是股票分析师的一个强有力的工具。

经济增加值基础业绩评价的缺点是：经济增加值在业绩评价中还没有被多数人所接受；经济增加值不具有比较不同规模公司业绩的能力；经济增加值也有许多和投资报酬率一样误导使用人的缺点；在计算经济增加值时，对于什么应该包括在投资基础内、净收益应作哪些调整以及资本成本的确定等，尚存在许多争议。

四、业绩考核评价

业绩考核是指以责任报告为依据，分析、评价各责任中心责任预算的实际执行情况，找出差距，查明原因，借以考核各责任中心工作成果，实施奖罚，促使各责任中心积极纠正行为偏差，完成责任预算的过程。

成本中心考核其权责范围内的责任成本（各项可控成本）；利润中心只考核其权责范围内的收入和成本，重点在于考核可控边际贡献、部门边际贡献和部门税前利润；投资中心除了要考核其权责范围内的成本、收入和利润外，还应重点考核投资利润率和剩余收益。

（一）业绩报告

业绩报告的目的是将责任中心的考核指标与预算比较，以判别其业绩。业绩报告是责任会计的重要内容之一。业绩报告包括：业绩实际完成的资料、业绩目标的资料、两者之间的差异和原因。

（二）差异调查

业绩报告使人们注意到偏离目标的表现，但它只是指出问题的线索。只有通过调查研究，找出原因，分清责任，才能采取纠正行动，收到降低成本的实效。发生偏差的原因很多，可以分为三类：执行人的原因、目标不合理、成本核算过程有问题。只有通过调查研究，才能找到具体原因，并针对原因采取纠正行动，也是执行奖惩的重要依据之一。

（三）奖励与惩罚

奖励是对超额完成部门成本行为的回报，是表示赞许的一种方式。目前奖励的方式主要是奖金，也会涉及加薪和提升等。惩罚是对不符合期望的行为的回报。惩罚的作用在于维持公司运转所要求的最低标准，包括产量、质量、成本、安全、出勤、接受上级领导等。

（四）纠正偏差

纠正偏差是业绩报告和评价的目的。纠正偏差是各责任中心主管人员的主要职责。如果业绩评价的标准是健全的并且是适当的，评价和考核也是按这些标准进行的，则产生偏差的操作环节和责任人已经指明。具有责任心和管理才能的、称职的主管人员就能够通过调查研究找出具体原因，并有针对性地采取纠正措施。

 任务实施

(1) 成本变动额 = 实际成本 － 目标（或预算）成本

= 实际产销量 × 实际单位成本 － 实际产销量 × 目标（或预算）单位成本

= 2 500 × 60 － 2 500 × 80

= －50 000（元）

(2) 成本变动率 = 成本变动额/目标成本 × 100%

= －50 000/（2 500 × 80）× 100%

= －25%

 典型任务示例【7-3】

[资料] 安宁公司某生产线为利润中心，2016 年的有关数据如下：销售收入 45 000

元,已销产品变动成本和变动销售费用 20 000 元,利润中心负责人可控固定间接费用 4 000元,利润中心不可控固定间接费用 6 000 元。该公司不可控分摊的管理费用、财务费用等总计 5 000 元。则:

(1) 边际贡献 = 收入 − 变动成本
  = 45 000 − 20 000
  = 25 000(元)

(2) 可控边际贡献 = 边际贡献 − 可控固定成本
  = 25 000 − 4 000
  = 21 000(元)

(3) 利润中心部门边际贡献 = 可控边际贡献 − 不可控固定成本
  = 21 000 − 6 000
  = 15 000(元)

(4) 税前部门利润 = 部门边际贡献 − 公司管理费用等
  = 15 000 − 5 000
  = 10 000(元)

典型任务示例【7−4】

[资料] 安宁某分公司为投资中心,资产额为 60 000 万元,部门边际贡献为 12 000 万元。

[要求] 计算该中心的投资报酬率。

该中心的投资报酬率 = (部门边际贡献 ÷ 部门资产) × 100%
  = (12 000 ÷ 60 000) × 100%
  = 20%

典型任务示例【7−5】

[资料] 承【典型任务示例 7−4】,假设企业的资本成本为 15%。

[要求] 计算该中心的剩余收益。

该中心的剩余收益 = 部门边际贡献 − (部门资产 × 资本成本)
  = 12 000 − (60 000 × 15%)
  = 3 000(万元)

典型任务示例【7−6】

[资料] 承【典型任务示例 7−4】,假设企业的资金成本为 15%,目前公司有一项投资收益率为 18%的投资机会,需投资 40 000 万元。

[要求] 试从投资收益率的角度判断该公司是否会接受该投资?

投资后：

部门投资收益率 = （12 000 + 40 000 × 18%）/（60 000 + 40 000）= 19.2%

投资后的投资报酬率 19.2% 高于总公司资金成本 15%，投资新项目对企业而言是有利的，但该分公司经理可能会拒绝接受这一投资机会。因为投资后分公司的投资报酬率 19.2% 低于投资中心目前的投资收益率 20%。

典型任务示例【7-7】

[资料] 某公司 A、B 事业部正在考虑各自部门的项目投资，数据如表 7-4 所示（假设公司资本成本 15%）。

表 7-4

	A 事业部	B 事业部
投资项目所获利润	200 万元	130 万元
投资项目投资额	1 000 万元	1 000 万元
项目投资报酬率	20%	13%
当前部门投资报酬率	25%	9%

接受项目投资后

A 的剩余收益 = 200 - 1 000 × 15% = 50（万元）

B 的剩余收益 = 130 - 1 000 × 15% = -20（万元）

A 事业部会接受该项目投资，B 事业部则不会接受该项目投资，因为接受投资后将增加 A 事业部剩余收益 50 万元，将减少 B 事业部的剩余收益。

典型任务示例【7-8】

[资料] 某公司下设 A、B 两个投资中心，企业所得税税率为 25%。目前 A 投资中心的部门平均总资产为 2 000 万元，平均经营负债为 800 万元，投资报酬率为 15%；B 投资中心的投资报酬率为 16%，剩余收益为 200 万元，平均经营负债为 1 000 万元。假设 A 部门要求的报酬率为 10%。

[要求] 试计算 A 中心与 B 中心的经济增加值。

(1) A 投资中心的剩余收益 = 2 000 × (15% - 10%) = 100（万元）

(2) B 投资中心的部门平均总资产 = 200/(16% - 12%) = 5 000（万元）

(3) A 投资中心的经济增加值 = 2 000 × 15% × (1 - 25%) - (2 000 - 800) × 8%
= 129（万元）

B 投资中心的经济增加值 = 5 000 × 16% × (1 - 25%) - (5 000 - 1 000) × 8%
= 280（万元）

实践训练【7-2】

一、简答题

1. 简述传统成本考核法的缺点。
2. 简述责任中心的概念。现代成本考核法中的责任中心包括哪些内容？
3. 简述投资报酬率、剩余收益、经济增加值的优缺点。

二、计算分析题

1. 请根据昆明某公司2016年末相关资料（见表7-5），补全企业总部、利润中心A、利润中心B的相关业绩指标。

表7-5

项目	企业总部	企业按利润中心分解	
		利润中心A	利润中心B
销售净收入	8 000 000	6 000 000	2 000 000
减：变动成本	5 000 000	4 000 000	1 000 000
边际贡献	（　）	（　）	（　）
减：可控固定成本	500 000	400 000	100 000
可控边际贡献	（　）	（　）	（　）
减：不可控固定成本	400 000	280 000	120 000
利润中心边际贡献	（　）	（　）	（　）
减：分摊的总部管理费用	200 000	160 000	40 000
利润中心税前利润	（　）	（　）	（　）

2. [资料] 某公司下设A、B两个投资中心，A投资中心的平均投资额为1 000万元，投资报酬率为20%；B投资中心的投资报酬率为18%，剩余收益为45万元；该公司的资本成本为15%。目前有一项目需要投资额500万元，投资项目的边际贡献为170万元，项目所获收益为95万元。

[要求] 从投资收益率和剩余收益指标角度分别确定A、B两个投资中心是否接受投资？

项目八

其他行业成本核算

任务一 施工企业成本核算

学习目标

【知识目标】
- 了解工程成本核算的对象与成本项目
- 掌握施工企业工程成本的构成内容以及核算方法

【技能目标】
- 能独立对工程施工中涉及的人工成本、材料费、折旧费、间接费用进行相关的会计核算

 任务导入

[资料] 月末,某企业本月租用市机械化施工公司推土机和挖掘机,本月使用推土机 10 个台班(甲工程 6 个台班,乙工程 4 个台班),推土机每台班租赁费 800 元;使用挖掘机 18 个台班(其中:甲工程 10 个台班,乙工程 8 个台班),挖掘机每台班租赁费为 1 000 元。企业已开出转账支票,向市机械化施工公司支付租赁费共计 26 000 元。

[要求] 根据以上资料,编制机械租赁费用分配表(参见表 8-1)。

 任务分析

租入机械使用费是指从外单位租入的机械发生的使用费,也包括从企业内部独立核算的单位租入机械发生的使用费。

对于租入机械发生的使用费,如果租入机械只服务于一个成本核算对象,那么,应根

据"机械租赁费结算单"所列金额,直接将租赁费计入该项工程的成本;如果租入机械为两个或两个以上工程服务,那么,应按各工程使用机械的台班数,将租赁费用分配计入各成本计算对象。

 理论知识准备

一、施工企业成本核算概述

(一) 施工企业的含义与成本核算的特点

1. 施工企业的含义。施工企业,又称为建筑安装企业,是指主要承揽工业与民用房屋建筑、设备安装、矿山建设和铁路、公路、桥梁等施工的生产经营性企业;包括建筑公司、设备安装公司、建筑装饰工程公司、地基与基础工程公司、土石方工程公司、机械施工公司等。施工企业既担负着国民经济各产业部门所需的房屋和构筑物的建造、改造和各种设备的安装工作,也承担着非物质生产领域所需的房屋、公共设施和民用住宅等施工任务。它的产品一般是不动产。施工企业是我国建筑业的重要组成部分,它对于改善和提高人民的物质文化生活水平,促进国民经济的发展,具有非常重要的作用。

2. 施工企业成本核算的特点。

(1) 成本核算对象。施工企业承建的工程项目,是按照与建设单位签订的建造合同组织生产的。一般情况下是以每一独立编制施工图预算的工程为成本核算对象。如果是规模大、工期长的单位工程,可以将工程划分为若干个分部工程,以各分部工程作为成本核算对象;对同一建筑项目、同一单位施工、同一施工地点、同一类型结构且开工与竣工时间相接近的若干单位工程,也可以合并作为一个成本核算对象;对改建、扩建的零星工程,可以将开工、竣工时间接近、同属于一个建设项目的各个单位工程合并作为一个成本核算对象。

(2) 成本核算期。只要完成预算定额规定的组成部分工程,就视为"已完成工程"进行成本核算,当整个工程竣工时,再对竣工工程进行成本决算。

(3) 成本项目。工程成本是建筑安装企业在工程施工过程中发生的,按一定成本核算对象归集的生产费用总和,包括直接成本和间接成本两部分。**直接成本**是指直接耗用于施工过程,构成工程实体或有助于工程形成的各项支出,包括人工费、材料费、机械使用费和其他直接费;**间接成本**是指施工企业所属各施工生产的单位(如施工队、项目部等)为组织和管理施工生产活动所发生的各项费用,类似于工业企业车间发生的制造费用,包括临时设施费、施工单位管理人员薪酬、施工管理用固定资产的折旧、物料消耗、低值易耗品摊销、水电费、办公费、差旅费、保险费、工程包修费、劳动保护费及其他费用。

(二) 施工企业成本核算的账户设置

为了核算和监督各项施工费用的发生和分配情况,正确计算工程成本,施工企业在工程成本核算中应设置以下会计账户。

1. "工程施工"账户。该账户核算施工企业进行工程施工发生的合同成本和合同毛利,其借方登记施工过程中实际发生的各项直接费、应负担的间接费以及确认的工程毛利,贷方登记确认的工程亏损,期末借方余额表示工程自开工至本期累计发生的施工费用及各期确认的毛利。工程竣工后,本账户应与"工程结算"账户对冲后结平。

2. "辅助生产成本"账户。该账户核算企业所属的非独立核算的辅助生产部门为工程施工生产材料和提供劳务所发生的费用。其借方登记实际发生的费用,贷方登记生产完工验收入库的产品成本或者按受益对象分配结转的费用;期末借方余额表示在产品的成本。

3. "机械作业"账户。该账户核算施工企业使用自有的施工机械和运输设备进行机械作业(包括机械化施工和运输作业)所发生的各项费用。该账户借方登记发生的各项机械作业费用,贷方登记月末分配记入"工程施工——合同成本"的机械化施工和运输作业成本。本账户期末结转后应无余额。

二、施工企业工程成本核算

(一) 材料费用的归集和分配

工程成本中的材料费,是指在工程施工过程中耗用的构成工程实体的主要材料、结构件等的实际成本,还包括有助于工程形成的其他材料的实际成本以及周转材料的摊销额和租赁费用。施工现场储存的材料,除用于工程施工外,还可能用于临时性设施或用于其他非生产方面。企业必须根据发出材料的用途,严格划分工程用料和其他用料的界限,只有直接用于工程施工的材料才能计入工程成本。月末,应根据不同情况进行归集和分配。

1. 凡领用时能点清数量并能分清领用对象的,应在有关领料凭证(领料单、限额领料单)上注明领料对象,将其成本直接计入该成本核算对象。

2. 领用时虽能点清数量,但属于集中配料或统一下料的材料,如油漆、玻璃等,应在领料凭证上注明"工程集中配料"字样,月末根据耗用情况,编制"集中配料耗用计算单",据以分配计入各成本核算对象。

3. 领料时既不易点清数量,又难以分清耗用对象的材料,如砖、瓦、灰、沙、石等大堆材料,可根据具体情况,由材料员或施工现场保管员,月末通过实地盘点,倒算出本月实耗数量,编制"大堆材料耗用量计算单",据以计入各成本计算对象。

4. 周转使用的模板、脚手架等周转材料,应根据各受益对象的实际在用数量和规定的摊销方法,计算当月摊销额,并编制"周转材料摊销分配表",据以计入各成本核算对象。对租用的周转材料,应当按实际支付的租赁费计入各成本核算对象。

5. 施工中的残次材料和包装物品等应尽量收回利用,编制"废料交库单"估价入账,并冲减工程成本。

6. 按月计算工程成本时,月末对已经办理领料手续,但尚未耗用,下月份仍需要继续使用的材料,应进行盘点,办理"假退料"手续,以冲减本期工程成本。

7. 工程竣工后的剩余材料,应填写"退料单",据以办理材料退库手续,冲减工程成本。

期末,企业应根据材料的各种领料凭证,汇总编制"材料费用分配表",作为各工程材料费核算的依据。

需要说明的是,施工企业耗用的材料费,也可以按照计划成本进行核算。在计划成本核算的情况下，采购的材料按计划成本入库，将计划成本脱离实际成本的差异，归集到"材料成本差异"账户。其中，超支差异，即实际采购成本高于计划成本的差异，也称正差异，归集在"材料成本差异"账户的借方；节约差异，即实际采购成本低于计划成本的差异，也称负差异，归集在"材料成本差异"账户的贷方。

发出材料的时候，先按计划成本结转，然后再计算材料成本差异率，即差异额占计划成本的比例，再按照材料成本差异率向发出材料结转材料成本差异。其中，结转正差异，追加发出材料的成本；结转负差异，冲减发出材料的成本。

按计划成本对原材料进行核算，可以考核材料采购成本的超支或节约，便于进行成本分析。但在材料物价变动较大的情况下，采用计划成本核算会造成差异过大，难以对节约和超支进行正确的评价，从而失去按计划成本核算的意义。所以在材料价格变动较大的情况下，不适于采用计划成本核算。

（二）人工费用的归集和分配

人工费用从性质上是企业为获得职工提供的服务给予的各种形式的对价。企业发生的各种形式的人工费用，均应通过"应付职工薪酬"账户进行核算。为了核算企业支付和应付给职工的各项劳动报酬，企业应设置"应付职工薪酬"账户。该账户属于负债类，贷方登记分配计入有关成本费用项目的职工薪酬，借方登记实际发放或支付的职工薪酬；该账户期末贷方余额，反映企业应付未付的职工薪酬。该账户应设置"工资"、"职工福利"、"社会保险费"、"住房公积金"、"工会经费"、"职工教育经费"、"非货币性福利"等明细科目，进行明细核算。

工程施工企业月末计算出应付职工薪酬应根据职工所属部门和提供劳务的性质不同，分别记入有关成本或费用账户。其中：建筑安装工人的各项薪酬直接记入"工程施工——合同成本"；而且应按照不同的工程项目，将职工薪酬分别记入不同的成本计算对象；辅助生产部门人员的各项薪酬记入"辅助生产成本"；施工现场管理人员的各项薪酬记入"间接费用"；企业固定资产建设人员和无形资产开发人员的各项薪酬，分别记入"在建工程"或"研发支出"等；公司管理人员的各项薪酬记入"管理费用"。

（三）机械使用费的归集和分配

工程成本中的机械使用费，是指在施工过程中使用自有机械和运输设备发生的费用，也包括租入施工机械支付的租赁费，以及施工机械的安装、拆卸和进出场费等。

1. 租入机械使用费的核算。**租入机械使用费**是指从外单位租入的机械发生的使用费，也包括从企业内部独立核算的单位租入机械发生的使用费。

对于租入机械发生的使用费，如果租入机械只服务于一个成本核算对象，那么，应根据"机械租赁费结算单"所列金额，直接将租赁费计入该项工程的成本；如果租入机械为两个或两个以上工程服务，那么，应按各工程使用机械的台班数，将租赁费用分配计入各成本计算对象。

2. 自有机械使用费的核算。企业使用的自有施工机械或运输设备进行机械施工发生的各项费用，应通过"机械作业"账户进行归集，月末再按一定的方法分配计入各受益对象的成本中。

需要说明的是，企业发生的机械使用费，除了施工机械外，还可能有运输设备等为工程运输发生的费用。运输设备在运输过程中发生的各项费用的归集和分配,与上述施工机械作业费用的归集和分配的方法是一样的。在施工机械发生的费用中,还可以分"起重机"、"搅拌机"等进行归集和分配费用。另外,施工企业在施工机械安装、拆卸和进出场费也应该一并记入"机械作业"账户进行分配。

(四) 其他直接费用的的归集和分配

其他直接费用一般在发生时可以分清受益对象的,应直接计入对应的工程成本。对于所属辅助生产单位供应的水、电、气等,应先在"辅助生产"中归集,然后按照受益对象分配转入对应的工程成本。

(五) 间接成本的归集和分配

企业下属的各施工单位(施工队、项目部等)为组织管理工程施工所发生的费用。这些费用发生时,应先在"间接费用"账户进行归集;期末再按一定标准分配计入所管理的各工程项目的成本。间接成本的归集和分配类似于工业企业的制造费用的归集和分配,可以选用各工程人工费用、直接费用为标准进行分配。

(六) 已完工工程成本和未完工工程成本的计算

作为成本核算的工程(一般为单位工程)全部完工后,称为竣工工程。尚未竣工、但已完成预算定额规定的一定组成部分的工程(一般为分部或分项工程),称为已完工程。尚未完工的工程称为未完施工工程(或未完工工程)。

施工企业不仅要计算竣工工程的成本,而且要及时计算已完工工程的成本,以便及时反映施工企业的财务成果和分析、考核施工工程预算成本的执行情况。计算已完工程的成本,先要计算未完施工工程成本,然后计算本期已完工工程成本。其计算公式如下:

$$本期已完工工程成本 = 期初未完工工程成本 + 本期发生的施工生产费用 - 期末未完工工程成本$$

未完工工程成本一般有以下两种计算方法。

1. 未完工工程成本按照预算计价。工程的预算成本一般都是以分部工程或分项工程为对象确定的,因此对于未完工工程通过月末盘点,确定施工进度后计算。例如,月末盘点某项未完工工程的施工进度为60%,该分部(或分项)工程的预算成本为19000元,则月末未完工工程的成本为:$19000 \times 60\% = 11400$(元)

2. 未完工工程成本按照预算成本比例计算计价。按已完工工程预算成本和未完工工程预算成本比例计算未完工工程成本。其计算公式如下:

$$月末未完工工程成本 = 月末未完工工程预算成本 \times \frac{月初未完工工程实际成本 + 本月发生的施工耗费}{本月已完工工程预算成本 + 月末未完工工程预算成本}$$

(七) 竣工工程成本决算

为了全面反映和监督竣工工程成本的开支情况,考核工程预算的完成情况,对于已竣工的工程,需要编制"竣工成本决算"。竣工工程成本决算的内容如下:

1. 竣工工程按照成本项目分别反映预算成本、实际成本、成本降低额和降低率。
2. 竣工工程成本耗用人工、材料、机械的预算量、实际用量及节超率。
3. 竣工工程成本的简要分析与说明。

任务实施

表8-1　　　　　　　　　　　机械租赁费用分配表

2016年11月30日　　　　　　　　　　　　　　　　　　金额单位：元

受益对象	推土机		挖掘机		合计
	台班单价：800		台班单价：1 000		
	台班	金额	台班	金额	
甲工程	6	4 800	10	10 000	14 800
乙工程	4	3 200	8	8 000	11 200
合计	10	8 000	18	18 000	26 000

根据上述机械租赁费用分配表，编制以下会计分录：

借：工程施工——合同成本——甲工程　　　　　　　　　　　　14 800
　　　　　　　　　　　——乙工程　　　　　　　　　　　　　 11 200
　　贷：银行存款　　　　　　　　　　　　　　　　　　　　　26 000

根据以上会计分录，登记工程施工明细账见表8-2至表8-4。

表8-2　　　　　　　　　　　工程施工成本明细

二级科目：合同成本　　　　　　　　　　　　　　　　　　金额单位：元

摘要	借方金额						贷方	余额
	人工费	材料费	机械使用费	其他直接费	间接费	合计		
			26 000					

表 8-3　　　　　　　　　　　　　工 程 成 本 卡

成本核算对象：甲工程　　　　　　　　　　　　　　　　　　　　　金额单位：元

摘要	借方金额					贷方	余额
	人工费	材料费	机械使用费	其他直接费	间接费	合计	
		14 800					

表 8-4　　　　　　　　　　　　　工 程 成 本

成本核算对象：乙工程　　　　　　　　　　　　　　　　　　　　　金额单位：元

摘要	借方金额					贷方	余额
	人工费	材料费	机械使用费	其他直接费	间接费	合计	
		11 200					

典型任务示例【8-1】

[资料] 某施工队月末材料分配表如表 8-5 所示。

表 8-5　　　　　　　　　　材料费用分配表　　　　　　　　　金额单位：元

应借账户	计划成本	材料成本差异（+2%）	实际成本
工程施工——厂房工程	240 000	4 800	244 800
——围墙工程	60 000	1 200	61 200
机械作业	1 400	28	1 428
间接费用	800	16	816
合计	302 200	6 044	308 244

应根据以上计算结果编制如下分录：

借：工程施工——厂房　　　　　　　　　　　244 800
　　　　　　——围墙工程　　　　　　　　　 61 200
　　间接费用　　　　　　　　　　　　　　　　816
　　机械作业　　　　　　　　　　　　　　　 1 428
　贷：原材料　　　　　　　　　　　　　　　　　　302 200
　　　材料成本差异　　　　　　　　　　　　　　　6 044

 典型任务示例【8-2】

[资料] 2016 年 11 月，昊仑建筑公司计算出当月应付工资薪酬情况如下：甲工程直接施工生产人员工资 31 万元，乙工程直接施工生产人员工资 35 万元，供电车间 6 万元，机修车间 8 万元，施工机械作业人员的工资 6 万元。负责甲工程和乙工程的工程一处施工管理人员工资 10 万元，公司管理人员工资 18 万元。

根据当地政府规定，职工的医疗保险按工资总额的 12% 计提，养老保险按 10% 计提，失业保险按 2% 计提，住房公积金按 10% 计提。另根据有关规定，工会经费按 2% 计提，职工教育经费按 2.5% 计提。

编制会计分录如下：

借：工程施工——合同成本——甲工程　　　　　　429 350
　　　　　　　　　　　　　——乙工程　　　　　　484 750
　　辅助生产成本——供电车间　　　　　　　　　　83 100
　　　　　　　　——机修车间　　　　　　　　　 110 800
　　机械作业——施工机械　　　　　　　　　　　　83 100
　　间接费用——工程一处　　　　　　　　　　　 138 500
　　管理费用　　　　　　　　　　　　　　　　　 249 300

贷：应付职工薪酬——工资	1140 000
应付职工薪酬——社会保险（养老保险）	114 000
（医疗保险）	136 800
（失业保险）	22 800
——住房公积金	114 000
——工会经费	22 800
——职工教育经费	28 500

典型任务示例【8-3】

[资料] A 工程期初"工程施工"账户余额为 30 000 元，本期发生费用 180 000 元，本期完工工程预算成本为 216 000 元，期末未完工工程预算成本为 24 000 元。

本期未完工工程成本 = 24 000 × (30 000 + 180 000) ÷ (216 000 + 24 000)
　　　　　　　　　 = 21 000（元）

本期已完工工程成本 = 30 000 + 180 000 − 21 000 = 189 000（元）

施工企业工程成本的计算可在施工明细账户内进行。已完工工程应按月结转成本。编制已完工工程结转会计分录如下：

借：工程结算	189 000
贷：工程施工	189 000

实践训练【8-1】

一、单项选择题

1. 施工企业为反映企业在工程施工中发生的各项费用支出，应设置的账户是（　　）。
   A. "工程施工" 　　　　　　　　　B. "机械费用"
   C. "待摊费用" 　　　　　　　　　D. "管理费用"

2. 施工企业为核算企业非独立核算的辅助生产部门为工程等提供服务所发生的费用，应设置（　　）账户。
   A. "基本生产成本——辅助生产" 　B. "辅助生产"
   C. "生产成本" 　　　　　　　　　D. "施工成本"

3. 工程成本核算一般应以（　　）作为成本核算对象。
   A. 单位工程 　　　　　　　　　　B. 分项工程
   C. 工程项目 　　　　　　　　　　D. 分部工程

二、多项选择题

1. 施工企业的工程成本分为（　　）。
   A. 直接成本 　　　　　　　　　　B. 间接成本
   C. 直接材料 　　　　　　　　　　D. 间接费用
   E. 其他成本

2. 施工企业机械作业费用的分配方法有( )。
   A. 台班分配法 B. 预算分配法
   C. 作业量法   D. 机器工时法
   E. 工作量法
3. 工程成本中其他直接费用包括( )。
   A. 临时设施摊销费   B. 场地清理费
   C. 生产工具（用具）使用费 D. 管理人员工资
   E. 材料二次搬运费
4. 施工企业成本核算应设置的账户有( )。
   A. "工程施工"   B. "机械作业"
   C. "辅助生产成本" D. "装卸支出"
   E. "商品采购"

三、判断题
1. 施工企业的成本核算对象一般情况下是以第一个工地作为成本核算对象。（   ）
2. 工程成本中的机械使用费，是指在施工过程中使用自有机械和运输设备发生的费用，也包括租入施工机械支付的租赁费，以及施工机械的安装、拆卸和进出场费等。
（   ）

四、简答题
1. 什么是施工企业？
2. 施工企业生产经营活动具有哪些特点？

任务二 交通运输企业成本核算

学习目标
【知识目标】
□ 了解交通运输企业的经营特点
□ 理解交通运输企业成本核算的特征
□ 掌握交通运输企业成本核算的基本方法及步骤

【技能目标】
□ 能独立利用相关理论知识进行交通运输企业运输成本的完整核算及账务处理

任务导入

[资料] 甲运输公司当月的"折旧费用分配表"如表 8-6 所示。

表 8-6　　　　　　　　　　　　折旧费用分配表　　　　　　　　　　金额单位：元

借方科目		本月计提折旧					合计
总账	明细	客车	货车	非营运车	机械设备	建筑物	
运输成本	客车	15 000					15 000
	货车		30 000				30 000
辅助营运费用 营运间接费用	修理车间				3 000	1 500	4 500
	车站			2 000		1 000	3 000
	车队			1 000			1 000
管理费用				3 000		5 000	8 000
合计		15 000	30 000	6 000	3 000	7 500	61 500

[要求] 根据以上资料，编制相应会计分录。

任务分析

甲运输公司在成本核算中，应设置交通运输业特有的账户进行核算，本任务中应设置"运输成本"账户、"辅助营运费用"账户和"营运间接费用"等账户进行核算。

理论知识准备

交通运输业是指国民经济中专门从事运送货物和旅客的社会生产部门，包括铁路、公路、水运、航空和管道等运输部门。其生产经营活动与工业企业有较大的不同。

一、交通运输企业成本核算概述

（一）交通运输企业生产经营特点

与工商企业相比，交通运输企业的生产经营过程具有较显著的特点，主要表现在以下几方面：

1. 交通运输企业的产品是旅客和货物的位移，不产生新的实物形态的产品。
2. 产品的生产过程和消费过程同时进行，当运输过程结束时，满足了运输对象的要求，也就完成了其消费过程。
3. 生产过程具有流动性、分散性。运输生产过程始终在一个广阔的空间内不断流动，且运动方向很分散，线长点多。
4. 各种运输方式之间替代性较强。铁路、公路、水路、航空等各种运输方式具有不同的特点和优势，具有明显的替代性。
5. 结算工作量大。由于其地点分散、流动性强、横向跨度大，因此产生大量的国内、国际的结算工作。

（二）交通运输企业成本核算特点

与交通运输企业的上述生产经营特点相对应，它们在成本核算方面也存在着如下几个特点：

1. 交通运输企业成本计算对象具有多样性。运输企业营运过程的直接结果是转移客货的空间位置以及与此相关的业务，不存在对生产对象的直接加工、生产出各种具体产品。因而，运输企业的成本计算对象是其经营的各类业务，以及构成各类业务的具体业务项目。另外，运输企业的运输工具及设备，由于厂牌、型号、吨位不同，以及运行线路、航次等不同，对成本水平会产生较大影响。为了加强成本管理，寻求降低成本的途径，除以前述各类业务作为成本计算对象外，还要以运输工具及其运行情况等作为成本计算对象，这是运输企业成本计算对象上的特点。

2. 交通运输企业的营运成本与应计入本期营业成本的费用一致，不存在在产品成本。交通运输企业由于营运过程和销售过程同时进行，不存在期初、期末在产品，也不存在独立的销售过程，应计入本期营运成本的费用即为本期的营运成本，汇集分配后直接转入本期损益（运输企业的辅助生产车间生产零配件时，则需计算在产品成本）。

3. 交通运输企业成本计算方法单一。运输企业由于不涉及半成品结转，也就不存在分步骤、分批别计算成本的问题。尽管各运输业务成本计算上存在不同的特点，但共同点都是直接汇集计算各业务的成本。

4. 交通运输企业成本计算单位是旅客或货物的周转量。交通运输企业既要考虑计算对象的位移距离，又要考虑计算对象的数量，所以运输成本的计算单位一般采用复合单位，如吨·公里、人·公里来计算单位成本。

5. 交通运输企业成本受自然地理环境、运输距离的长短、空驶运行等因素影响较大。

二、交通运输企业营运成本的内容及账户设置

（一）交通运输企业营运成本的内容

交通运输企业的营运成本，是指交通运输企业在营运生产过程中实际发生的与运输、装卸和其他业务等营运生产直接有关的各项支出，具体包括如下内容：

1. 材料费用。**材料费用**是指交通运输企业在营运生产过程中实际消耗的各种燃料、材料、油料、备品、备件、垫隔材料、轮胎、专用工器具、动力照明、低值易耗品等物质性支出。

2. 人工费。**人工费**是指直接从事营运生产活动人员的工资、工资性津贴和补贴、奖金以及职工福利费支出。

3. 其他费用。**其他费用**是指交通运输企业在营运生产过程中发生的固定资产折旧费、修理费、租赁费（不包括融资租赁费）、取暖费、水电费、办公费、差旅费、保险费、设计制图费、试验检验费、劳动保护费、港口费、集装箱费、转口费、倒载费、破冰费、旅客接运费、紧急救护费、航道养护费、水路运输管理费、船舶检验费、灯塔费、速遣费、航行国外及港澳地区的船舶发生的吨税和过境税、运河费、行李杂费、车辆牌照检验费、车辆清洗费、过路费、过桥费、过隧道费、过渡费、司机途中宿费、季节性和修理期间的停工损失等支出。

（二）交通运输企业营运成本核算的账户设置

为了全面地反映和监督交通运输企业在经营过程中的资金耗费情况，需要设置以下账户进行成本核算。

1. "运输成本"账户。该账户核算沿海、内河、远洋和汽车运输企业经营旅客、货物运输业务所发生的各项费用成本。应按运输工具类型（如货轮、客货轮、油轮、拖轮、驳船、货车、客车）或单车、单船设立明细账，并按规定的成本项目进行明细核算。远洋运输企业计算航次成本时，还应按航次设立明细账。

2. "装卸支出"账户。该账户核算海、河港口企业和汽车运输企业因经营装卸企业所发生的费用，可以按专业作业区或货种和规定的成本项目进行明细核算。

3. "堆存支出"账户。该账户核算交通运输企业因经营仓库和堆场业务所发生的费用，可以按装卸作业区、仓库、堆场设备种类和规定的成本项目进行明细核算。

4. "代理业务支出"账户。该账户核算交通运输企业各种代理业务所发生的各种费用，应按代理业务的种类和规定的成本项目进行明细核算。

5. "港务管理支出"账户。该账户核算海河港口企业所发生的各项港务管理支出，应按规定的成本项目进行明细核算。

6. "其他业务成本"账户。该账户核算交通运输企业除营运业务以外的其他业务所发生的各项支出，包括相关的成本、费用、营业税金及附加等。

7. "辅助营运费用"账户。该账户核算运输、港口企业发生的辅助船舶费用（包括由轮驳公司等部门集中管理的拖轮、驳船、浮吊、供应船、交通船所发生的辅助船舶费用），以及企业辅助生产部门为生产产品和供应劳务（如制造工具备件、修理车船、装卸机械、供应水电汽等）所发生的辅助生产费用，应按单船（或船舶类型）和辅助生产部门及成本核算对象设置明细账。

8. "营运间接费用"账户。该账户核算交通运输企业营运过程中所发生的不能直接计入成本核算对象的各种间接费用（不包括企业管理部门的管理费用）。

9. "船舶固定费用"账户。该账户核算计算航次成本的海洋运输企业为保持船舶适航状态所发生的费用（不包括海洋运输船舶的航次运行费用）。

10. "船舶维护费用"账户。该账户核算有封冰、枯水等非通航期的内河运输企业所发生的、应由通航成本负担的船舶维护费用。

11. "集装箱固定费用"账户。该账户核算交通运输企业所发生的集装箱固定费用，包括集装箱的保管费、折旧费、修理费、保险费、租费、底盘车费以及其他费用。

三、交通运输企业营运成本的核算

采用不同交通工具的运输企业，其各自成本核算的原理基本相同，不同之处主要体现在成本核算的构成内容上。下面仅就汽车运输企业的成本核算进行举例说明。

（一）工资和职工福利费的分配

工资薪酬的分配是指在每月月末计算出应付职工薪酬，将应付职工薪酬计入有关成本费用，同时形成对职工的负债。汽车运输企业月末计算出应付职工薪酬应根据职工所属部门和提供劳务的性质不同，分别记入有关成本或费用账户。其中：司机、司助、乘务人员的各项薪酬直接记入"运输成本"；辅助生产部门人员的各项薪酬记入"辅助营运费用"；车队（车站、车场）管理人员的各项薪酬记入"营运间接费用"；公司管理人员的各项薪酬记入"管理费用"。企业如果设立了销售部门，销售部门人员的薪酬记入"销售费用"。

（二）燃料费用的分配

汽车运输企业对汽车消耗的燃料，有以下两种不同的管理方法。

（1）对车存燃料实行满油箱制管理。按这种管理方法，营运车辆在投入运输生产之前，到油库将油箱加满，作为车存燃料。

如果在企业自己的油库加油，应编制如下会计分录：

借：燃料——车存燃料（汽油或柴油）
　　　贷：燃料——库存燃料（汽油或柴油）

如果在外部加油站加油，应编制如下会计分录：

借：燃料——车存燃料（汽油或柴油）
　　　贷：银行存款（或应付账款等）

到每月最后一天工作完毕，要求所有车辆将油箱加满。这样除第一次加油作为车存燃料之外，车辆当月的加油数就是当月燃料的实际消耗数。

（2）对车存燃料实行盘存制管理。这种方法是每月月末通过对车存燃料进行实地盘点，然后将本月月初车存燃料数，加上本月加油数，减去月末车存数作为本月消耗数。确定本月燃料消耗数以后，根据燃料的不同用途，编制燃料费分配表对燃料费进行分配。其中：营运车辆耗用的燃料费记入"运输成本"；企业管理部门公务车、内部交通车耗用的记入"管理费用"；车场（车队、车站）管理耗用的记入"营运间接费用"；辅助生产部门耗用的记入"辅助营运费用"。基本会计分录编制如下：

借：运输成本——客运
　　　　　　——货运
　　营运间接费用
　　辅助营运费用
　　管理费用
　　　贷：燃料——汽油或柴油

如果车辆远途运输，在外部加油站加油，或者企业不设油库，全部在外部加油站加油，则应根据在外部加油的有关原始凭证，借记"运输成本"、"营运间接费用"、"管理费用"等账户，贷记"银行存款"、"应付账款"等账户。

（三）轮胎费用的分配

汽车轮胎分为内胎和外胎。内胎一般价值较小，领用时应直接记入"运输成本"等账户。外胎的领用或外购时可采用一次摊销法，直接记入"运输成本"等账户。

（四）折旧费用的分配

运输车辆一般应采用工作量法计提折旧，也可以按年限平均法、年数总和法、双倍余额递减法计提折旧。计提折旧时应按照车辆的不同用途分别记入"运输成本"或"管理费用"等账户。对建筑物和其他设备一般可用年限平均法计提折旧，也可以按年数总和法或双倍余额递减法计提折旧。对建筑物和其他设备的折旧应按固定资产的不同使用部门，分别记入"营运间接费用"、"辅助营运费用"或"管理费用"等账户。

（五）修理费的归集和分配

按规定，车间和管理部门发生的固定资产修理费，如达不到资本化条件的应记入"管理费用"。通过修理车间进行固定资产的修理，发生的修理费用先通过"辅助营运费用"账户进行归集，期末再将全部辅助营运费用直接转入"管理费用"。

（六）辅助营运费用的归集和分配

汽车运输企业，辅助生产车间可能主要是修理车间。按规定，修理车间为其他生产车间和管理部门进行固定资产修理，发生的辅助营运费用期末应直接转入"管理费用"，不需向运输成本进行分配。

现行《企业会计准则应用指南》规定，将生产单位发生的日常修理费也计入管理费用，主要是为了剔除企业不同的生产单位由于固定资产质量和新旧的差别从而产生修理费不同，所引起的对不同生产单位成本的影响。

（七）营运间接费用的归集和分配

汽车运输企业营运间接费用是指车站、车队、车场等单位在营运过程中发生的各种间接费用，包括站、队、场职工薪酬、机务料消耗、固定资产折旧费、办公费、水电费、差旅费等。

1. 营运间接费用的归集。营运间接费用先通过"营运间接费用"账户进行归集，期末应分配转入"运输成本"。

2. 营运间接费用的分配。月末，运输企业发生的营运间接费用要分配转入"运输成本"账户。营运间接费用的分配方法可按营运车辆数量比例、按营运车日比例、按直接营运成本比例、按营运收入比例等为标准进行分配。

（八）车辆保险费、运输管理费分配

车辆保险费、向保险公司缴纳的车辆保险费如果分月缴纳，应在缴纳时借记"运输成本"账户，贷记"银行存款"账户。

（九）其他费用分配

汽车运输企业除上述各项费用外，还会发生一些其他费用，包括洗车费、过路过桥费、司机途中住宿费、行车杂费等。汽车运输发生的上述其他费用，应按照实际发生额，根据费用发生的有关原始凭证，借记"运输成本"账户，贷记"银行存款"等账户。

四、运输企业成本结转

汽车运输企业的运输成本，如果直接记入了"主营业务成本"账户，期末不需要结转运输的生产成本。因为主营业务成本本身就是损益类账户，期末直接结转到"本年利润"账户即可。但这样做，账户的层次较多，记账较麻烦。如果将"运输成本"设为一级账户，因为该账户属于生产成本类账户，则每月末计算完客运或货运成本，应将其转入"主营业务成本"账户。

编制如下会计分录：

借：主营业务成本

贷：运输支出——客运
　　　　　——货运

任务实施

借：运输成本——客车　　　　　　　　　　　　　　15 000
　　　　　——货车　　　　　　　　　　　　　　30 000
　　辅助营运费用——修理车间　　　　　　　　　　 4 500
　　营运间接费用——车站　　　　　　　　　　　　 3 000
　　　　　　　　——车队　　　　　　　　　　　　 1 000
　　管理费用　　　　　　　　　　　　　　　　　　 8 000
　贷：累计折旧　　　　　　　　　　　　　　　　　　　　 61 500

典型任务示例【8-4】

[资料] 甲汽车运输公司 2016 年 6 月的"工资和职工福利费分配表"如表 8-7 所示。

表 8-7　　　　　　　　　　工资和职工福利费分配表　　　　　　　　金额单位：元

借方科目		工资总额	职工福利费	合计
总账科目	明细科目	①	②=①×14%	③=①+②
运输成本	客车	18 000	2 520	20 520
	货车	24 000	3 360	27 360
辅助营运费用	修理车间	4 500	630	5 130
营运间接费用	车站	1 500	210	1 710
	车队	900	126	1 026
管理费用		600	84	684
合计		49 500	6 930	56 430

根据以上表格，编制如下会计分录：

借：运输成本——客车　　　　　　　　　　　　　　20 520
　　　　　——货车　　　　　　　　　　　　　　27 360
　　辅助营运费用——修理车间　　　　　　　　　　 5 130
　　营运间接费用——车站　　　　　　　　　　　　 1 710
　　　　　　　　——车队　　　　　　　　　　　　 1 026
　　管理费用　　　　　　　　　　　　　　　　　　　 684

贷：应付职工薪酬——应付工资　　　　　　　　　　　　　　　　　49 500
　　　　　　　　　　——应付福利费　　　　　　　　　　　　　　　　6 930

 典型任务示例【8-5】

　　[资料] 甲运输公司修理车间本月发生材料费18 915元，系从公司材料库领用；另发生水电费17 800元，办公费2 400元，均用银行存款支付。
　　编制会计分录如下：
　　借：辅助营运费用　　　　　　　　　　　　　　　　　　　　　　　39 115
　　　　贷：材料　　　　　　　　　　　　　　　　　　　　　　　　　18 915
　　　　　　银行存款　　　　　　　　　　　　　　　　　　　　　　　20 200
　　根据上述分录，登记辅助营运费用明细账。
　　假设本期修理车间共发生的辅助营运费用263 189元，期末可全部转入"管理费用"账户。
　　编制会计分录如下：
　　借：管理费用　　　　　　　　　　　　　　　　　　　　　　　　　263 189
　　　　贷：辅助营运费用——修理车间　　　　　　　　　　　　　　　263 189

 典型任务示例【8-6】

　　[资料] 甲运输公司车场本月发生办公费2 300元，水电费8 640元，差旅费1 800元。上述费用中，水电费已用银行存款支付，其他均用库存现金支付。当上述费用发生时，应根据费用发生的原始凭证编制如下会计分录：
　　借：营运间接费用　　　　　　　　　　　　　　　　　　　　　　　12 740
　　　　贷：银行存款　　　　　　　　　　　　　　　　　　　　　　　8 640
　　　　　　库存现金　　　　　　　　　　　　　　　　　　　　　　　4 100

 典型任务示例【8-7】

　　[资料] 甲运输公司分月向保险机构缴纳车辆保险费。本月用银行存款缴纳保险费为163 200元，其中客车92 000元，货车71 200元。此外，本月用银行存款向运输管理部门缴纳运输管理费29 200元，其中客车11 000元，货车18 200元。根据有关缴费凭证，编制如下会计分录：
　　借：运输成本——客运——保险费　　　　　　　　　　　　　　　　92 000
　　　　　　　　　　　　——运输管理费　　　　　　　　　　　　　　11 000
　　　　　　　　——货运——保险费　　　　　　　　　　　　　　　　71 200
　　　　　　　　　　　　——运输管理费　　　　　　　　　　　　　　18 200
　　　　贷：银行存款　　　　　　　　　　　　　　　　　　　　　　　192 400

实践训练【8-2】

一、单项选择题

1. 交通运输企业用来核算因经营仓库堆场业务所发生的成本，应设置的科目为(　　)。
   A. "运输支出"   B. "港务管理支出"
   C. "堆存业务"   D. "管理费用"

2. 港口企业成本核算期均采用按(　　)定期计算。
   A. 年   B. 月
   C. 季   D. 日

3. 交通运输企业的(　　)是统一的。
   A. 运输生产过程和销售过程   B. 采购过程和销售过程
   C. 采购过程和生产过程   D. 销售过程和售后服务过程

4. 港口企业成本核算均采用(　　)。
   A. 按月定期计算   B. 按季定期计算
   C. 按半月定期计算   D. 按半年定期计算

5. 交通运输企业成本核算单位一般采用(　　)。
   A. 速度单位   B. 复合单位
   C. 重量单位   D. 货币单位

6. 交通运输企业一般设置(　　)账户来反映运输业务的成本。
   A. "运输支出"   B. "营运间接费用"
   C. "港务管理支出"   D. "堆存业务"

二、多项选择题

1. 水上运输企业的成本核算期可以为(　　)。
   A. 月   B. 旬
   C. 年   D. 季
   E. 日

2. 水上运输按船舶航行水域不同，可分为(　　)。
   A. 沿海运输   B. 远洋运输
   C. 内河运输   D. 江河运输
   E. 管道运输

3. 港口企业装卸业务的成本项目划分为(　　)。
   A. 装卸直接费用   B. 作业区费用
   C. 直接成本   D. 间接成本
   E. 间接费用

三、判断题

1. 汽车运输企业的成本核算对象是客车和货车的运输业务。　　　　　　　　(　　)

2. 水上运输企业可以按月、按季、按年计算成本。 （ ）
3. 港口企业成本核算期均采用按年定期计算。 （ ）
4. 在铁路运输中，燃料一般在"低值易耗品"账户中核算。 （ ）

四、简答题

1. 交通运输企业营运成本的构成内容有哪些？

任务三　商品流通企业成本核算

学习目标

【知识目标】
- □ 了解商品流通企业的经营特点
- □ 理解商品流通企业成本核算的特征
- □ 掌握商品流通企业成本核算的基本方法及步骤

【技能目标】
- □ 能独立利用相关理论知识进行商品流通企业成本的完整核算及账务处理

 任务导入

[资料] 乙公司属于商品流通企业，为增值税一般纳税人，售价中不含增值税。该公司只经营甲类商品并采用毛利率法对发出商品计价，季度内各月份的毛利率根据上季度实际毛利率确定。该公司2016年第一季度、第二季度甲类商品有关的资料如下：

（1）2016年第一季度累计销售收入为600万元、销售成本为510万元，3月月末库存商品实际成本为400万元。

（2）2016年第二季度购进甲类商品成本880万元。

（3）2016年4月份实现商品销售收入300万元。

（4）2016年5月份实现商品销售收入500万元。

（5）假定2016年6月月末按一定方法计算的库存商品实际成本420万元。

[要求] 根据上述资料，计算乙公司甲类商品2016年第一季度的实际毛利率、第二季度的商品销售成本。

 任务分析

毛利率法计算公式如下：

毛利率 =（销售毛利/销售净额）×100%

本期商品销售净额 = 本期商品销售收入 - 销售退回与折让

本期商品销售毛利＝本期商品销售净额×上期实际（或本期计划）毛利率

本期商品销售成本＝本期商品销售净额－本期商品销售毛利

　　　　　　　　　或＝本期商品销售净额×（1－上期实际或本期计划毛利率）

本期期末库存商品成本＝期初库存商品成本＋本期购入商品成本－本期商品销售成本

 理论知识准备

一、商品流通企业的含义及其经营特点

（一）商品流通企业的含义

商品流通企业不同于生产企业，它是指通过低价购进商品、高价出售商品的方式实现商品进销差价，以此弥补企业发生的各项费用和支出，获得利润的企业。商品流通企业不进行产品生产，以从事商品流通为主要经营业务。商品流通企业将工业生产企业生产的产品，从生产领域转移到了消费领域，最终实现商品的价值。这些商品流通企业组织商品流转的主要经营业务是商品购进、销售、储存以及运输等，其中购进和销售业务是企业完成基本业务的关键性活动，其他业务都是围绕商品的购销活动展开的。

按照商品流通企业在社会再生产过程中的作用，把商品流通企业分为批发企业和零售企业。批发企业以从事商品批发业务为主，使商品从生产领域进入流通领域或进入生产性消费领域。零售企业以从事商品零售业务为主，使商品从生产领域或从流通领域进入非生产性消费领域。

（二）商品流通企业的经营特点

与工业企业等其他行业企业的经营活动相比，商品流通企业的经营活动主要有以下三个特点：

1. 不存在产品生产过程，经营活动的主要内容是商品购销活动，主要是低价购进商品、高价出售商品，以此方式实现商品进销差价，并以进销差价弥补企业在经营过程中的各项费用和税金，从而获得利润。

2. 商品资产在企业全部经济资源中占有较大的比重，是企业资产管理的重点。

3. 企业资金运动的基本轨道是"货币——商品——货币"，其主要形式是货币与商品的相互转换。

二、商品流通企业的成本构成

商品流通企业的成本主要指商品采购成本和商品销售成本。商品采购成本是指商品流通企业因购进商品而发生的有关支出，根据《企业会计准则第1号——存货》的规定，**商品采购成本**包括购买商品的价款、相关税费、运输费、装卸保险费以及其他可归属于商品采购成本的费用。而**商品销售成本**实际上就是已销售商品的进价成本（或采购成本）。企业为销售商品而发生的费用，作为期间费用，直接计入当期损益。本任务根据批发企业和零售企业经营的特点，对商品流通企业的商品采购成本和商品销售成本的核算方法予以简要介绍。

三、商品流转过程的核算方法

商品流转过程的核算方法是指商品进、销、存过程的核算方法。总的来说，可分为进价核算法与售价核算法两大类。

（一）进价核算法

进价核算法是指以商品的价格来反映商品的进、销、存情况的核算方法。它又分为数量进价金额核算法与进价金额核算法两种具体方法。

1. 数量进价金额核算法。**数量进价金额核算法**是同时以实物数量和进价金额两种计量单位，反映商品进、销、存情况的一种方法。库存商品的总分类账和明细分类账统一按购进商品的进价记账。总分类账只记金额，不记数量，总分类账反映库存商品进价总值；明细分类账既记金额，又记数量，反映各种商品的实物数量和进价金额。通过库存商品的总分类账和明细分类账记录，既总括又具体地反映出库存商品的增减变动和结存情况。

数量进价金额核算法的优点是能全面反映各种商品进、销、存的数量和金额，便于从数量和金额两个方面进行控制。但由于每笔进、销货业务都要填制凭证，按商品品种逐笔登记明细分类账，核算工作量较大，手续较繁，一般适用于规模较大、经营金额较大、批量较大而交易笔数不多的大中型批发企业。

2. 进价金额核算法。**进价金额核算法**又称"进价记账、盘存记销"，是指仅以进价金额反映库存商品的进、销、存情况的一种核算方法。库存商品总分类账和明细分类账一律以进价入账，只记金额，不记数量。库存商品明细分类账按商品大类或柜组设置，对需要掌握数量的商品，可设置备查簿。平时对于销货账务处理，只核算销售收入，不核算销售成本。月末采取"以存计销"的方法，通过实地盘点库存商品，倒轧商品销售成本。其计算公式如下：

本期商品销售成本 = 期初库存商品成本 + 本期购进商品成本 – 期末库存商品成本

采用进价金额核算方法，可以简化核算手续，节约人力、物力，但手续不够严密，平时不能掌握库存情况，且对商品损耗或差错事故不能控制，一般适用于售价变化比较频繁、实物数量不易控制的经营鲜活商品的零售企业。

（二）售价核算法

售价核算法，是指以商品的销售价格来反映商品的进、销、存情况的核算方法，又可分为数量售价金额核算法与售价金额核算法两种具体方法。

1. 数量售价金额核算法。**数量售价金额核算法**是同时以实物数量和售价金额两种计量单位，反映商品进、销、存情况的一种方法。库存商品的总分类账和明细分类账统一按销售商品的售价记账。总分类账只记金额，不记数量；明细分类账既记金额，又记数量。通过库存商品的总分类账和明细分类账记录，既总括又具体地反映出库存商品的增减变动和结存情况。采用这种方法，需要设置"商品进销差价"账户，记载售价金额和进价金额之间的差额，定期分摊已销商品进销差价，计算已销商品进价成本和结存商品的进价成本。

由于采用售价记账，逢商品售价变动，就要盘点库存商品，调整商品金额和差价，核算工作量较大。因此，数量售价金额核算法一般适用于经营金额较小、批量较少的小型经营批发的企业,以及经营贵重商品的零售企业。

2. **售价金额核算法**。**售价金额核算法**又称"售价记账、实物负责制",是指在实物负责基础上,对平时商品的购入、加工、收回、销售均按售价记账,控制库存商品进、销、存情况的一种核算方法。采用这种方法,库存商品总分类账和明细分类账都只反映商品的售价金额,不反映实物数量。售价与进价的差额需要通过设置"商品进销差价"账户核算,定期分摊已销商品的进销差价,据以计算已销商品的进价成本和库存商品的进价成本。

采用售价金额核算方法,可以简化核算手续,减少工作量,是零售企业商品核算的主要方法。其不足之处是由于只记金额,不记数量,库存商品账不能提供数量指标以控制商品进、销、存情况,一旦发生差错,难以查明原因。

四、商品流通企业采购成本的核算

商品采购成本是指商品流通企业因购进商品而发生的有关支出,根据《企业会计准则第1号——存货》的规定,商品采购成本包括购买商品的价款、相关税费、运输费、装卸保险费以及其他可归属于商品采购成本的费用。

(一)商品采购成本核算应设置的账户

为了正确计算商品采购成本,全面反映商品采购过程中的资金耗费和采购业务成果,商品流通企业一般设置以下会计账户。

1. "在途物资"账户。该账户属于资产类,用于核算企业已购入但尚未验收入库的各种物资(即在途物资)的采购成本。本账户应按供应单位和物资品种进行明细核算。其借方登记已购入但尚未验收入库商品的采购成本;贷方登记已验收入库商品的采购成本;期末借方余额反映企业在途商品的成本。

2. "库存商品"账户。该账户属于资产类,用于核算企业库存商品的增减变动及其结存情况,包括库存产成品、外购商品、存放在门市部准备出售的商品、发出展览的商品、寄存在外的商品、接受来料加工制造的代制品和为外单位加工修理的代修品等。其借方登记验收入库的库存商品成本;贷方登记发出的库存商品成本;期末余额在借方,反映各种库存商品的实际成本或计划成本。

3. "商品进销差价"账户。该账户属于资产类,是"库存商品"账户的备抵调整账户,用于核算企业采用售价进行日常核算的商品售价和进价之间的差额。其贷方登记购入、加工收回、销售退回、溢余等增加的库存商品的进销差价;借方登记进货退出、损失等减少的库存商品的进销差价以及月末分配结转的已销商品负担的进销差价;期末贷方余额反映库存商品负担的进销差价。本账户应按商品类别或实物负责人设置明细账,进行明细核算。

(二)批发企业商品采购成本的核算

批发企业的商品一般采用数量进价金额核算法。在采购商品支付货款或开出、承兑商业汇票时,应根据发货单等有关凭证,按照进价借记"在途物资"账户,"应交税费——应交增值税(进项税额)"账户,贷记"银行存款"、"应付票据"等账户;商品到达验收入库以后,应根据收货单等有关凭证,按照进价借记"库存商品"账户,贷记"在途物资"账户。

(三) 零售企业商品采购成本的核算

零售企业的商品一般采用售价金额核算法。企业购入商品时,其账务处理方法与批发企业大致相同。其不同点在于零售企业的"库存商品"账户以售价核算,售价与进价之间的差额通过"商品进销差价"账户核算。即零售企业购入的商品到达并验收入库后,应按照商品的售价,借记"库存商品"账户;按照商品的进价,贷记"银行存款"、"在途物资"等账户,按照商品售价与进价之间的差额,贷记"商品进销差价"账户。

五、商品流通企业销售成本的核算

(一) 批发企业商品销售成本的核算

商品流通企业的商品销售成本实际上是已销售商品的进价成本(或实际采购成本)。如前所述,批发企业的库存商品一般是按照进价记账的,从理论上讲,商品销售成本应按照销售数量乘以进货单价来计算。但实际操作中,因为同种类商品进货渠道、地区、时间、交货方式等不同,会导致各批商品进货单价不同,在销售此商品时,也难以分清商品的购进批次。因此,以什么方法计算确定库存商品和已销商品的进价成本,对库存商品成本、已销商品成本和当期损益的影响都很大,需要采用合理的计价方法计算库存商品和已销商品成本。**批发企业常用的计价方法**有先进先出法、移动加权平均法、月末一次加权平均法、个别计价法和毛利率法等。其中前四种方法与企业财务会计中存货发出成本的计价方法相同,不再重述,在此主要介绍毛利率法。

毛利率法是根据本期实际销售净额乘以上期实际(或本期计划)毛利率先匡算出本期销售毛利,再据以计算本月商品销售成本和月末库存商品成本的一种方法。其计算公式如下:

毛利率 =(销售毛利/销售净额)×100%

本期商品销售净额 = 本期商品销售收入 − 销售退回与折让

本期商品销售毛利 = 本期商品销售净额 × 上期实际(或本期计划)毛利率

本期商品销售成本 = 本期商品销售净额 − 本期商品销售毛利

或 = 本期商品销售净额 ×(1 − 上期实际或本期计划毛利率)

本期期末库存商品成本 = 期初库存商品成本 + 本期购入商品成本 − 本期商品销售成本

毛利率法是用过去的销售毛利率或计划毛利率估计期末存货和本期销售成本。这种方法基于毛利率在前各期大致相同,采用毛利法关键取决于毛利率的正确与否。若影响毛利率的因素发生变化时,则应调整毛利率。这种做法简化了计算工作,但用过去的毛利率计算本期的销售毛利,违背了实际成本原则,其可靠性受到影响,计算结果往往不够精确。这种计算方法适用于经营品种较多、月度计算成本确有困难的企业。在采用毛利率法时,一般只在季度的头两个月使用,季末则必须用加权平均法等其他成本计算方法来计算和调整,以便在一个季度范围内使商品销售成本和期末结存商品金额符合实际。

(二) 零售企业商品销售成本的核算

商品流通企业的商品销售成本实际上是已销售商品的进价成本(或实际采购成本)。

如前所述，零售企业的库存商品一般是按照售价记账的，平时对商品的进、销、存均按照售价记账，商品的售价与进价之间的差额反映在"商品进销差价"账户中，期末通过计算进销差价率的办法计算本期已销商品应分摊的进销差价，并据以调整销售成本。其计算公式如下：

$$进销差价率 = \frac{期初库存商品进销差价 + 本期购入商品进销差价}{期初库存商品售价 + 本期购入商品售价} \times 100\%$$

本期已销商品应分摊的进销差价 = 本期商品销售收入 × 进销差价率

本期销售商品的实际成本 = 本期商品销售收入 − 本期已销商品应分摊的进销差价

期末结存商品的实际成本 = 期初库存商品的进价成本 + 本期购入商品的进价成本 − 本期销售商品的实际成本

商品零售企业按照售价金额核算时，库存商品和已销商品的成本开始都是按照售价计算的，月末需要将它们调整为实际进价。确定库存商品进价成本和已销商品进价成本的基本方法是进销差价率的计算法。对进销差价率的计算，企业可以根据经营管理的需要和核算的具体要求加以选用。在实际工作中，计算分摊商品进销差价的方法主要有综合差价分摊法、分类（或柜组）差价分摊法和实际差价分摊法。

1. **综合差价分摊法。综合差价分摊法**是根据企业经营的全部商品的存、销比例分摊商品进销差价的一种方法。先计算出全部商品的综合差价率，再按照已销商品销售数额计算出已销商品应负担的进销差价，其计算公式如下：

$$综合差价率 = \frac{月末"商品进销差价"科目余额（分摊前）}{月末"库存商品"科目余额 + 月末"受托代销商品"科目余额 + 本月"主营业务收入"科目贷方发生额}$$

本期已销商品应分摊的进销差价 = 本期商品销售收入 × 综合差价率

采用综合差价分摊法确定商品的销售成本，计算手续比较简便，但由于各类商品的进销差价不同，存销比例也各有差异，因此，按照同一个差价率计算出来的已销商品进销差价不够准确，所以该法只适用于商品种类较少，各种商品的进销差价比较接近的企业。

2. **分类（或柜组）差价分摊法。分类差价分摊法**又称分组差价率计算法、分柜组差价率计算法，是根据企业的各类（组）商品存销比例计算分摊商品进销差价的一种方法。它按照企业各类商品或各营业柜组的销售及库存比例计算差价率。在这种计算方式下，"库存商品"、"商品进销差价"、"商品销售收入"、"受托代销商品"等账户均应按商品大类（柜组）设置明细账。其差价和结转原理与综合进销差价率法相同。

3. **实际差价分摊法。实际差价分摊法**是指期末通过对各种商品进行实地盘点，以盘存数量分别乘以商品的单位进价和单位售价，先计算出库存商品的进销差价，再倒轧出已销商品应分摊的进销差价的一种方法。这种方法不受商品进销差价率和销售比重的影响，计算结果准确。但是差价的计算工作量大，在各月使用会受到限制。零售企业一般在年终决算时采用此方法，以保证全年损益的正确和年终库存商品实际购进成本的真实可靠。

任务实施

(1) 乙公司甲类商品 2016 年第一季度的实际毛利率 = $(600-510) \div 600 \times 100\%$
$= 15\%$

(2) 2016 年 4 月份的商品销售成本 = $300 \times (1-15\%) = 255$（万元）

2016 年 5 月份的商品销售成本 = $500 \times (1-15\%) = 425$（万元）

2016 年 6 月份的商品销售成本 = $400 + 880 - 255 - 425 - 420 = 180$（万元）

 典型任务示例【8-8】

[资料] 某批发公司 2016 年 7 月 5 日向外单位购进 A 商品 200 件，单价 500 元，商品价款 100 000 元，增值税税率 17%，以上款项均已开出转账支票支付。7 月 20 日，A 商品已到达并验收入库。编制会计分录如下：

(1) 7 月 5 日，根据供货单位的发货单和本企业的支票存根：

借：在途物资——A 商品　　　　　　　　　　　　　　　100 000
　　应交税费——应交增值税（进项税额）　　　　　　　 17 000
　　贷：银行存款　　　　　　　　　　　　　　　　　　117 000

(2) 7 月 20 日，购进的商品验收入库后，根据仓库的收货单等凭证：

借：库存商品——A 商品　　　　　　　　　　　　　　　100 000
　　贷：在途物资——A 商品　　　　　　　　　　　　　100 000

 典型任务示例【8-9】

[资料] 某零售企业购入 A 商品 100 件，单价 300 元，商品价款 30 000 元，增值税税率 17%，全部价款已用银行存款支付，但 A 商品尚未到达。编制会计分录如下：

(1) 已付款，A 商品尚未到达：

借：在途物资——A 商品　　　　　　　　　　　　　　　30 000
　　应交税费——应交增值税（进项税额）　　　　　　　 5 100
　　贷：银行存款　　　　　　　　　　　　　　　　　　 35 100

(2) A 商品已到达，并验收入库后，每件商品的售价为 400 元，根据仓库的收货单等凭证，编制会计分录如下：

借：库存商品——A 商品　　　　　　　　　　　　　　　40 000
　　贷：在途物资——A 商品　　　　　　　　　　　　　 30 000
　　　　商品进销差价　　　　　　　　　　　　　　　　 10 000

典型任务示例【8-10】

[资料] 某商场采用售价金额核算法进行核算，2016年7月，期初库存商品的进价成本为100万元，售价金额为110万元，本月购进该商品的进价成本为75万元，售价总额为90万元，本月销售收入为120万元（假定不考虑增值税）。有关计算如下：

商品进销差价率 =〔(110-100)+(90-75)〕÷(110+90)×100% = 12.5%

7月已销商品应分摊的商品进销差价 = 120×12.5% = 15（万元）

7月销售商品的实际成本 = 120-15 = 105（万元）

7月月末结存商品的实际成本 = 100+75-105 = 70（万元）

编制有关分录如下：

（1）购入商品时：

借：库存商品　　　　　　　　　　　　　　　　　　　　900 000
　　贷：银行存款　　　　　　　　　　　　　　　　　　　750 000
　　　　商品进销差价　　　　　　　　　　　　　　　　　150 000

（2）销售商品时：

借：银行存款　　　　　　　　　　　　　　　　　　　1 200 000
　　贷：主营业务收入　　　　　　　　　　　　　　　　1 200 000

（3）结转商品销售成本：

借：主营业务成本　　　　　　　　　　　　　　　　　1 200 000
　　贷：库存商品　　　　　　　　　　　　　　　　　　1 200 000

（4）根据已销商品应分摊的进销差价冲转销售成本：

借：商品进销差价　　　　　　　　　　　　　　　　　　150 000
　　贷：主营业务成本　　　　　　　　　　　　　　　　　150 000

 典型任务示例【8-11】

[资料] 某零售商店8月末的"库存商品"总账余额为573 000元、"受托代销商品"总账余额为190 000元、"商品进销差价"总账余额（分摊前）为161 440元，8月份"主营业务收入"账户的贷方发生额为246 000元。

综合差价率 = 161 440÷(573 000+190 000+246 000)×100% = 16%

8月份已销商品应分摊的进销差价 = 246 000×16% = 39 360（元）

根据以上计算结果编制如下分录：

借：商品进销差价　　　　　　　　　　　　　　　　　　39 360
　　贷：主营业务成本　　　　　　　　　　　　　　　　　39 360

实践训练【8-3】

一、单项选择题

1. 某企业采用计划成本法进行材料的日常核算。月初结存材料的计划成本为80万元，成本差异为超支20万元。当月购入材料一批，实际成本为110万元，计划成本为120万元。当月领用材料的计划成本为100万元，当月领用材料应负担的材料成本差异为（　　）万元。
   A. 超支5　　　　　　　　　　　　B. 节约5
   C. 超支15　　　　　　　　　　　 D. 节约15

2. 批发企业通常采用的商品核算方法是（　　）。
   A. 进价金额核算法　　　　　　　B. 售价金额核算法
   C. 数量进价金额核算法　　　　　D. 售价控制、进价核算法

3. 零售商业企业库存商品一般按售价记账，而购进商品按进价付款，为了正确反映企业库存商品资金实际占用额，应设置的账户是（　　）。
   A. "商品进销差价"　　　　　　　B. "材料成本差异"
   C. "待处理财产损溢"　　　　　　D. "主营业务成本"

4. 售价金额核算法中的售价记账是指对（　　）账户零售价记账。
   A. "商品采购"　　　　　　　　　B. "库存商品"
   C. "主营业务成本"　　　　　　　D. "待处理财产损溢"

5. 进价金额核算适用于（　　）。
   A. 商品批发企业　　　　　　　　B. 农副产品收购企业
   C. 专业性零售企业　　　　　　　D. 经营鲜活商品的零售企业

6. "商品进销差价"账户是资产类账户，其抵减的账户是（　　）。
   A. "商品采购"　　　　　　　　　B. "库存商品"
   C. "主营业务收入"　　　　　　　D. "委托代销商品"

二、多项选择题

1. 商品流通企业的成本主要由（　　）构成。
   A. 采购成本　　　　　　　　　　B. 存货成本
   C. 销售成本　　　　　　　　　　D. 间接成本

2. "商品采购"账户用以核算企业购入商品的采购成本，它包括（　　）。
   A. 商品货款　　　　　　　　　　B. 应计入成本的收购费用
   C. 采购商品的运杂费　　　　　　D. 采购商品的税费

3. 采用售价金额核算，月末需要调整的账户有（　　）。
   A. "库存商品"　　　　　　　　　B. "商品进销差价"
   C. "主营业务成本"　　　　　　　D. "主营业务收入"

三、判断题

1. 商品流通企业的外购商品成本由买价和采购费用构成。（　　）

2. 进价金额核算法，是同时以实物数量和进价金额两种计量单位，反映商品进、销、存情况的一种方法。（ ）

3. 采用直运商品销售，可以不通过"库存商品"账户，而直接在"商品采购"账户进行核算。（ ）

4. 购进专供本单位自用的商品不属于商品购进范围。（ ）

5. 商品流通企业中，商品资产在企业全部经济资源中占有较大的比重，是企业资产管理的重点。（ ）

6. 售价金额核算法的优点是能全面反映各种商品进、销、存的数量和金额，便于从数量和金额两个方面进行控制。（ ）

7. 毛利率法是根据本期实际销售净额乘以上期实际（或本期计划）毛利率先匡算出本期销售毛利，再据以计算本月商品销售成本和月末库存商品成本的一种方法。（ ）

8. "商品进销差价"账户属于资产类，是"商品采购"账户的备抵调整账户。
（ ）

9. 采用综合差价分摊法确定商品的销售成本适用于商品种类较少、各种商品的进销差价比较接近的企业。（ ）

四、简答题

1. 什么是商品流通企业？其经营活动具有哪些特点？
2. 商品流通企业一般应设置哪些会计账户进行核算？

五、计算题

1. 甲商场采用售价金额核算法对库存商品进行核算。2016年5月，月初库存商品进价成本总额300万元，售价总额460万元；本月购进商品进价成本总额400万元，售价总额540万元；本月销售商品售价总额800万元。假设不考虑相关税费。

[要求] 计算该商场本月销售商品的实际成本。

2. 某商品流通企业2016年第一季度末商品实际销售毛利率为25%，该企业商品有A、B两种，第二季度初结存商品金额30万元，本季购进总额380万元，6月末结存A商品数量300件，最后一次进货单价900元，结存B商品200件，最后一次进货单价2 200元。该企业4月份销售商品300万元，5月份销售商品350万元，6月份销售商品400万元。

[要求] 用毛利率法计算4月份和5月份销售成本，用最后进价法计算6月份销售成本。

六、综合题

某零售企业服装组月末结账前"商品进销差价"账户贷方余额为30 000元，月末"库存商品"账户借方余额为48 000元，本月"主营业务成本"账户借方发生额合计为229 800元。

[要求] 根据以上资料计算服装组已销商品进销差价，并编制结转已销商品进销差价的会计分录（差价率保留两位小数）。

主要参考文献

[1] 于富生. 成本会计学 [M]. 6版. 北京：中国人民大学出版社, 2012: 210-250.

[2] 李海波, 蒋瑛. 商品流通企业会计 [M]. 上海：立信会计出版社, 2010.

[3] 方晶晶, 张思纯. 建筑施工企业会计核算实务 [M]. 北京：化学工业出版社, 2011.

[4] 韩萍. 交通运输企业会计核算实务 [M]. 北京：北京交通大学出版社, 2015.

[5] 席军. 建筑施工企业会计 [M]. 北京：中华工商联合出版社, 2013.

[6] 肖序, 王芸. 交通运输企业成本会计学 [M]. 上海：立信会计出版社, 2016.

[7] 隋延杰. 针对公路施工企业成本费用内部会计控制探究 [J]. 科技与企业, 2014.

[8] 张蔚文, 凌辉贤. 新编成本会计学 [M]. 成都：西南财经大学出版社, 2011.

[9] 庞彩丽. 商品流通企业的成本核算制度探析 [J]. 会计师, 2013.

[10] 陈希琴, 张颖, 江焕平. 成本会计实务 [M]. 杭州：浙江大学出版社. 2010.

[11] 吴再芳. 成本会计学习指导 [M]. 成都：西南财经大学出版社. 2012.

[12] 陈丽. 李颖. 成本会计 [M]. 2版. 上海：立信会计出版社, 2009年8月.

[13] 江希和, 向有才. 成本会计教程 [M]. 北京：高等教育出版社, 2008年5月.

[14] 彭湘华, 杨令芝, 陈晓丹. 成本会计实务 [M]. 上海：立信会计出版社, 2011年8月.

[15] 刘新芝, 张维. 成本会计 [M]. 北京：人民邮电出版社, 2016年08月.

[16] 万寿义, 任月君. 成本会计 [M]. 大连：东北财经大学出版社有限责任公司, 2016年8月.

[17] 于冬梅. 成本会计 [M]. 上海：上海财经大学出版社, 2013年1月.

[18] 罗荷英, 徐敏, 李薇. 成本会计实务习题与实训 [M]. 北京：北京理工大学出版社, 2010年8月.

[19] 李传双, 章翔. 成本会计实务 [M]. 北京：中国人民大学出版社, 2016年9月.

[20] 何德显, 钟小清, 刘继周. 成本会计核算实务 [M]. 北京：电子工业出版社, 2014年8月.

[21] 谢婉娥. 制造业成本核算实务 [M]. 北京：中国人民大学出版社, 2012年5月.